한국 사회의 발전과 기독교

모든 인간은 하나님의 형상을 닮은 존엄한 존재입니다. 전 세계의 모든 사람들은 인종, 민족, 피부색, 문화, 언어에 관계없이 존귀합니다. 예영커뮤니케이션은 이러한 정신에 근거해 모든 인간이 존귀한 삶을 사는 데 필요한 지식과 문화를 예수 그리스도의 사랑으로 보급함으로써 우리가 속한 사회에 기여하고자 합니다.

한국 사회의 발전과 기독교

펴낸 날 · 2012년 7월 27일 | **초판 1쇄 찍은 날** · 2012년 7월 23일
지은이 · 손봉호, 조성표 편저 | **펴낸이** · 김승태
등록번호 · 제2-1349호(1992. 3. 31) | **펴낸 곳** · 예영커뮤니케이션
주소 · (136-825) 서울시 성북구 성북1동 179-56 | **홈페이지** www.jeyoung.com
출판사업부 · T. (02)766-8931 F. (02)766-8934 e-mail : edit1@jeyoung.com
출판유통사업부 · T. (02)766-7912 F. (02)766-8934 e-mail : sales@jeyoung.com

copyright ⓒ 2012, 손봉호, 조성표, 윤경로, 임성빈, 김승욱, 정희영, 양승훈, 김민철, 임희국, 류태영, 김장생, 김중락
ISBN 978-89-8350-804-1 (03230)

값 12,000원

* 잘못 만들어진 책은 교환해 드립니다.
* 본 저작물은 저작권법에 의하여 한국 내에서 보호를 받는 저작물이므로 무단 전재와 무단 복제를 금합니다.

한국 사회 발전에 대한 기독교의 공헌

한국 사회의 발전과 기독교

손봉호, 조성표 편저
손봉호, 윤경로, 임성빈, 김승욱, 정희영, 양승훈, 김민철, 임희국, 류태영, 김장생, 김중락 지음

예영커뮤니케이션

서문

한국 사회가 빠른 속도로 발전했다는 사실은 자타가 인정하고 있다. 원조 받던 나라에서 원조하는 나라로 바뀐 유일한 경우이기 때문에 무엇이 그 발전을 가능하게 했는가에 대해서는 사람들이 관심을 가질 수밖에 없다. 그런데 한국 기독교는 그 발전에 어느 정도의 공헌을 했고, 어떤 역할을 했을까? 이런 질문이 제기되는 것은 한국 근대화의 시작과 기독교의 전래 시기가 비슷했고, 한국 사회의 발전 역시 한국 기독교의 성장과 거의 같은 시기에 이루어졌기 때문이다. 같은 장소, 같은 시기에 일어난 두 가지의 두드러진 현상이 서로 전혀 무관할 수는 없다.

그러나 이제까지 한국 사회나 기독교계에서 이 두 중요한 현상의 상관관계가 충분히 인정되거나 제대로 고찰되지 않았다. 물론 일부 단편적으로 언급되고 지적된 경우는 많았으나, 이 문제가 체계적으로 연구된 적은 없다 한다. 한국 사회의 발전에서 한국 교회의 역할에 대한 객관적 연구는 기독교에 대한 한국 사회의 올바른 평가를 위해서나, 다른 사회에서 교회의 가능한 공헌을 위해서도 좋은 참고가 될 수 있을 것이다.

이 책은 그런 연구가 본격적으로 이루어지기를 바라면서 계획되었다. 물론 이 책은 충분한 수준의 연구가 아니다. 한국 사회의 발전에 한국 기독교가 할 수 있었던 공헌을 사회, 경제, 교육, 의료, 농촌, 시민운동 등 몇 가지 측면에

서만 살펴본 것에 불과하다. 그런데도 불구하고 이 문제에 관심을 기울여서 평가하고 반성해 보았다는 사실은 의의가 없지 않을 것이다. 이런 시도가 자극제가 되어 좀 더 체계적이고 심도 있는 연구가 이루어지기를 바란다.

특히 한국 사회의 발전은 많은 개발도상국가들의 관심을 끌고 있다. 불과 60년 만에 절대 빈곤으로부터 벗어났고 상당한 수준의 민주화와 시민사회를 이룩했기 때문이다. 이런 놀라운 성장에 만약 기독교가 어느 정도라도 공헌한 것이 이 책을 통하여 설명된다면, 한국 기독교에 대한 사회의 평가가 달라질 수 있으며, 한국의 발전에서 교훈을 얻으려는 다른 나라들도 기독교에 대해서 새로운 관심을 기울이게 될 것이다. 물론 발전이 어떤 것인지 또 그것이 과연 바람직한지에 대해서 논란이 없지 않다. 그래서 요즘은 긍정적인 의미를 가진 '진보'progress와 구별하여 '발전'development을 가치중립적인 의미로 이해하는 경향이 있다. 아직까지 개발되지 않은 enveloped 가능성이 현실화되는 developed 것을 뜻한다고 주장하는 사람도 있다.

그러므로 우리는 발전이란 것을 긍정적으로만 평가할 수는 없으며, 부정적인 면도 아울러 존재함에 유의하여야 한다. 한국 기독교는 한국 사회가 계속해서 지금과 같은 모습으로 계속 발전하기를 바라거나, 이에 무조건적으로 따라가거나 부추겨서도 안 될 것이다. 한국 기독교는 그동안의 발전이 가져온 수많은 부작용을 치유하고 모든 사람, 특히 약한 사람들이 진정하게 행복하고 의미 있게 살 수 있도록 발전의 방향과 질을 바꾸는 데 주력해야 할 것이다. 종교의 본래 역할은 창조와 개발이 아니라, 치유하고 보듬는 것이기 때문이다.

그런데도 불구하고 한 가지 확실한 것은 오늘날 어떤 한국인도 비참하게 가난하고 무력했던 19세기 말로 다시 돌아가기를 원하지 않는다는 사실이다. 이것은 오늘날 개발을 서두르고 있는 많은 나라들에게도 마찬가지일 것이다. 따라서 경제적 발전과 함께, 이 과정에서 잃어버리기 쉬운 많은 소중한 가치들을 보전하여 나가야 하는 것이 중요하다. 특히 계급타파, 민주화, 인권존중, 평등과 복지 등은 발전의 핵심적인 열매들이며, 기독교가 누구보다 더 존중하고 추구해야 할 가치들이다.

이 책은 여러 부작용을 무시하지 않으면서도 전체적으로는 한국 사회가 발전한 것과 한국 기독교가 이에 공헌한 것을 긍정적으로 평가하고 있다. 그런 평가가 이 책의 주장들을 통하여 충분한 이론적 설득력을 얻을 수 있기를 바란다. 그리고 과거의 역할에 대한 이런 반성은 앞으로 한국 사회와 문화를 위하여 한국 교회가 무엇을 어떻게 공헌할 것인가에 대해서 생각하도록 자극하고 방향을 제시하는 데 도움이 될 수 있을 것이다.

마지막으로 이 책이 나오기까지 여러분들의 수고와 협력이 있었음을 잊을 수가 없다. 항저우의 절강대학교에서 개최된 소망교회의 김지철 목사님의 세

미나에서 이 책의 출간이 처음 논의되었고, 소망교회의 박래창 장로님과 장춘 장로님의 격려가 큰 힘이 되었음에 심심한 감사를 드린다. 특히 이 책의 출간을 수락하여 주신 예영의 김승태 사장님과 거친 원고들을 꼼꼼하게 정리하여 준 편집부에 감사드리며, 아무쪼록 이러한 정성들이 우리 사회 및 교회의 발전에 일조할 수 있기를 기대한다.

2012년 6월, 용산 기독교세계관학술동역회 사무실에서
손봉호, 조성표

손봉호 孫鳳鎬
서울대학교 문리과 대학 영어영문학과 학사. 미국 웨스트민스터신학교 석사.
네덜란드 자유대학교 철학 박사.
한국외국어대학교 교수, 서울대학교 사범대 사회교육학과 교수,
한성대학교 이사장, 동덕여자대학교 총장 역임.
현. 서울대학교 명예교수, 고신대 석좌교수.
　　기독교세계관학술동역회 이사장, 나눔국민운동본부 대표 등.
저서. *Science and Person*, Van Gorcum, 1972.
　　『現代精神과 基督敎의 知性』, 聖光文化社, 1978.
　　『나는 누구인가?』, 샘터사 1978. 『고통받는 인간』, 서울대학교출판부, 1995 등.
논문. 「피해자 중심의 윤리」, 「Cultural Relativism and the Transformation of Culture」,
　　「Metaphysics as a Science in Kant」 등.

조성표 趙盛豹
연세대학교 상경대학 경영학 학사 및 박사. 한국과학기술원 공학 석사.
Fulbright Visiting Scholar a Purdue University.
한국가상캠퍼스 'Best Teacher상', 한국회계학회 '회계저널우수논문상' 수상.
기독교학문연구회 학회장, 한국회계학회 부회장 및 회계저널 편집장 역임.
1986-현재 경북대학교 경영학부 교수, BK21사업단장.
저서. *Japanese Style Accounting*, Shyam Sunder ed., 공저, Quorum Books, 1999.
　　『韓國企業の IFRS 導入』, 杉本德榮 공편저, 中央經濟社(東京), 2011.
　　『공학회계』, 제5판, 심재강 공저, 청람, 2011.
　　『알수록 행복해지는 돈의 비밀』, CUP, 2008.
　　「연구개발지출의 다년간 이익효과」, 정재용 공저, 경영학연구, 2001.
　　「브랜드 구축으로 인한 광고 및 연구개발 지출의 이익효과 차이」, 공저, 회계학연구, 2006 등.

차례

서문
_손봉호, 조성표 · 4

01.
한국 사회의 발전과 기독교적 역사관
_손봉호 · 9

02.
한국근현대사의 전개와 한국 기독교
수용의 특징과 의의
_윤경로 · 31

03.
사회 발전과 기독교의 역할
_임성빈 · 63

04.
기독교가 한국 경제성장에 미친 영향
_김승욱 · 91

05.
한국 교육의 발전과 기독교
_정희영 · 125

06.
한국 지성 사회에서 기독교 세계관 운동
_양승훈 · 153

07.
한국 의료의 발전과 기독교
_김민철 · 179

08.
일제 식민지 지배 시기 한국 장로교회
의 농촌 경제살리기운동
_임희국 · 205

09.
새마을운동의 발상과 기독교 정신
_류태영 · 221

10.
빈곤의 문제와 가나안농군학교
_김장생 · 247

11.
서구문명에 대한 기독교의 기여
_김중락 · 263

참고문헌 · 285

01. 한국 사회의 발전과 기독교적 역사관

왜 어떤 나라는 경제적으로 번영하고 질서가 있고 평화로우며, 개인의 능력이 잘 개발되고 인권이 존중을 받는데, 왜 어떤 나라는 가난하고 무질서하며, 개인이 불행한가? 왜 어떤 나라는 선진국이 되는데, 어떤 나라는 후진국으로 남아 있는가?

가장 손쉬운 대답은 자연환경 때문이라는 것이다. 물론 천연자원이 많고 기후가 좋고 폭풍, 지진, 화산 폭발과 같은 자연재해가 적은 지역은 잘산다고 생각할 수 있다. 14세기 튀니지 역사가 이븐 칼둔Ibn Khaldun이나 16세기 프랑스 문필가 몽테뉴Michel de Montaigne 같은 사람들은 이런 '풍토론'을 주장했다. 사실 자연환경이 사람에게 미치는 영향은 무시할 수가 없다. 너무 춥거나 너무 더운 지역, 너무 지형이 험악하거나 자원이 빈약한 지역에서는 번영은커녕 생존도 쉽지 않다. 또 철, 석탄, 석유와 같은 천연자원이 경제적 번영에 도움이 되는 것도 부인할 수 없는 사실이다.

그러나 오늘날에는 자연조건이 사회의 번영을 결정한다고 주장하는 사람이 거의 없어졌다. 현실이 이를 부정하기 때문이다. 천연자원이 거의 없고 자연환경이 매우 열악한 네덜란드나 일본 같은 나라는 선진국인데,

천연자원도 매우 많고 자연조건도 그렇게 나쁘지 않은데도 후진국으로 남아 있는 나라들이 매우 많기 때문이다.

또 하나 생각해 볼 수 있는 설명은 인종의 우열이다. 어떤 민족은 우수한 두뇌와 공동체 생활에 적합한 천성을 가지고 있고 다른 민족은 그렇지 못하다는 설명이다. 세계화와 다원주의가 일반화되어 있는 오늘날에는 이런 주장을 드러내 놓고는 하지 못하지만, 사석에서 이런 생각을 내비치는 경우가 없지 않다. 또한 각 지역의 평균 지능지수에 차이가 있다는 이론도 있다. 전 세계에서 싱가포르인의 지능지수가 가장 높고 한국이 두 번째라는 연구도 있고, 미국에서는 흑인의 지능이 백인보다 낮고 아시아 출신이 백인보다 지능이 높다는 연구 결과도 있다. 그러나 문화인류학자나 심리학자 대부분은 개인의 선천적인 능력 차이는 인정하지만, 지능지수의 인종 별 차이는 인정하지 않으며, 경험적 근거도 약하다고 주장한다. 근거가 희박한 이론으로 어떤 민족은 숙명론에 빠지게 하고 어떤 민족은 우월감에 도취되게 할 뿐 아니라, 히틀러식의 인종차별을 정당화할 수 있는 근거로 작용할 수 있기 때문에 위험한 면도 있다.

가장 중요한 것은 역시 사람의 의식이고 그 의식이 외부에서 체화體化된 문화다. 사람이 문화를 창조하고 그 문화가 사람과 사람의 생각, 가치관, 삶의 방식과 질을 결정하며, 나아가 전통으로 작용하여 그 다음 문화 형성에 결정적인 역할을 한다. 사람에게는 짐승과 달리 '기억'이라는 능력이 있고 그 기억이 일정한 형태를 이루면, 사람의 정체성과 인격이 결정된다. 또한 한 사회의 공동 의식은 그 사회의 문화이며, 그 사회의 공동 기억과 그것이 체화되는 문화 형성 과정이 그 사회의 역사다. 기억은 불확실하고 쉽게 사라질 수 있지만, 그것이 외적으로 체화된 문화는 한 번 형성되면 쉽게 없어지지 않고 반드시 다음 문화의 형성에 영향을 끼쳐 그 자취를 남긴다. 문자가 있는 사회가 문자가 없는 사회보다 더 잘 발전할 수 있는 이유도 사람의 의식이 문자로 체화되면 훨씬 더 오래, 더 정확하게 보존되어 많은 사람이 이용할 수 있기 때문이다. 그래서 같은 지역에서 생활하는 주민들이 직접적인 대화뿐만 아니라 문화물로 체화된 의식을 통하여 끊임없이 서로 교류함으로 공동체의 특성이 형성되고 그것이 사회의 정체성으로 정착된다. 문화의 특성이 형성되는 과정은 지역의 방언이 생겨나는 과정과 크게 다르지 않다. 같은 공간에서 사는 사람들이 오랜 세월 동안 자주 만나 대화하면서 그 지역의 방언이 생겨나는 것이다. 문화의 특징도 이와 같이 형성된다.

한 사회가 얼마나 빨리 혹은 크게 발전하는지 또는 발전의 방향과 질, 특성이 어떤지의 여부는 상당 부분 그 사회가 이미 향유하고 있는 문화의 성격에 의해 결정된다. 물론 예측하지 못한 국제 상황이나 일본의 대지진 같은 천재지변도 중요한 영향을 끼치지만, 그런 것들을 극복하고 이용하는 능력 역시 이미 사회가 가지고 있는 의식구조, 가치관, 문화적인 역량에 의해 좌우된다. 즉 자연적이고 우연적인 것이 아닌, 후천적이고 역사적인 요소가 더 중요하다는 것이다.

오늘의 한국을 이해하려면, 한반도에서 살았던 사람들이 가져왔던 의식이 어떤 성향을 가지고 있는지 또 그 성향이 어떻게 형성되었는지를 알아야 할 것이다. 한국은 많은 약점에도 불구하고 일본의 식민 지배에서 벗어난 지 60년이 채 안 되어 절대빈곤에서 탈출했고 상당한 수준의 민주화를 이룩했으며, 아시아에서 가장 활발한 시민사회를 성취하였다. 2009년에는 OECD의 개발원조위원회DAC의 회원이 되어 역사상 유일하게 원조를 받던 나라가 원조하는 나라로 격상되었으며, 국제연합이 발표한 2011년 인간개발지수는 세계에서 15위로 인정되었다. 이런 성취는 결코 우연히 이루어질 수 없다. 그것이 무엇이든 간에 한국 사회가 이미 가지고 있던 문화적 특성이 이에 공헌했을 것이다. 그 특성이 무엇이고 그것이 어떻게 형성되었는지를 알아보는 것은 한국인 자신에게도 미래 설계를 위해 중요하거니와 빈곤과 독재로부터 해방되기를 바라는 다른 나라에도 좋은 참고가 될 수 있을 것이다.

1. 종교와 의식

한 사회의 공동체 의식과 그것이 외부에 언어, 생활방식, 가치관, 제도 등으로 체화되는 과정에는 수많은 변인이 작용한다. 자연조건도 중요하지만 지금까지 기능하고 있었던 기존의 문화, 창조적인 사상가들의 생각, 예술가들의 새로운 작품, 설득력 있는 지도자의 정책, 외래문화의 영향, 경제 상황, 국민의 교육열과 교육제도와 같은 요소들이 매우 중요하게 작용한다. 그러나 그 가운데서도 적어도 지금까지 가장 결정적인 영향력을 행사한 것은 종교라 할 수 있다.

종교는 유클리드 기하학에서의 공리axiom와 비슷한 기능을 한다. 공리는 전제될 뿐 그것에 대해서 이의를 제기하거나 다른 근거로 그 타당성을 증명할 수 없다. 마찬가지로 종교인은 자신이 믿는 종교의 기본교리를 절대적인 것으로 수용한다. 그리고 유클리드 기하학에서 모든 체계는 공리에 근거하여 형성되는 것같이 삶의 모든 영역과 활동은 절대적으로 수용되는 종교적 신조에 근거하여 그리고 그것이 허용하는 범위 안에서만 이루어진다. 유클리드 기하학의 공리는 당위의 요소가 없지만, 종교의 가르침은 '마땅히' 순종해야 하는 당위의 요소가 있기 때문에 그 영향력이 막강하다. 그것은 개인에게만 그런 것이 아니라 한 종교가 상당 기간 지배적인 사회에서도 마찬가지며, 그 상태는 오랫동안 유지된다. 오늘날 무서운 속도로 발전하고 있는 과학기술의 영향으로 문화가 세속화되어 종교의 영향력이 과거에 비해 많이 약화되었음에도 불구하고 한 번 형성된 문화는 그렇게 쉽게 바뀌지 않는다. 아직도 세계는 기독교권, 불교권, 이슬람권, 유교권으로 종교에 따라 분류되고 있음을 보아도 그 영향력이 얼마나 큰지를 알 수 있다.

그러나 한 지역의 지배적인 종교가 바뀌면, 그 사회는 큰 변화를 맞게 된다. 현재 이집트나 그리스인들의 일상생활에는 고대의 찬란했던 문화의 흔적이 거의 없다. 이집트는 이슬람으로, 그리스는 그리스 정교로 바뀌었기 때문이다. 근본적으로 전통적인 종교가 다른 종교의 도전을 받지 않고 어느 정도 계속 유지되었던 인도나 중국과는 좋은 대조를 이룬다고 볼 수 있다. 수백 년에 걸친 영국의 식민 지배나 강력하게 추진되었던 공산주의도 힌두교나 유교만큼 큰 영향력을 행사하지 못한 것이다.

오늘날에는 새로운 종교가 기존의 종교를 대체하기보다는 자연과학이 모든 종교에 대해 도전하는 상황이 되었다. 대부분의 학자와 시민들은 과학이야말로 가장 객관적이고 믿을 만한 지식이라고 생각한다. 오늘날의 과학은 내용상 차이가 있긴 하지만, 사람의 의식과 행동에 결정적인 영향력을 행사한다는 점에서 과거 종교가 행사했던 영향력을 가지고 있다. 현대 과학기술은 인간에게 거대한 물리적 힘을 안겨 주었고 인간의 육체가 요구하는 생물학적인 생존과 물질적 풍요를 보장해 주었다. 또한 한정된 범위에서 일종의 세계관을 형성할 수 있기 때문에 과학적 세계관은 인류 역사상 가장 보편적인 문화 현상이 되었을 뿐 아니라, 전 인류가 추구하는 대상이 되었다. 이렇게 과거에 종교가 차지했던 위치를 과학이 차지하게 되었으므로 과학이 종교와 유사한 하나의 이념 ideology이라고 주장하는 학자들도 있다.[1]

그럼에도 불구하고 과학은 사람들의 삶의 의미를 제시하거나, 설정하는 데 도움을 주지 못한다. 사회학자 막스 베버 Max Weber는 "우리에게 유일한 중요한 질문, 즉 '우리는 무엇을 해야 하며 어떻게 살아야 할 것인가?'

란 질문에 대해서 과학이 대답을 줄 수 없기 때문에 과학은 무의미하다."라고 말한 톨스토이의 주장을 인용하여 이에 동의한다.[2] 과학은 '사실'Sein을 약속된 방법론에 따라 객관적으로 밝히려고 노력할 뿐, 사람이 어떻게 살아야 하고 행동해야 하는지에 대한 '당위'當爲, Sollen를 제시하지 않는다.

모든 동물처럼 인간도 생존욕, 번식욕, 식욕과 같은 본능이 있고 그것의 연장으로 소유욕과 권력욕이 있다. 그러나 인간은 동물과 달리 본능적인 욕구를 충족하는 것만으로는 만족하지 못한다. 생존이 어느 정도 보장되면, 좀 더 가치 있고 의미 있는 행동을 하려고 한다. 그런데 어떻게 사는 것이 가치 있고 의미 있는 삶인지는 과학이 아닌, 종교 또는 종교에 기초한 세계관이 결정한다. 따라서 과학이 지배하는 현대사회에도 종교는 필요하며, 영향력을 행사한다. 따라서 종교를 제외한 문화 이해는 피상적일 수밖에 없다.

2. 역사관과 사회 발전

한 사회가 거의 무의식적으로 따르고 있는 세계관에는 역사관이 포함되어 있다. 여기에서 말하는 역사관이란 한 나라의 역사를 어떻게 보느냐가 아니라, 시간의 흐름을 어떻게 이해하며, 그 흐름에 따라 문화가 어떻게 발전하는지에 대한 관점을 뜻한다. 물론 어느 사회도 이런 역사관을 분명하게 의식하고 있지는 않다. 그러나 분명하게 의식하지 않더라도 과거를 어떻게 평가하고 전통을 어느 정도 존중하며, 미래를 어떻게 인식하는가는 사회마다 서로 다를 수 있다. 시간의 흐름을 부정적으로 보는지 아니면 긍정적으로 평가하는지도 이와 관계되어 있다. 그리고 그런 관점이 개인과 공동체의 활동에 직접 혹은 간접으로 반영될 수밖에 없다. 역사를 비관적으로 보면, 새로운 것에 대해서 거부감을 가질 것이고 따라서 새로운 것에 대한 관심이 약하고 행동이 적극적일 수 없을 것이다. 그러나 역사의 흐름을 낙관적으로 보면, 정반대의 현상이 나타날 것이다.

대체로 역사철학자들은 크게 두 가지의 역사관이 있다고 본다. 하나는 '순환적 역사관'circular view이고, 다른 하나는 '진보적 역사관'progressive view이다. 순환적 역사관은 역사가 동일하거나 비슷한 것의 순환적인 반복으로 보며, 진보적 역사관은 새로운 것의 출현으로 역사가 발전한다고 간주한다. 그 양자의 종합으로 나선형 역사관spiral view이 있지만, 스토익의 역사관을 독특하게 해석한 결과로 보편적인 인정을 받지 못하고 있다.[3]

이 역사관 중에 가장 먼저 그리고 가장 오랫동안 수용되고 광범위하게 확산되어 있는 것이 순환적 역사관이다. 그 이유는 그것이 자연에 대한 인간의 공통된 경험에 근거하기 때문이다. 과거에는 자연이 인간 삶의 전부였다. 아침부터 저녁까지 거의 대부분의 시간을 자연과 더불어 보냈고 생존에 필요한 모든 것을 자연으로부터 얻었다. 또한 자연의 무서운 힘에 시달려 자연에 순응하고, 자연의 힘을 이용하거나 극복하는 것이 삶의 전부였다. 시간에 대한 인식도 자연현상을 관찰하면서 생겨났을 것이다. 해와 달이 뜨고 지는 것이나, 계절이 바뀌고 생물체가 태어나고 죽는 것을 통해 시간의 흐름을 느끼는 것이다. 시간은 변화의 형식이자, 전통 사회가 자연의 변화에서 가장 쉽게 얻을 수 있는 인식이다. 그런데 그런 자연현상들은 대부분 순환적이다. 같은 해가 또 솟아오르고 봄은 또다시 돌아온다. 역사는 시간의 흐름에 의해 이루어지는 것이기 때문에 자연현상과 같이 순환적일 것이라고 생각하는 것은 어떻게 보면 매우 자연스러운 일이다. 주기적으로 순환하는 계절처럼, 왕조도 주기적으로 흥망성쇠를 반복하고 역사 역시 그와 비슷하게 순환한다고 추리할 수 있다. 왕조 500년 주기설과 지도자 60년 주기설은 왕의 폐위와 쿠데타를 정당화하는 근거로 이용되었고 최근에도 자연재해 주기설이 사람들을 위협하고 있다.

순환적 역사관의 가장 두드러진 형태는 말할 것도 없이 힌두교와 불교에서 발견된다. 모든 것은 영겁永劫으로 반복된다는 윤회사상輪回思想은 불교와 힌두교의 전형적인 역사관이라 할 수 있다. 피타고라스학파를 비롯한 고대 그리스 철학도 순환적인 역사관을 수용했으며,[4] 놀랍게도 19세기 독일의 철학자 니체Friedrich Nietzsche도 영원한 회귀回歸를 주장함으로 순환적 역사관의 중요한 예가 되고 있다.[5] 그는 흔들리는 나뭇잎조차도 그대로 반복된다고 믿었다.

　　순환적 역사관은 과거 중심적이다. 즉 인류의 가장 이상적인 시기는 과거에 있었고 역사적 흐름은 타락과 쇠퇴의 과정이라고 본 것이다. 플라톤은 역사의 황금기Golden Age가 첫 번째 사이클에서는 있었지만 그 뒤에는 없어졌다고 주장했고[6] 중국에서도 과거 삼황오제三皇五帝의 시대가 황금기였다는 생각이 지배했다. 한국의 성리학자 이이李珥도 질서가 잡히고 부강한 정치가 이루어지는 시기를 치세治世라 하여 무질서하고 패권이 지배한 난세亂世와 대조했는데, 백성의 평안과 교화가 이루어지고 국가를 부강하게 만든 치세의 전형은 삼황오제였다고 지적했다.[7] 이러한 관점은 중국의 역사가 사마천司馬遷의 『사기』史記에도 나타난다.[8]

　　순환적 역사관이 과거지향적인 것은 시간에 대한 부정적인 평가 때문이다. 대부분의 고대인들은 모든 변화를 부정적인 것으로 보았기 때문에 변화의 형식인 시간도 부정적으로 본 것이다.[9] 플루타아크Plutarch는 시간을 인류의 원수라고 했는데, 아마도 인간의 노화와 죽음 같은 현상 때문에 이런 관점을 가진 것 같다. 즉 변하는 것은 그림자와 같이 헛되고 거짓되고, 저급한 것이며, 불변하는 본질만이 진실하고 고귀하며, 영원한 가치를 가진 것으로 취급한 것이다. 역사적 변천도 가장 이상적이고 원초적인 원형으로부터 멀어지는 과정이기 때문에 타락을 의미했다.[10] 따라서 시간이 경과하는 것은 황금기로부터 멀어지는 것을 의미하기 때문에 사회는 점점 악화될 수밖에 없으며, 변화는 부정적인 것이기 때문에 오늘날 우리가 일반적으로 이해하는 발전, 혹은 긍정적 변화란 그 자체가 불가능하다고 본 것이다. 이런 역사관이 지배하는 문화에서 새로운 것을 시도하는 것이나, 발전에 대한 동기와 동력이 생겨나기가 어려운 것은 당연하다.

그렇지만 순환적 역사관을 가진 사회에는 어떤 발전도 일어나지 않는다고 말할 수는 없다. 순환적이고 과거지향적인 역사관이 지배적인 고대 중국, 인도, 이집트, 바빌로니아, 중남미잉카에서 찬란한 문화가 꽃피었다는 사실을 아무도 부인할 수 없고 오히려 매우 창조적인 문화 활동이 없지 않았다. 모든 인간은 과거의 실수와 잘못을 인식할 수 있다. 즉 과거의 어떤 행위가 지금 받는 고통의 원인이라는 사실을 알 수 있으면, 그 고통을 가져다준 원인을 반복하지 않으려 할 것이다. 과거의 잘못을 인식하고 그것을 반복하지 않는 것 자체가 발전과 개선을 함축한다. 뿐만 아니라 모든 인간에게는 본질적으로 미지에 대한 호기심과 새로운 것을 생각해 내는 창조적 능력이 있다.

과거의 문화 활동은 단순한 호기심이나 필요에서가 아닌, 주로 종교적인 헌신에서부터 비롯되었다. 최대한 아름답고 훌륭한 것을 신에게 바치려는 욕망이 찬란한 문화를 이룩하게 했다. 그럼에도 불구하고 과거를 이상적으로 생각하는 문화에서 발전과 창조에 대한 자극이 크지 않을 것은 당연하다. 16세기 이전에는 중국이 서양보다 압도적으로 기술이 앞서 있었다. 그러나 서양이 과거지향적인 역사관에서 미래지향적인 역사관으로 바뀐 16세기 이후부터는 그 전과는 비교할 수 없을 정도로 사회의 거의 모든 분야에서 엄청난 발전을 이루게 되었다. 그때부터 서양문화는 전대미문의 속도로 발전하여 최근까지 세계를 이끌고 있다. 물론 이런 발전이 전적으로 역사관의 변화 때문이라고 하는 것은 과장일 수 있지만, 그것이 상당 부분 영향을 끼쳤다는 사실은 부인하기 어려울 것이다.

중국을 비롯한 전통적인 문화와 함께 한국의 전통문화도 과거지향적이고 순환적인 역사관을 가지고 있었다. 한국인의 세계관을 결정한 것에는 전통적인 무속신앙과 불교, 유교가 있는데, 이들의 공통점은 모두 순환적인 역사관을 가지고 있다는 사실이다. 그것들이 한국 사회를 보수적으로 만들고 변화와 발전에 대해서 적극적이지 못하게 작용했음을 부인하기는 어렵다. 물론 그런 역사관에도 긍정적인 요소가 있고 그만한 이유도 있겠지만, 변화에 대한 두려움이 발전에 부정적이라는 사실은 부인할 수 없다.[11] 19세기 말 한국에서 활동한 미국 선교사 제임스 S. 개일James S. Gale은 한국 사회가 고정되고 부동적인 조건에 빠져 있었으며, "'어제와 같이 오늘도 그리고 항상 그와 같이'가 한국적인 모든 것에 크게 그려져 있었다."고 관찰했다.[12] 그 당시 서양인의 눈에 비친 한국 사회와 한국인의 의식은 압도적으로 과거지향적이고 보수적이었다.

순환적 역사관은 유기적 세계관과 연결되어 있다. 자연의 순환에 대한 경험에서 형성된 순환적 역사관은 자연현상을 규범으로 간주하는 입장을 반영한다. "하늘에 순응하는 자는 살고 하늘을 거역하는 자는 망한다順天者, 存. 逆天者, 亡."라는 공자의 발언에서 하늘은 자연을 의미한다. 즉 자연의 순리에 순응해야 생존하고 성공할 수 있으며, 자연을 거스르는 자는 반드시 패망한다는 말이다. 자연은 신성하고 살아 있는 유기체이기 때문에 그 순리를 무시할 수도, 파괴할 수도, 그것으로부터 분리될 수도 없다고 본 것이다. 물론 자연을 정복한다는 것은 상상할 수도 없다. 그것은 전통적인 유기적 세계관의 가장 분명한 표현이다. 자연의 순리는 이미 결정되어 있으므로 다만 순응할 뿐, 그것을 바꾸거나, 새로운 것을 개발하거나, 창조할 수는 없다. 신으로부터 불을 훔친 프로메테우스는 하늘의 신으로부터 벌을 받았고, 버질Virgil이 '무례하고 불경건한 자'라 불렀던 살모네우스는 천둥과 '모방할 수 없는 번개'를 흉내 내려다 '전능한 아버지'의

번갯불에 맞았다.¹³ 또한 날아다닐 수 없도록 점지된 사람이 새처럼 날아다니기 위해 밀랍으로 날개를 만들어 하늘을 오르다가 제우스의 진노를 받아 태양열에 밀랍이 녹아 떨어져 죽었다는 이카루스의 신화도 그런 믿음을 반영한다.

자연의 순환에 근거한 시간관, 즉 순환적 역사관은 당연히 보수적이고 과거지향적일 수밖에 없다. 20세기 전에 우리나라에 터널, 다리, 대로가 없었던 것은 단순히 기술이 부족해서만은 아니다. 산에 구멍을 뚫고 강을 자르고 산과 골짜기의 모습을 인공적으로 바꾸는 것은 살아 있는 자연에 엄청난 상처를 주는 것이기 때문에 상상할 수도 없었던 것이다. 그래서 얼마 전까지만 해도 집을 짓거나 묘지를 만들기 위해서 땅을 팠을 때는 반드시 '평토제'平土祭를 지냈다. 자연에 흠집을 낸 것을 사죄하는 제사였다. 자연에 대한 경외감이 강하게 남아 있는 한 자연과학과 과학기술이 발달하기 어렵다.

"하늘에 순응하는 자는 살고 하늘을 거역하는 자는 망한다."는 공자의 발언은 미래지향적 역사관에 근거한 진보사상을 처음으로 분명하게 표현한 것으로 알려진 베이컨Francis Bacon의 "순종하지 않으면 정복할 수 없다." Non nisi parendo vincitur라는 발언과 좋은 대조가 된다. 베이컨이 순종한다는 것은 공자의 순천順天과는 근본적으로 다르다. 공자는 자연의 순리를 존중하고 그에 순응하여 살고 행동하는 것을 뜻하지만, 베이컨은 자연이 운행하는 법을 발견하여 그것을 이용해야 자연을 정복할 수 있다고 주장한 것이다. 자연에 대한 두 입장은 극과 극임을 알 수 있다.

베어컨의 역사관은 분명히 진보적progressive, 혹은 직선적linear인 것이다. 물론 캐인즈는 과거의 모든 역사관이 다 순환적이라고 주장한다. 일반적으로 성경에 근거한 기독교적 역사관은 직선적, 혹은 진보적으로 순환적 역사관과 구별하나, 캐인즈는 그것도 역시 순환적인 것으로 분류한다.

다만 다른 순환적 역사관은 역사가 동일한 것이 계속해서 반복한다고 보는 반면에, 기독교적 역사관은 역사를 단 한 번의 커다란 원One-Grand Cycle 의 형태라고 주장한다.[14] 그런 관점은 인류의 타락 이전 에덴동산과 마지막 하늘나라를 동일한 것으로 해석하기 때문에 가능하다. 그러나 그런 해석은 성경의 가르침을 오해한 것이다. 역사와 관계하여 에덴동산보다 더 기본적인 것은 창조이며, 천국보다 더 핵심적인 것은 마지막 심판이다. 이처럼 기독교는 창조로부터 시작해서 마지막 심판에 이르기까지의 과정을 인류의 역사로 본다. 그러므로 기독교에서 처음으로 역사의 직선적인 발전linear progression 가능성이 제시되었다는 것이 일반적인 관점이다.[15]

    기독교는 스스로를 계시의 종교라고 믿는다. 사람의 깨달음이나 경험에 근거한 것이 아니라, 하나님의 계시에 의하여 우리가 무엇을 어떻게 믿어야 하며, 어떻게 살아야 할 것인지를 알 수 있다고 주장한다. 이 점은 여러 부분에서 나타나지만, 역사를 보는 관점에서도 나타난다. 즉 시간과 역사를 자연의 순환에 근거하여 보는 것이 아니라, 하나님의 창조와 심판이라는 관점에서 본다. 동일한 것의 무한한 반복이 아닌, 하나님의 창조로부터 역사는 시작되어 하나님의 마지막 심판으로 인류의 역사는 끝이 난다. 그러므로 역사는 시작에서 끝에 이르는 하나의 거대한 직선적 흐름이다. 직선적 역사관은 당연히 미래지향적이다. 기독교는 과거의 에덴동산을 이상향으로 되돌아보는 것이 아니라, 앞으로 임할 하나님 나라, 천국을 이상으로 바라본다. 따라서 이런 역사관은 발전이나 진보를 부정하지 않는다.

    물론 역사에 대한 태도가 한꺼번에 바뀌지는 않는다. 기독교가 도입되었다고 해서 그 사회의 역사관이 즉시 진보적 또는 미래지향적으로 바뀌는 것은 아니다. 사실 어느 종교에서도 역사관을 하나의 교리로 제시하지 않으며, 기독교도 마찬가지다. 기독교적 역사관에 대해서 처음으로 관심을 기울이고 그것이 직선적이며, 순환적 역사관과는 다르다는 사실을 처음으로 인식한 사람은 5세기의 아우구스티누스Augustinus이다. 그 후 기독교가 서양의 지배적인 종교가 되었음에도 불구하고 16세기 서양에서는 고대의 순환적이고 과거지향적인 역사관이 지배적이었다.[16] 그러나 종교개혁을 통해 전통의 권위를 중시한 중세의 사고에서 벗어난 후에야 비로소 역사를 보는 눈이 바뀐 것이다. 전통의 권위를 대체할 만한 새로운 권위인 성경의 권위가 회복되었기 때문이다. 그래서 과거에 대한 비판적인 태도가 생겨났고 과거지향적 사고로부터 벗어날 수 있었다. 이렇게 아우구스티누스가 기독교적 역사관이 순환적 역사관이 아님을 인식한 지 11세기가 지난 뒤에야 비로소 성경적인 역사관이 정착된 것이다.

앞에도 언급한 것처럼 역사관의 변화가 사회 발전의 유일한 원인이라고 주장할 수 없으며, 변화의 직접적인 근거를 구체적으로 증명할 길은 없다. 다만 자연, 인간, 사회, 역사 등에 대한 사회의 지배적인 태도가 사람들의 창조적 능력을 발산하는 데 방해가 되거나 자극제가 될 것이란 사실은 추측하기 어렵지 않다. 서양에서는 자연과학, 민주주의, 자본주의 등 역사상 가장 중요한 변화가 16세기 이후에 활발하게 일어난 것은 분명한 사실이고 이런 발전과 역사관이 미래지향적으로 바뀐 것을 우연의 일치로 보는 것은 무리일 것이다.

3. 한국 사회의 발전과 기독교

한국 사회가 최근 급속도로 발전했다는 사실은 아무도 부인할 수 없다. 한국 역사상 어느 시대보다 더 빨리 그리고 더 광범위하게 변한 것이다. 불과 60년 만에 절대빈곤으로부터 탈출하여 원조 받던 나라가 원조하는 나라로 성장했고 독재정권을 무너뜨리고 아세아에서 앞선 시민사회를 이룩했다. 세계 어느 나라도 그렇게 빠른 시일 안에 이런 큰 변혁을 이룩하지는 못했다.

무엇이 이런 발전을 가능하게 했는가에 대해서는 수많은 대답이 있을 수 있다. 문자를 가진 오래된 문화, 엄청난 교육열, 근면한 국민성, 경쟁심, 헝그리 정신, 적절한 경제정책 등 다양한 원인을 제시할 수 있다. 어떠한 인물이나 사회현상의 변화는 딱 한 가지 원인으로 설명할 수 없고 위의 요소 중에 어느 하나 근거 없는 것이라고 말하기는 어렵다. 특히 한국 사회의 엄청난 변화는 더욱 그러하다.

그럼에도 불구하고 여러 원인 중에서 하나의 중요 요인으로 지적될 수 있는 것이 바로 역사관의 변화이다. 즉 과거와 미래에 대한 평가와 태도에 큰 변화가 일어난 것이다. 물론 이런 변화를 대부분의 한국인이 분명하게 인식하고 있었던 것은 아니다. 그것은 16세기 서양에서도 마찬가지였다. 비록 개개인이 분명하게 의식하지 못했더라도 오늘날 한국인들이 역사를 보는 관점이 과거의 한국인들보다 달라졌다는 것은 부인할 수 없다. 만약 개일 선교사가 지금의 한국을 방문한다면, 결코 '어제와 같이 오늘도 그리고 항상 그와 같이'라고 한국 사회를 특징지을 수 없을 것이다. 오히려 수년 전 서울을 방문한 한 독일 기자가 "미친 것이 아닌가 했다."I was afraid it was mad라고 한국 사회를 평가한 것이 더 정확한 표현이라고 할 수 있다.[17] 미친 것같이 활발하게 활동하는 사회는 과거지향적일 수도, 보수적일 수도 없다. 한국의 역사관이 미래지향적이 되었다는 사실은 이제 아무도 부인할 수 없다.

물론 역사관의 변화가 어떻게 일어났는지에 대한 대답도 여러 가지가 있을 수 있다. 그러나 한 가지 결코 무시할 수 없는 원인은 35년간 일본의 강제통치를 받았던 사실이다. 물론 그 전에도 외세의 침략을 받은 일이 여러 번 있었지만, 온 나라가 그렇게 긴 기간 동안 다른 나라에 의해 점령당하고 지배를 받은 일은 없었다. 전대미문의 큰 충격을 준 사건이었기 때문에 근본적으로 자신을 철저하게 비판적으로 반성할 수 있는 계기를 주었다. 아무리 오랜 역사와 뛰어난 문화를 가졌다고 자랑하더라도 다른 민족에 의해 처절하게 유린당하고 온 국민이 말할 수 없는 수모를 당하게 되면, 그 역사에 대한 긍지와 자부심은 땅에 떨어질 수밖에 없다. 한국의 역사에서 그때만큼 스스로 힘에 대한 신뢰와 문화에 대한 긍지를 그만큼 비참하게 상실했던 때는 없었다. 즉 일제 강점기는 우리의 모든 것, 과거의 모든 것에 대해 의심하도록 만들었다.

그것의 가장 큰 피해는 유교가 입었다고 할 수 있다. 비록 한국인의 세계관을 결정하는 데 영향을 미친 것은 무속신앙이었지만, 그것은 뚜렷한 조직이나 체계가 없기 때문에 의식적으로 비판할 수 있는 대상이 되지 못했다. 당시 통치의 명시적인 지배 이념은 유교에 근거한 것이었기 때문에 과거에 대한 비판은 유교에 대한 비판을 함축할 수밖에 없었다. 따라서 유교의 영향력은 급격히 쇠약해졌다.

이같이 수백 년간 한국을 지배해 오던 유교적 통치 이념이 흔들리는 상황에 들어온 것이 기독교개신교였다. 그래서 상대적으로 큰 저항이나 핍박 없이 전파되고 확산될 수 있었다. 그것은 그보다 이미 100여 년 전에 전래된 천주교에 대한 저항과는 분명히 대조된다.[18] 천주교가 전래될 당시에는 19세기 말처럼 국가의 통치 이념이 도전을 받고 있지 않았고 유교의 세력이 건재했기 때문에 기독교와는 비교할 수 없을 정도로 큰 핍박을 받았으나, 포교에는 큰 성공을 거두지 못했다.

한국의 자존심을 짓밟고 유교적인 전통에 치명타를 가한 세력이 일본이었다는 사실은 기독교 전래에 특별한 기회를 제공했다. 당시 대부분 식민 지배를 하던 제국주의 국가들은 모두 유럽이었고 그들은 기독교를 국교 혹은 국교에 준하는 대우를 했다. 그런데 특이하게도 한국만은 기독교에 대해 다소 적대적인 입장을 취했던 일본에 의해 점령되었다. 그래서 기독교 국가들의 지배를 받은 다른 식민지들과는 달리 한국에서는 기독교가 적대세력이 아니라 오히려 적대세력이 적대시한 우호적인 세력으로 인식될 수 있었다. 이것은 단순한 이념만이 아니라 구체적인 행동을 통해서도 충분히 반영되었다. 즉 기독교인들이 비기독교인들보다 더 민족주의를 옹호했고 독립운동에 더 적극적이었다. 당시 한국의 인구에서 기독교인의 비율은 2%에 불과했지만, 3·1 운동을 일으킨 민족지도자 33인 가운데 기독교인이 16명이었고 전국 각지에서 일어난 독립만세운동의 절반을 기독교인들이 주도했다.[19] 그리고 전개된 독립운동 지도자들의 상당수가 기독교인이었거나 기독교로 개종했다. 이승만, 김구, 안창호, 조만식, 이준, 이승훈, 서재필, 윤치호 등 잘 알려진 애국지사들은 유교적 전통에서 자란 식자들이었는데, 만약 일본이 기독교 국가였다면, 기독교인이 되지 않았을 가능성이 매우 크다. 이들 지도자들은 기독교를 방편으로 삼아 독립운동과 사회개혁운동을 시도하였다. 일본의 강제침략이 과거에 대한 실망을 가져왔고, 그 영향 아래 빨리 확장된 기독교는 사회개혁의 실마리를 제공하여 미신, 조혼早婚, 혼례, 남존여비, 반상차별班常差別, 술, 담배, 아편 등 구습개혁에 앞장섰다.[20]

여기에 크게 작용한 것은 기독교가 서양에서 전래되었다는 사실이다. 당시 서양은 '강대국'이었다. 나라가 약했기 때문에 수모를 당한 상황에서 기독교가 '강대국의 종교'로 인식된 것은 기독교 확산에 유리한 위치를 점할 수 있었다. "크리스트의 교를 착실히 하는 나라들은 지금 세계에 제일 강하고 제일 부요하고 제일 문명하고 제일 개화가 되어 하나님의 큰 복을 입고" 살고 있으므로, "크리스트교가 문명개화하는 데 긴요한 것"이며, "문명개화를 위해서만이 아니라 하늘이 내린 개인의 자유권과 국가의 자주권을 위해서도 필요"하다고 인식한 것이다.[21] 거기다가 일본이 그렇게 강해진 것도 명치유신明治維新을 통해 서양문물을 도입했기 때문이란 사실은 한국에서의 기독교의 위치를 더욱 강화해 주었다.

그 당시 전래된 기독교와 서양문화는 이미 미래지향적인 역사관이 완전히 확고하게 자리 잡은 형태였다. 그런 역사관의 영향 아래 태동되고 발달된 과학기술, 산업혁명, 민주주의가 그 문화의 핵심이자 전형적인 특징으로 성장한 것이다. 그런 문화를 이상적인 모형으로 추구한다는 것은 그 뒤에 전제된 진보적 역사관을 수용한다는 것을 함축한다. 요순지성대堯舜之聖代를 황금기로 숭상하면서 사회개혁을 시도하는 것은 불가능하다.

기독교가 한국에 공헌한 것 중 하나가 민족주의의 태동이란 사실은 매우 역설적이다.[22] 서양에서 성장한 기독교가 유교 국가에서 민족주의를 고취했다는 것은 우리 역사의 특이한 상황과 기독교의 가르침이 절묘하게 연결되었기 때문이다. 민족주의가 보수적인 전통이 아니라 미래지향적인 개혁과 손을 잡은 것은 특이한 현상이 아닐 수 없다. 타민족의 지배를 받는 상황에서 개혁이 애국정신으로 이루어졌기 때문에 훨씬 강력하게 추진될 수 있었고 사회 전체에 쉽게 확산될 수 있었다. 그 외 비서양 국가 가운데서 비교적 일찍 사회개혁이 민족주의와 애국으로 이루어진 것도 한국 사회가 미래지향적인 역사관을 갖게 된 중요한 계기가 되었을 것이다. 이런 점에서 한국 기독교는 오늘의 사회 발전에 결정적인 역할을 수행했다고 할 수 있다.

4. 진보적 역사관에 대한 비판적 반성

그런데 한국의 역사관이 미래지향적이고, 한국 사회가 빠른 성장을 이룬 것이 과연 긍정적이기만 할까? 사람의 자유를 구속하고 개인의 능력 개발을 방해했던 구습을 타파하고 절대빈곤에서 온 국민이 해방되었다는 점에서 지금의 발전은 물론 긍정적이다. 아무도 다시 옛날로 돌아가기를 원하지 않을 것이다. 그러나 발전, 개발, 변화에 지나치게 집착한 나머지 공동체의 유대감, 자연환경, 개인의 행복이 심각한 위협을 받고 있다.

경제발전과 개인의 자유에도 불구하고 한국인의 행복지수는 매우 저조하다. 2011년 레가툼연구소Legatum Institute의 조사에 의하면, 삶의 만족도 조사대상국 110개국 가운데 한국인은 104번째라는 충격적인 결과가 나왔다. 물질적인 풍요와 개인의 자유 및 권리 신장이 반드시 사람을 행복하게 만드는 것이 아님을 보여 주고 있다. 돈, 권력, 명예 등 하급 가치에 대한 지나친 경쟁심이 서로의 권리를 존중하는 도덕성을 파괴하여 공동체의 유대가 극도로 약화되었다.

미래지향적 역사관의 가장 심각한 열매는 환경오염이라 할 수 있다. 과거지향적 역사관은 자연을 살아 있는 유기체organism로 보고 경외하기 때문에 정복과 개발로 자연을 파괴하는 것을 두려워했다. 그러나 미래지향적 역사관은 자연을 기계체로 간주하여 아무 두려움 없이 자연을 이용하고 착취하여 지금의 환경오염을 야기했다.[23] 오늘날 전 인류가 당면한 가장 심각한 위험이 환경오염과 그 결과인 지구온난화일진대, 진보적 역사관과 이에 공헌한 기독교의 근본적인 반성이 절실히 요구된다.

한 번 폐기된 자연관과 역사관으로 다시 돌아갈 가능성은 거의 없다. 자연은 살아 있고 역사는 순환한다고 현대인을 설득시키는 것은 거의 불가능하다. 그러므로 우리에게 남아 있는 유일한 대안은 종교개혁자들이 강조한 것으로 알려진 '세계내적 금욕'이다.[24] 즉 사치와 소비를 줄이고 자연친화적인 경제와 생활방식을 도입해야 한다. 절제와 금욕은 기독교와 불교 등 많은 종교들이 오랫동안 강조해 온 미덕이고 과거 어느 때보다 오늘날 더 필요한 미덕이다. 과거에는 개인의 경건과 종교적 수행을 위해서 필요했다면, 오늘날은 인류의 생존과 행복을 위해 필요 불가결하게 되었다.

베버에 의하면 자본주의는 기독교, 특히 개신교의 윤리와 무관하지 않다고 한다. 만약 그것이 사실이라면, 오늘의 기독교는 자본주의 경제의 폐해에 대해 어느 정도 책임을 져야 할 것이다. 마르크스주의가 강하게 살아 있었을 때는 그것이 자본주의에 대한 견제 역할을 감당했으나 그것이 매우 약화된 오늘날에는 기독교가 그 역할을 감당해야 사회가 건전해질 수 있다. 인간이 행사하는 어떤 힘, 인간이 만든 어떤 제도도 계속되는 비판과 견제 없이는 건전하게 기능할 수 없다. 적절한 비판이 오히려 자본주의를 건강하게 유지되는 데 도움이 될 것이다. 이 시점에서 한국 기독교가 한국 사회를 위해서 할 수 있는 공헌은 발전보다 보존, 물질보다는 인간, 향락보다는 절제를 중시하는 사회분위기를 형성하는 것이다.

5. 맺는말

한국 기독교는 한국 문화가 가지고 있던 순환적 역사관을 극복하고 미래지향적 역사관을 도입함으로 과거로부터의 해방을 가능케 했고 한국 사회의 발전에 큰 공헌을 했다면, 이제는 그런 변화가 가져다준 쓴 열매에 대해서도 책임을 가져야 한다. 따라서 과거 어느 때보다 더 큰 책임의식을 가지고 이 시대가 요구하는 또 다른 변화를 위하여 스스로 희생하는 것이 시대적 소명을 다하는 길이 될 것이다.

손봉호 孫鳳鎬
서울대학교 문리과 대학 영어영문학과 학사. 미국 웨스트민스터신학교 석사.
네덜란드 자유대학교 철학 박사.
한국외국어대학교 교수, 서울대학교 사범대 사회교육학과 교수,
한성대학교 이사장. 동덕여자대학교 총장 역임.
현, 서울대학교 명예교수, 고신대 석좌교수.
  기독교세계관학술동역회 이사장, 나눔국민운동본부 대표 등.
저서. *Science and Person*, Van Gorcum, 1972.
  「現代精神과 基督敎的 知性」, 聖光文化社, 1978.
  「나는 누구인가?」, 샘터사 1978. 「고통받는 인간」, 서울대학교출판부, 1995 등.
논문. 「피해자 중심의 윤리」, 「Cultural Relativism and the Transformation of Culture」,
  「Metaphysics as a Science in Kant」 등.

미주

1) Paul Feyerabedn, *Against Method, Outline of an Anarchist Theory of Knowledge* (Mineapolis: University of Minnesota Press, 1975).
2) Max Weber, "Science as a Vocation", in H. H. Gerth & C. W. Mills, eds. *From Max Weber* (New York: Oxford University press, 1958), p.143.
3) Grace E. Cairns, *Philosophies of History, Meeting of East and West in Cycle-Patern Theories of History* (New York: Philosophical Library Inc., 1962), p. 220 이하. Stoic 철학의 역사관에 대해서는 J. B. Bury, *The Idea of Progress. An Inquiry into its Origin and Growth*, Macmillan, 1932, (New York, Dover, 1960), pp.11-2 참조.
4) Bury, *Introduction*, p.12.
5) F. Nietzsche, "Also sprach Zarathustra," *Friedrich Nietzsche*, zweiter Band, (München, Carl Hanser, 1966), p.461 이하.
6) Cairns, pp.212-13.
7) 李珥, 東湖問答. 비. 전세영: "栗谷 君主論의 政治思想的 意義"(http://pasj.egloos.com/m/1150543)
8) Cairns, p.170.
9) R. G. Collingwood, *The Idea of History*, (Oxford, 1977), pp.28, 34, 35; J. B. Bury, *The Idea of Progress* (London, 1932), p.11.
10) J. B. Bury, p.11; B. A. van Groningen, *In the Grip of the Past* (Leiden, 1953), p.100.
11) Bury는 고대문화의 거의 모든 사고에 변화에 대한 두려움을 찾아볼 수 있다고 주장한다. p.11.
12) James S. Gale, *Korea in Transition* (New York: Young Peoples Missionary Movement, 1909), p.99.
13) R. Hooykaas, 『近代科學의 출현과 宗敎』, 손봉호·김영식 옮김, 1987, p.68.
14) Cairns, p.233 이하.

15) H. Meyerhoff, ed. *The Phiolosophy History in our Time. An Anthology.* (New York: Double Day & Co., 1959), p.3; Karl Löwith, *Meaning in History* (Chicago: The University of chicago Press, 1949), pp.61, 83.
16) Bury, p.7.
17) 그는 평양도 방문했는데, 북한에 대해서는 "죽은 것이 아닌가?"I was afraid it was dead라고 했다.
18) 천주교 신자는 1846년에서 1865년까지 만 명에서 2만 3천 명으로 약 2배로 자란 반면, 개신교는 1897년에서 1906년까지 6,800명에서 근 57,000명으로 약 8배 성장했다. 한국기독교역사학회 편, 『한국 기독교의 역사 I』 (기독교문사, 2011), pp.79, 81, 213.
19) 3·1 운동 지도자들은 대부분 신흥종교인 천도교와 도래한 지 얼마 되지 않은 기독교 지도자들이었고 전통적인 유교, 불교 지도자들은 매우 소수였다는 사실도 특기할 만하다. 권위와 전통에 대한 입장이 반영되었다 할 수 있다.
20) 이만열, 『韓國基督敎와 歷史意識』 (지식산업사, 1981), p.26 이하.
21) 독립신문 1896.8.20.; 1897.1.26.; 1898.9.12. 『한국 기독교의 역사 I』, p.255 재인용.
22) 이만열, "한말 기독교인의 민족의식 형성과정", 〈韓國史論〉, (서울대한국사학회, 1973), p.5; 『한국 기독교의 역사 I』, p.253 이하.
23) Lynn T. White, Jr.는 오늘의 환경오염은 자연을 정복할 수 있다는 기독교 교리 때문이라고 주장한다. "The Historical Roots of Our Ecologic Crisis", *Science*, Vol 155, March 10, 1967, pp.1203-07.
24) Max Weber는 그의 『개신교 윤리와 자본주의 정신』에서 칼빈주의자들은 금욕을 실천하되 수도원처럼 일상의 세상을 벗어나는 것이 아니라 일상생활을 하면서 금욕을 실천했다고 주장하고 그것을 '세계내적 금욕'innerweltliche Askeze이라고 불렀다.

02. 한국근현대사의 전개와 한국 기독교 수용의 특징과 의의

이 글은 서구의 기독교가 한국에서 어떤 상황과 요인으로 130여 년의 짧은 기간에 세계 기독교계가 놀랄 만큼 교세를 확장하게 되었는지를 역사적으로 이해하는 데 목적이 있다. 19세기 말에 한국에 수용된 기독교는 한국근대사의 출발과 역사적 맥락을 함께한다. 이 점을 주목하여 한국근현대사의 역사적 흐름을 짚어 보고 그러한 정황에서 기독교가 남다르게 성장하게 된 요인을 찾아보려 한다.

현재 한국에서의 기독교는 대표적인 종교로 자리 잡았다. 현재 대한민국 5천만 인구 중에서 개신교 교인수가 1,000여 만 명을 선회하고 있어 전 인구의 20%를 넘는 것으로 알려져 있다. 세계에서 가장 큰 규모의 교회 10여 개가 모두 한국 내에 있을 만큼 한국 기독교 교세는 세계 기독교계의 주목을 받고 있다. 뿐만 아니라 현재 세계 120여 개 나라에 2만 명 정도의 해외 선교사를 파견하여 '선교대국'으로도 평가받고 있다. 또한 1945년 제2차 세계대전 이후 생겨난 신생독립국 100여 개 나라 중에서 산업화와 민주화를 가장 성공적으로 이룬 나라로 평가받기도 한다. 과거 '원조 받는 나라'에서 '원조하는 나라'로 위상이 바뀐 점은 이를 잘 말해 준다. 또한 작금 세계 각국에 '한류'韓流, Korea wave를 일으키면서 세계의 주목을 받고 있다. 반면 현재 세계 유일의 분단국가로서 동아시아의 평화정착에 관련해 세계의 눈이 주목된 것도 사실이다.

이와 같은 '코리아신드롬'Korea Syndrome의 배경과 원인을 여기서 모두 섭렵할 수는 없지만, 오늘의 '역동적인 한국'Dynamic Korea을 이룩하기까지 감내해야 했던 좌절과 시련의 역사를 돌아보고, 한국에 수용된 기독교가 한국 사회와 역사에 어떤 영향을 미치는지 알아보고 한국 기독교의 놀라운 '부흥'의 요인도 한국근현대사와 연관하여 살펴보려 한다.

1. 기독교 수용 이전의 한국 기독교 전사前史

먼저 한국에 대한 개괄적인 부분을 살펴보자. 한국은 아시아 대륙 동북 끝인 '극동'Far East에 위치한 반도국가半島國家로 큰 나라는 아니지만, 매우 오랜 역사를 지닌 나라이다. 기원전 60-40만 년 전인 구석기 전기시대부터 사람이 살았던 유적이 여러 곳에서 발굴되어 일찍이 한반도에 인류가 생활했음을 알 수 있다. 그 후 신석기, 청동기 시대의 원시공동체사회를 지나 약 기원전 2천 년 전부터 농경사회로 발전하여 초기 국가형태인 고조선古朝鮮을 이룩하면서 한민족의 역사 시대가 시작되었다. 이후 고대 국가로 발전한 한반도는 고구려高句麗, 백제百濟, 신라新羅의 3국으로 나뉘어 1천여 년 간의 삼국시대三國時代를 맞는다. 그중 중국과 국경을 접하고 있던 고구려의 영토는 지금의 요동반도 일대와 북쪽으로 하얼빈에 이를 만큼 방대한 영토를 갖고 있었다. 지금의 압록강과 두만강 이남의 한반도로 국경이 축소된 것은 15세기 이후이다.

1천여 년 동안 지속된 삼국시대는 통일신라統一新羅시대를 지나 10세기 초 고려왕조高麗王朝로 통일되어 500여 년간 지속되었으며, 14세기 말 건국한 조선왕조朝鮮王朝도 20세기 초까지 500여 년간 봉건시대封建時代로 이어졌다. 그러나 1910년 일본의 국권피탈에 의해 35년간의 식민시대를 거쳐 1945년 제2차 세계대전의 종전과 함께 그해 8월 잃었던 국권을 되찾았다. 그러나 다시 남과 북으로 분단되어 대치하는 가운데 1950년 한국전쟁의 발발로 남북분열의 골이 더욱 깊어져 60여 년이 지난 지금까지 세계 유일의 분단국가로 남아 있다. 이처럼 한국은 매우 지난한 역경을 극복하면서 오늘에 이른 남다른 역사성을 지닌 나라라고 할 수 있다.

한국은 이렇게 장구한 역사를 지닌 민족이기에 문화와 종교 역시 오랜 역사를 지니고 있다. 그중 기독교와 관련된 역사를 살펴보면, 5세기 말 로마교황청으로부터 이단異端으로 밀려난 네스토리우스Nestorius파를 먼저 언급할 필요가 있다. 새로운 전교 개척지를 찾아 7세기 중엽635 중국 당唐나라에 들어와 한동안 중국에서 크게 번성한 네스토리우스파는 '경교'景敎로 한반도에 전래되었던 것으로 전해진다. 중국 당대에 전래된 네스토리우스파는 '파사교'波斯敎, '대진교'大秦敎, '대진경교'大秦景敎 등으로 불렸다. "법도가 전국에 퍼지고 국가는 부유하며, 백성은 선미해졌고 교당이 각 성읍에 충만하여 가가호호 경복이 은성하다."法流十道 國富元休 寺滿百城 家殷景福[1]는 당시 기록에서 보듯 경교는 한동안 당나라에서 크게 융성하였다. 당시 한반도는 삼국이 통일되어 '통일신라'의 시대가 열리면서 중국과 일본은 물론, 멀리 아라비아, 페르시아와 같은 중앙아시아의 먼 나라들과 활발한 교역을 이루고 있을 때였다. 이러한 폭넓은 문물교류의 과정에서 당시 중국에서 번성하고 있던 경교가 한반도에도 전해진 것은 자연스러운 일이다.

통일신라 때 한반도에 전래된 경교의 '흔적'에 관한 연구가 그간 많이 축적되었고,[2] 원나라 때 경교도였다는 원 세조 쿠비라이忽必烈의 부하 내안乃顔의 병사 가운데 고려인들이 많았다는 점을 들어 고려시대高麗時代에도 경교가 번창했을 것으로 추정하고 있다.[3] 이 외에도 불교佛敎의 미륵사상彌

勒思想과 기독교의 메시아사상Messianism의 유사성을 들어 불교의 대승사상 大乘思想이 경교의 영향을 받은 것이라는 주장도 있다.⁴ 이렇듯 한국에 기독교가 전래된 연원은 7세기 전후로까지 거슬러 올라간다. 그러나 이에 대한 과학적이고 실증적인 연구는 아직 미흡한 단계이다.

경교의 '흔적' 이후 기독교가 한국에 전래된 것은 16세기 후반이다. 1592년 임진왜란壬辰倭亂 때 왜군을 이끌고 온 왜장倭將 고니시小西行長는 가톨릭교도영세명: 아우구스티누스였다. 그는 왜병들의 종교적 위무慰撫를 위해 스페인 출신 예수회Jesuits 신부인 세스페데스Gregorio de Cespedes를 대동하였다. 세스페데스의 내한은 왜병들을 돌보는 것이었기 때문에 조선인들에게는 포교할 기회가 없었을 것으로 보이나, 한반도에 가톨릭 신부가 내한 활동을 했다는 사실은 가톨릭 전래의 전사로서 의미가 있다.

한국에 가톨릭이 종교로 소개되고 수용된 것은 16세기 중엽에 중국에서 활동하고 있던 예수회 신부들과 관련이 깊다. 1601년 북경에 도착한 마테오 릿치Matteo Ricci가 저술한 「천주실의」天主實義를 1614년에 실학자實學者 이수광李晬光가 자신의 저서, 「지봉유설」芝峯類說에 소개하여 종교로서 가톨릭이 알려졌다. 이후 병자호란丙子胡亂, 1636-1637 중에 청에 인질로 잡혀간 소현세자昭顯世子가 북경에 머물며 아담 샬Adam J. Schall 등과 접촉하면서 가톨릭에 심취하기도 했으나 한국 내 가톨릭 신자가 생겨난 것은 1784년 이승훈李承薰이 첫 영세를 받으면서부터다.

그러나 이 시기의 한반도는 서양 종교를 이단시하던 때라서 많은 가톨릭 신자들이 박해를 받아야 했다. 특히 가톨릭 신자들이 오랜 유교적 전통에 따라 모셔 오던 조상제사를 부인함으로 '나라의 임금도, 자신의 부모도 부인하는'無君無父 사악한 종교로 취급받아 수많은 순교자를 낳았다. 1791년 신유사옥辛酉邪獄을 시작으로 기해박해己亥迫害, 1839, 병인박해丙寅迫害, 1866-1871 등 수많은 가톨릭 신자들이 순교했다. 후술하는 한국 기독교의 선교와 번영의 역사 이면에는 이 같은 한국 가톨릭의 순교와 박해의 전사가 있었다.

2. 한국근현대사의 전개와 그 성격

1) 개항에서 식민지로 1876. 2-1910. 8

한국 기독교의 역사는 19세기 전근대 봉건사회에서 근대사회로 이행되는 과정에서 수용되었다. 따라서 한국 기독교의 역사를 이해하려면, 한국근대사의 전개에 대한 역사적인 이해가 요구된다. 1876년 개항 이후 한국근현대사는 대체로 3단계에 걸쳐 진행되었다. 첫째는 개항에서 일제 식민지 1876-1910로, 둘째는 35년간의 식민시대 1910-1945, 셋째는 해방에서 오늘에 이르는 분단시대 1945-현재의 단계로 진행되었다.[5]

한국근대사의 첫 단계인 개항기開港期는 과거의 폐쇄적 사회를 지양하고 문호를 개방하여 서구의 근대적 문물을 수용하고 근대적인 국민국가 Nation State를 건설하는 것이 과제였다. 이것을 실천에 옮기려던 정치적 움직임이 바로 갑신정변甲申政變, 1884이다. 그러나 김옥균金玉均 등의 소수의 개화파開化派에 의해 시도되었던 이 정변은 수구파守舊派의 반대와 일본의 배신 그리고 개화파의 성급함과 일반 민중들의 지지를 받지 못함으로 '삼일천하'三日天下로 좌절되고 말았다.

1890년대에 접어들면서 다시 사회계몽운동獨立協會과 정치개혁이 진행되면서 근대적 국민국가건설을 위한 사회정치적 개혁운동이 강력하게 추진되었다. 즉 사회적으로는 독립협회를 중심으로 국권수호운동과 민권신장운동이 활발하게 추진되었으며, 근대적 제도개혁인 갑오경장甲午更張, 광무개혁光武改革이 정부 주도 아래 전개되기도 하였다. 그러나 이러한 노력과 개혁이 주체적인 국민국가건설에 이르지 못한 채 일본의 식민지로 전락하고 말았다. 개항으로 세계 자본주의 체제에 강제 편입되면서 일본을 비롯한 서구 열강의 이권침탈의 경쟁지가 되었고, 특히 청일전쟁1894과 러일전쟁1904을 거쳐 종국에는 일본에 국권을 빼앗기고 말았다. 일본이 명치유신 이후 문명개화文明開化와 부국강병富國强兵을 내걸고 근대국가로 부상한 데 반하여 우리는 오히려 일본의 식민지가 되는 비운을 맞이했다. 이로써 개항기 '편민이국'便民利國한 근대적 국민국가를 건설하려던 노력과 시도가 좌절되면서 수난과 질곡의 시대를 맞이해야 했다.

2) 일제 식민지 시대1910. 8-1945. 8

한국이 사실상 일본의 지배 아래 들어간 것은 1905년부터이다. 그해 11월 이른바 '을사보호조약'이 강압적으로 체결되어 외교권을 빼앗김으로써 사실상 일본에 예속된 것이나 다름없었다. 이같이 러일전쟁 이후 미국을 비롯한 서구열강의 묵인 하에 한국을 식민지로 지배한 일제는 40년 간을 그 유례를 찾기 힘든 반인륜적인 가혹한 식민통치를 획책하였다.

3·1 운동이 일어나기 이전까지 제1기1910-1919의 통치는 헌병경찰제 憲兵警察制에 의한 철저한 무단통치武斷統治의 기간이었다. 이 시기 총독 데라우찌寺內正毅 밑에서 한국의 치안권과 군수권 일체를 장악하고 있던 헌병사령관 및 경무총감이었던 아카시明石元二郎는 훗날 자서전에서 자신이 획책한 '조선통치'를 이렇게 술회한 바 있다. 조선 반도 전체를 "바둑판 위에 바둑알 깔아 놓듯 가을 하늘에 무수히 떠 있는 별들 모양기포성산,碁布星散 주요 지역과 길목마다 경찰서와 헌병주재소를 설치했다."[6]는 것이다. 말하자면 한반도 전체를 '창살 없는 감옥'과 같이 병영국가Garrison State화했던 것이다. 이 같은 기포성산의 무단통치에서 우리 민족과 한국 교회가 받은 시련은 글로 다 표현하기 어렵다. 특히 '105인 사건'1911에서 보듯 일제는 향후 '조선통치'에 거침돌이 될 한국 교회와 기독교 세력을 제거하기 위

해 총독 암살미수 사건이라는 날조된 사건을 조작하여 민족 지도자들과 기독교인들을 대거 체포하고 구금하여 야만적인 고문방법으로 허위자백을 강요한 바 있다.[7] 그러나 이러한 무단통치가 언제까지 계속될 수는 없었다. 1919년 3월 전 민족적, 전 계층적으로 궐기한 3·1 항일민족해방운동은 전 세계에 우리 민족의 자주독립의 의지를 천명했을 뿐만 아니라 동양에 유일한 '문명국' 일본이 얼마나 야만적인가를 만천하에 알렸다. 바로 이 운동을 준비하고 이를 전국적인 규모로 확산, 발전시키는 데 한국 교회와 기독교인들이 크게 기여했다.

제2기 1919-1930의 통치는 이른바 '문화정치'로서 무단통치와는 차별성을 갖는다. 한국인들의 귀와 입을 완전히 봉합시켰던 무단통치기와는 달리 신문발간동아, 조선일보 창간을 허락했는가 하면, 일부 한국인을 총독부 관리로 임명하기도 했다. 특히 무단통치의 상징이었던 헌병경찰제를 보통경찰제로 바꾸는 모습도 보였다. 그러나 실상 이 문화정치는 무단통치보다 더 교활한 식민통치술이었다. 그것은 한마디로 민족분열정책이었다. 거족적인 민족운동으로 터진 3·1 운동을 통해서 일본은 지금까지의 무력적 통치방법으로는 결코 한민족의 독립의지와 반일감정을 잠재울 수 없다고 판단했다. 여기서 고안된 것이 바로 한민족분열책이었다. 말하자면 한민족 전체를 탄압의 대상으로 삼은 무단통치가 3·1 운동과 같은 전 민족적, 전 계층적 독립운동을 가능케 하였다고 보았다. 따라서 한민족의 구성원을 신분과 계급에 따라 차별대우함으로써 한민족 내부의 분열과 반목을 조장하는 보다 교활한 민족분열책을 획책했다. 이에 따라 일부 친일적인 한국인을 엄격하게 선별하여 관리로 임명하고 지주층과 소작인을 대립시켰으며, 자산가와 노동자를 대립구조로 몰아서 내부적인 분열을 정책적으로 조장했다.

뿐만 아니다. '문화정치'가 얼마나 기만적이었는가는 '헌병경찰제 폐지'의 허구성에서도 잘 드러난다. 즉 헌병경찰제 폐지 이후 경찰관 수와 치안유지 예산이 훨씬 더 늘어난 것은 이를 단적으로 말해 준다. 무단통치체제인 1918년 경찰관 수는 5,400명이었고 경찰관서는 751개였는데, '문화정치'가 실시된 1920년 통계를 보면, 경찰관 수가 20,134명에 달하였고 경찰관서도 2,746개로 거의 4배의 증가를 보였다. 치안경비경찰운영비도 1918년 800만 원에서 1920년에는 4배가 증액된 2,400만 원에 이르렀다.[8] 이러한 사실에 우리는 '문화정치기'가 제1기의 무단통치보다도 '기포성산'적 성격이 더욱 강고하였음을 알 수 있다. '문화정치'의 실상은 민족분열책이었으며, 보다 교활한 기만적 식민통치술이었다. 이 같은 기만적이고도 교활한 민족분열책이 조장되었던 식민통치 제2기에 한민족 지도부 내에 동요와 내분을 불러일으켰으며, 그 와중에서 한국 교회도 시련을 겪어야 했다. 특히 1920년대 초기부터 부상하기 시작한 사회주의 세력에 의해 추동된 '반기독교운동'은 당시 기독교계에 적지 않은 도전과 시련이었다.

마지막 제3기 1931-1945는 일본이 이른바 '파시즘체제'軍國主義를 구축하여, 대륙침략만주사변, 1931을 시작으로 중일전쟁1937에 이어 태평양전쟁1941-1945을 도발하는 등 일제의 '전쟁놀이'가 마지막 기승을 부리던 '광란의 시대'였다. 따라서 이 시기 한반도는 대륙침략을 위한 병참기지兵站基地로 전락하였으며, 이러한 전시체제에서 한인들의 재산과 노동력이 강제 징발당했고 교회 또한 예외가 아니었다.

중일전쟁이 발발한 후 제정된 '국가총동원법'國家總動員法, 1938에 따라 모든 직장과 지방행정단위도·부·군·읍·면·동·리마다 '애국반'愛國班을 조직하도록 하여 전국에 36만여 개가 강제로 결성되었다.[9] 교회마다 '애국반'이 결성되었고 교회 뜰이 반공호反共壕로 파헤쳐졌으며, 교인들은 물론 교역자들까지 '근로노력봉사대'로 강제 동원되고 교회건물에는 '내선일체'內鮮一體, '보국신앙'保國信仰이라는 걸개를 걸어야 했다. 심지어 '대동아전쟁' 말기에는 교회종까지 헌납을 강요당했으며, 나중에는 교회 철문까지 뜯어 헌납하는 지경에 이르렀다.

그러나 이 시기 한인으로서, 특히 교인들의 경우 가장 감당키 어려웠던 일은 창씨개명創氏改名과 함께 강요된 신사참배神社參拜였다. 그 전말을 다 논하기에는 지면이 부족하지만, 1938년 9월 제27회 장로회 총회에서 신사참배를 종교행위가 아닌 '국가의식'으로 규정함으로써 일제의 강요에 굴복하고 말았다.[10] 일제의 집요한 회유와 강요에 의해서 획책된 창씨개명과 신사참배는 한민족의 민족의식을 삼제芟除하려는 민족말살책民族抹殺策이었으며, 더 나아가 한인들을 일제의 신민화臣民化하려는 황민화정책皇民化政策이었다. 따라서 이 시기는 더없는 암흑의 시대였으며 주권과 국권을 빼앗긴 역사적 공백空白의 시대였다.

3) 해방과 분단의 시대 1945. 8-현재

1945년 8월 해방에서 오늘에 이르는 현대사는 분단시대分斷時代이다. 미국을 주축으로 한 연합국의 승리로 일제의 압제로부터 해방의 감격을 맞이했으나, 이는 잠시 잠깐에 불과했다. 해방 후 곧바로 3년간의 미군정기美軍政期. 1945-1948와 한국전쟁1950-1953, 4·19 혁명1960, 5·16 군사쿠데타1961 그리고 이후 30여 년간의 군사정권朴正熙-全斗煥-盧泰愚 政權이 지속되는 등 정치사회적 혼란과 변혁기를 보내야 했다. 이후 문민정부金泳三 政權, 1993-1998와 국민의 정부金大中 政權. 1998-2003 그리고 참여정부盧武鉉 政權, 2003-2008를 거치고 산업화의 시대를 거쳐 민주사회로 발전하였다. 나아가 한민족의 최대의 민족적 과제인 남북분단을 극복하기 위한 남북정상회담이 2000년 6월에 성사되는 등 역사발전에 큰 진전을 보였다. 그러나 노무현 정부가 끝나고 2008년 이명박 정부가 들어선 이후, 2012년 현재 남북관계는 다시 과거로 되돌아간 듯 대치국면과 긴장관계가 풀릴 기미를 보이지 않는 것이 작금의 현실이다. 말하자면 1945년 이후 세계의 역학관계가 급변하고 이에 따라 이념논쟁 또한 불식할 때가 되었지만 남한과 북한만이 유독 과거의 낡은 이념의 틀에서 벗어나지 못하고 분단시대가 지속되고 있는 실정이다. 이 점에서 우리는 오늘의 한국 사회를 여전히 '분단시대'라고 지칭할 수밖에 없다.[11]

돌이켜 보면 민족 내부의 내적 역량을 충분히 갖추지 못한 채 남의 힘에 의해 '주어진 해방'은 결국 민족 내부의 혼선을 가져왔고, 급기야 6·25전쟁이라는 동족상잔의 비극을 몰고 왔다. 이 전쟁으로 남북한의 대립은 돌이킬 수 없는 강을 넘어섰으며, 이후 더욱 첨예화된 대립으로 민족분단民族分斷을 고착화固着化시켜 오늘에 이르고 있다. 제2차 대전 후 미·소 양대 세력의 냉전체제冷戰體制의 산물인 이 전쟁은 우리 민족에게 씻을 수 없는 상처를 남겼다. 6·25 전쟁 이후 깊게 파인 골은 동족 간의 적대적 관계를 더욱 고착시켜 오늘에 이르고 있다.

이러한 배경으로 이후 진행된 한국 사회의 사회정치적 상황은 매우 경직될 수밖에 없었다. 대한민국 초대 정부인 이승만李承晩 정권은 해방 이후 청산했어야 할 친일반민족 문제를 비롯한 식민시대의 잔재殘滓를 제거하는 데 실패하였다. 오히려 친일반민족세력을 자신의 정치세력화하였으며, 더 나아가 반공反共 이데올로기를 명분으로 무리한 법개정과 부정한 선거를 통해 종신집권終身執權을 시도하려고 했다.

이는 마침내 국민적 저항에 부딪혀 1960년 4·19 혁명으로 무너지게 되었다. 이후 민주당 장면張勉 정권이 들어섰으나 계속된 당내 정파 간의 갈등과 대립을 신속하게 수습하지 못하였으며, 정권 수임자受任者로서의 내적 역량을 충분히 갖추지 못하여 새 정부 출범기부터 불안함을 보였다. 요컨대 장면 정권은 이승만 독재정권 아래에서 누적되었던 사회정치적 제반 문제점을 해소하기에는 너무나 나약했다. 여기에 혁명을 주도한 학생충과 진보적인 혁신 세력들이 성급하게 통일문제를 제기하는 등 각계각층의 주장이 봇물 터지듯 한꺼번에 분출되어 사회정치적으로 혼란이 더욱 가중되었다. 성급함은 5·16 군사정변軍事政變의 경우도 마찬가지였다. 평소 현실 정치에 남다른 관심과 불만을 갖고 있던 박정희 소장과 그를 따르던 소수의 영관급 '정치군인'들에 의해서 주도된 5·16 쿠데타는 이후 한국 사회에 엄청난 변화를 몰고 왔다.

1961년 5월 16일 새벽 일단의 무장병력이 한강 다리를 건너 서울에 진입하였다. 그 길로 바로 중앙방송국KBS 등 통신망을 장악한 후 이날 새벽 5시 "반공反共을 국시國是의 제일의第一義로 삼고 지금까지 형식적이고 구호에만 그친 반공태세反共態勢를 재정비 강화한다."는 요지의 이른바 '혁명공약' 6개항의 발표와 함께 비상계엄非常戒嚴을 선포하였다. 이렇게 해서 집권한 군사정권軍事政權은 5, 6공화국을 거치며 무려 32여 년간이나 계속되었다. 이렇게 볼 때 1세기 남짓 진행된 한국근현대사는 개항에서 식민지 시대를 거쳐 오늘에까지 분단시대를 극복하지 못한 상황이라 할 것이다.

3. 좌절과 고난으로 이어진 한국근현대사

위와 같은 맥락에서 한국근현대사는 한마디로 '좌절과 실패의 역사'였다는 결론에 이르게 된다. 그러나 이 글의 주된 관심사인 한국 교회사는 이상의 민족사와 역사적 시대성을 함께함에도 불구하고 흔히 세계에서 그 유례를 찾아볼 수 없는 '성공의 역사'였다고 평가되고 있다. 말하자면 민족사는 '실패의 역사'인데, 그 민족사와 함께한 교회사는 '성공의 역사'였다. 이 점은 향후 민족사와 교회사의 역사적 관계성을 규명하는 데 있어 풀어야 할 매우 중요한 문제점이라 할 것이다. 우선 어느 쪽의 평가가 보다 역사적 진실에 가까운 것인가 하는 문제가 제기될 수 있을 것이다.

다시 말해 이 같은 상반된 평가 중 어느 한쪽이 사실을 잘못 이해하고 있는 것이 아니냐는 문제제기가 가능하기 때문이다. 그러나 한편 민족사가 '실패의 역사'였다고 해서 반드시 교회사 역시 그래야 한다는 당위적當爲的 주장에 이의를 제기할 수도 있을 것이다.

이러한 문제의식을 갖고 한국근현대사가 '실패의 역사'로 진행된 역사적 원인과 배경을 찾아보고 그것이 한국 기독교사와 어떠한 상관성과 차별성을 갖고 있는지, 즉 한국 기독교사가 민족사와는 달리 '성공의 역사'로 평가받는 역사적 요인을 밝혀 보고자 한다. 결국 이러한 시도는 한국 기독교사의 역사적 특성을 밝히는 동시에 민족사를 기독교사적 시각에서 이해하기 위한 하나의 단초端初라 할 수 있을 것이다.

1) 문호개방의 타율성과 불평등성

일반적으로 한국근대사의 출발점은 1876년 2월 일본과 맺은 병자수호조약, 즉 '강화도조약'의 체결로 시작된다. 우리는 이 조약을 가리켜 최초의 근대조약이라고 부른다. 말하자면 근대적 방법에 의해 국가와 국가 간에 맺은 최초의 조약이다. 한국근현대사가 좌절과 분단으로 이어지는 '실패의 역사'로 진행된 가장 직접적인 원인은 개항의 타율성他律性과 불평등성不平等性에서 찾아야 할 것이다.

우선 이 조약체결은 순전히 일본 측의 요구에 따라 이루어진 타율적인 것이었다. 즉 일본은 1868년 명치유신을 단행한 직후부터 강력하게 조약체결을 요구해 왔다. 그러나 이는 당시 실권자 대원군大院君에 의해 번번이 거절당했다. 그러던 중 1873년 고종의 친정親政이 시작되자 이 기회를 이용해서 1875년 운양호사건雲揚號事件을 터뜨리고 이를 빌미로 다시 조약체결을 요구해 왔다. 이에 조선정부는 문호개방에 대한 충분한 이해와 준비 없이 조약체결에 응하고 말았다. 이 조약체결로 '은둔국 한국'이라는 베일이 벗겨지기 시작했으나 세계 자본주의 열강에 강제 편입되는 결과를 가져왔다. 즉 세계관의 확대와 민족의 내재적 역량을 갖추지 못한 채 외세의 요구에 의해 강제된 개항이 바로 한국근현대사의 비극의 단초가 된 것이다. 이렇듯 한국근대사는 출발의 첫 단추를 잘못 끼우고 타율적으로 진행했던 것이다.

뿐만 아니라 병자수호조약의 불평등성이 이후 한국 사회를 식민지로 전락시킨 주요 요인으로 작용했다. 전문 12개 조항으로 되어 있는 조약문은 불평등조약의 모든 조건을 다 갖추고 있다. 일방적인 개항지 허용은 물론 경제침탈의 법적 보장과 신분보장 및 외교관 상주권과 치외법권 등이 아무런 저항 없이 모두 받아들여졌다. 그러나 이 조약이 얼마나 불평등했는가는 관세조항關稅條項 자체가 아예 빠졌다는 사실에서 극명하게 보여 준다. 근대조약에 있어서 관세조항은 필수적이다. 관세조항이 고정관세fixed tariff로 체결되었을 경우도 이를 불평등조약이라고 하는데, 우리의 경우는 관세조항이 조약문 내용에서 빠져 있었다. 더욱 한심한 것은 관세조항이 조약문에서 빠진 이유가 일본 측에 있었던 것이 아니라 그런 조항은 필요 없다는 우리 측의 무지無知에서 비롯되었다는 사실에 우리는 경악하지 않을 수 없다. 이렇듯 한국근대사의 출발점이 되는 병자수호조약은 타율적이고 불평등한 조약이었다. 이러한 결과는 당시 우리 측이 얼마나 근대 사회와 국제관계에 대해 무지했는가를 보여 주는 단적인 예이기도 하다. 그러나 후술하는 바와 같이 한국 기독교의 수용은 그렇지 않았다.

2) 개화운동과 민족운동의 비주체성과 몰역사성

개항 직후 한국 사회가 풀어 가야 할 역사적 과제는 반봉건성反封建性과 반외세성反外勢性 문제였다.[12] 봉건성의 극복은 개화운동開化運動을 통해, 반외세성은 유생층을 중심으로 한 의병운동義兵運動을 통해 추진되었다. 개화운동의 이념적 토대를 개화사상開化思想이라고 한다면, 후자는 위정척사론 衛正斥邪論이라 할 수 있다. 이상의 두 가지 사상과 운동이 개항기 한국 사회를 이끌어 간 지도이념이자 사회정치운동이었다. 그러나 이상의 양대 운동과 사상은 결국 봉건성의 극복과 외세로부터의 자주성을 성공적으로 견인하지 못하고 말았다.

김옥균 등 일련의 개화파 인사들을 중심으로 진행된 반봉건 개화운동은 초기 얼마의 성과를 올리기는 했으나, 갑신정변의 실패 이후 열강의 정치, 경제적 침투가 강화되면서 결국 실패로 돌아갔다. 여기에는 여러 원인이 있지만 무엇보다도 개화파 인사들의 사상적 한계를 지적하지 않을 수 없다. 즉 당시 개화파 인사들의 역사의식은 '개화운동이 곧 근대화운동'이며, '근대화는 바로 서구화西歐化'라는 단순하고 도식적인 인식의 한계를 갖고 있었다. 뿐만 아니라 자주적인 국가건설을 위해 우선적으로 중국으로부터 벗어나야 한다는 이른바 '탈중국화'脫中國化에 대한 인식은 강했으나 중국으로부터 벗어나기 위해 또 다른 외세인 일본을 끌어들이는 우愚를 범했다. 즉 봉건성 극복을 위해 개화운동을 추진한 순기능은 있었지만, 반면에 외세의 침략을 인식하고 극복하는 데는 한계가 있었다.

정반대의 성격인 위정척사론에 기초한 의병운동계열도 마찬가지였다. 이들은 민족의 자주성과 주체의식에서 외세침략에 대해 강한 저항의식과 실천의지를 보였으나, 봉건성을 극복하는 데는 적지 않은 사상적 한계가 있었다. 오히려 봉건체제를 수호하려는 근왕주의적勤王主義的 입장을 벗어나지 못했다.

이를 종합해 볼 때 전자, 곧 개화운동은 외세 문제를 극복하지 못한 비주체적 한계성을 보였으며, 후자인 의병운동은 이 시기 당연히 척결했어야 할 봉건성을 오히려 옹호하려 했다는 점에서 몰역사적沒歷史的이었다는 지적을 면하기 어렵다. 바로 이러한 점이 또 하나의 한국근대사의 한계이자, 근대국민국가 건설의 실패 원인으로 볼 수 있다.

3) 항일독립운동의 분파성

우리 민족처럼 역동적이고 다양한 민족운동을 전개한 민족도 드물 것이다. 또한 전개한 운동이 장구한 역사성과 그 규모와 장場이 '세계적'이었다는 독특한 특성을 갖고 있다. 현재 미국과 일본은 물론 러시아 여러 지역과 중국, 심지어 남미까지 한인교포사회가 형성된 것은 과거에 강력하게 전개했던 독립운동과 깊은 관련을 갖고 있다.

반면에 민족운동이나 독립운동이 각 지역마다 다른 지맥地脈과 인맥人脈 그리고 이념의 차이 등으로 운동노선運動路線에 있어서 적지 않은 갈등과 대립을 보였던 것도 사실이다. 넓게는 개항기 문호개방과 서구의 근대문물 수용문제를 놓고 보혁保革-開化派: 守舊派 사이에 노정되었던 대립을 비롯해 1894년 반봉건, 반외세의 기치를 들고 궐기했던 갑오농민전쟁東學農民戰爭도 지도부 내의 현실 인식의 차이와 노선 갈등 그리고 하부구조와의 계급적 견해차 등으로 성공하지 못했다. 물론 갑오농민전쟁이 실패하게 된 가장 근본적인 원인은 정부가 일본이라는 외세를 끌어들인 데 있었다.

이처럼 개항 이후 주권수호와 국권회복을 위해 다양다기한 민족운동이 전개되었지만, 각자의 사회적 위치와 입장에 따른 견해차로 인해 결국 좌절되었으며, 이후 독립운동과정에서 더욱 첨예하게 드러났다. 1905년 11월 을사5조약이 강제 체결된 후 강력하게 대두되었던 항일구국운동은 비무장적인 애국계몽운동 계열과 무장의병 및 무장투쟁 계열로 양분된다. 전자는 주권상실의 원인을 민족 내부의 역량부족, 즉 내재적 자성론自省論에서 찾으려는 입장이었던 점에 반해, 후자는 그 원인을 일본의 제국주의적 침략성, 즉 대외적 책임론責任論으로 보려는 입장이었다.

이런 입장 차이는 이후 독립운동의 방략方略에서도 뚜렷하게 나타났다. 1910년 4월 중국 청도에서 개최된 청도회담青島會談에서 향후 독립운동의 방략을 놓고 신민회新民會 지도부 내에서 보였던 혼선과 그해 9월 해삼위海蔘威에서의 준비론準備論과 무장론武裝論 간의 대립은 3·1 운동 이후 설립된 상해 임시정부臨時政府의 독립운동론의 노선 갈등으로까지 연결되고 있다. 특히 1920년대 들어 이승만의 위임통치론委任統治論 문제를 놓고 평소 무장투쟁론을 주장해 왔던 이동휘李東輝, 신채호申采浩 등은 이에 강한 불만을 표시하며 임정臨政을 해체한 후 새로운 정부를 설립하자는 이른바 '창조파'創造派와 임정의 해체에 반대하나 이를 새롭게 개조할 필요가 있다는 입장에 섰던 안창호安昌浩, 여운형呂運亨 등을 중심한 이른바 '개조파'改造派로 나뉘어 결국 분파적인 독립운동의 길을 걸었다.[13]

이러한 와중에도 한편에서는 통일전선統一戰線 구축을 위한 노력이 없었던 것은 아니다. 이 시기 국외에서는 민족유일당운동民族唯一黨運動이 추진되었으며, 국내에서도 비타협적 민족주의 진영民族主義 左派을 중심으로 신간회新幹會가 결성되어 한동안 활발한 민족운동을 전개한 바 있다. 그러나 이러한 통전적統全的인 민족운동이 오래가지는 못했다. 외세의 간섭과 압력 그리고 민족 내부의 종파주의적 이념 대립 등으로 균열되어 종국에는 해소되고 말았다. 요컨대 개항 이후 식민지시대 민족운동과 독립운동을 힘차게 전개했지만 민족 내부의 분파성과 운동노선의 갈등 등으로 소기의 목적을 달성하지 못했다. 바로 이 점을 한국근대사 전개의 또 하나의 내재적 취약점으로 지적하지 않을 수 없다.[14]

4) 시대정신의 혼재와 동공洞空

어느 시대나 그 시대를 이끌어 가는 정신思想, 理念이 있기 마련이다. 이를 일컬어 시대정신 혹은 지도이념이데올로기이라 지칭한다. 원시공동체 사회에서는 이른바 샤머니즘이 그 시대의 지도이념으로서 당대 사회구성원의 정신과 사회를 지배했다. 그러나 이후 고대국가사회로 발전하자 샤머니즘의 권위는 자연히 그 이전만 못하였다. 말하자면 시대가 발전함에 따라 시대정신도 그에 부응한 보다 진보된 이념과 합리적인 원리를 요구했기 때문이다. 우리나라의 경우 고대국가시대, 즉 삼국시대 이후 고려시대에 걸쳐 불교가 그 시대의 지도이념으로서 자리를 잡은 것은 이러한 연유라고 할 수 있다. '새 술은 새 부대'라는 성경의 비유와 같이 조선시대朝鮮時代에 이르러서는 또다시 시대정신이 바뀌게 되었다. 성리학性理學이라는 유교적 이념이 새로운 시대정신으로 자리를 잡아 조선왕조의 지배적 이데올로기로서 위치를 굳건히 하였다.

그러나 조선왕조 초기 강력한 지도이념으로서 자리 잡았던 성리학 역시 시대가 흐르면서 그 본래의 위상에 흠이 가고 변질되어 사화士禍, 당쟁黨爭의 원인이 되어 점차 초기의 정치이념적인 성격을 넘어서 관념적이고 공허한 사변적思辨的 이론으로 변질되어 점차 시대정신으로서의 기능과 역할을 잃어 갔다. 특히 양란壬辰倭亂, 丙子胡亂 이후 이러한 현상은 더욱 심해져 시대정신으로서의 위상을 상실하였다. 따라서 새로운 지도이념이 요구되었고 이때 일군一群의 학자들에 의해 주창된 사상이 '실학사상'實學思想이다. 그러나 익히 아는 대로 실학을 주장한 실학자들은 당시 정치사회로부터 소외되어 있었다. 따라서 이들이 주창한 실학사상이 현실사회에 실천되기는 어려웠다.

실학사상은 개항 이후 새로운 근대적 정치집단으로 부상한 개화파 인사들에 의해 비로소 현실 속에 구현될 수 있는 조건을 갖추게 되었다. 그러나 위에서 언급한 바와 같이 개항이 타율석으로 진행되었고, 문호개방 이후 물밀듯 밀려든 서구문물의 소용돌이 속에서 미처 그 실현을 보지 못한 채 일제의 식민지배로 전락되고 말았다.

요컨대 개항 이후 한국 사회는 과거의 봉건적 이념의 틀과 구각舊殼을 벗어 버리지도 못했고, 그렇다고 새 시대를 담보擔保할 만한 새로운 지도이념도 정립하지 못한 상황이었다. 한마디로 '새 술은 새 부대'에 담아야 했던 역사적 과제를 풀어 나가지 못한 채 지도이념의 혼재와 동공 상태에 머물러 있었다. 바로 이 점이 한국근대사가 타율적으로 왜곡된 주요 요인의 하나로 지적할 수 있다.

4. 한국 기독교 수용의 성공 요인

우리는 앞서 개항으로부터 오늘에 이르는 한국근현대사1876-현재의 성격을 자성적自省的 시각에서 짚어 보고 그렇게 된 역사적 요인 몇 가지를 적시摘示해 보았다. 요컨대 한국근현대사의 전개는 충분한 내재적 준비 없이 타율적으로 문호개방이 강제되었다는 점에서 출발하고 있다. 그 결과 일본의 식민지배로 전락했으며, 1945년에 해방을 맞이했으나 역시 자력에 의한 해방과 독립이 아니었기에 민족분단으로 이어져 오늘에 이르고 있다. 우리는 이러한 관점에서 한국근현대사를 바라볼 때 매우 곤혹스러운 한 가지 문제에 부딪히지 않을 수 없다. 즉 우리의 관심사인 한국 기독교사가 '실패한 민족사'와 그 맥락을 같이하고 있다는 점이다. 앞서 언급한 바와 같이 민족사는 실패했는데, 그 안에 내포된 교회사가 성공적이라는 것은 논리적으로 모순으로 보이기 때문이다. 물론 이에 대한 명쾌한 답을 제시하기는 어렵다. 그러나 확실한 것은 한국근대사의 출발과 한국 기독교사의 출발이 역사적으로 동시성同時性을 갖고 있지만 그 출발의 단초가 다르게 진행되었다는 점 외에 양자 간의 차별성을 찾아볼 수 있다. 비록 한국근현대사가 좌절과 실패로 진행되었음에도 불구하고 한국 기독교사를 '성공적'으로 볼 수 있는 몇 가지 요소를 지적할 수 있다.

1) '복음'의 자율적 수용

타율적 개항으로 진행된 한국근현대사는 왜곡된 방향으로 진행된 것에 반해 한국 기독교사는 그 출발이 자율적自律的으로 진행되었다. 바로 이것이 양자 간의 가장 큰 차이점이며, 여기에 한국 기독교사의 '성공'의 단초를 발견할 수 있다. 과거 우리는 한국에 복음이 전래된 것을 미국 선교사들Allen, Underwood, Appenzeller이 입국한 1884-1885년대로 알았다. 그러나 최근 들어 이 분야의 활발한 연구 결과로 그것이 사실이 아님이 밝혀졌다. 즉 미국 선교사들이 내한하기 10여 년 전에 개항1876을 전후해서 이미 한국인들에게 복음이 전해졌을 뿐만 아니라, 내국인을 통해 복음이 전파되고 있었다.

한국에 개신교가 처음 들어온 경로는 중국과 일본을 통해서였다. 먼저 1870년대 후반 중국 동북지역奉天에서 선교활동을 하고 있던 스코틀랜드 장로교의 로스John Ross와 맥킨타이어John MacIntyre 선교사들이 그곳에서 조선인들을 만나면서 시작되었다. 의주義州 지방의 상인 출신인 이응찬李應贊, 백홍준白鴻俊, 서상륜徐相崙 등이 바로 그들이다. 이들은 조선인으로서 처음으로 복음을 접하고 기독교에 입교한 첫 개신교 신자들이었다. 뿐만 아니라 이들은 우리말 성경번역에 참여했으며, 그 번역된 '쪽복음서'를 국내에 처음으로 들여온 '복음개척자들'이기도 하다. 즉 우리말 성경번역이 1879년 봉천에서 시작되어 3년 만인 1882년에 「예슈셩경누가복음젼서」, 「예슈셩교요안내복음젼서」라는 한글성경이 번역, 출간되었다. 그리고 이 복음서를 1882년 말 서상륜이 국내로 반입하여 전도에 나섰으며, 그 결과 1883년에 접어들어 서울 장안에 수세受洗받기를 원하는 세례원입자洗禮願入者 70여 명이 확보되어 있었다.[15] 훗날 언더우드 선교사가 "나는 복음의 씨앗을 뿌리러 온 것이 아니라 그 열매를 거두었을 뿐이다."라고 고백한 것도 이러한 연유에서였다.[16]

이러한 사실은 한국 기독교사의 성격을 규정하는 데 있어 매우 중요한 단서이다. 말하자면 외국 선교사가 입국하기 전 이미 국내에 자국인에 의한 전도가 진행되었으며, 세례받기를 원하는 고백적인 교인들이 확보되어 있었다는 점은 놀라운 사실이 아닐 수 없다. 더욱 놀라운 것은 한인들의 참여 하에 간행된 한글성경이 국내에 반입되어 전도에 사용되었다는 사실이다. 모름지기 이러한 사례는 세계 기독교 선교역사에서 그 유례를 찾기 힘든 독특한 예에 해당될 것이다. 바로 이 점이 한국 기독교사의 남다른 특징이며, 아울러 복음수용이 자율적으로 이루어졌음을 극명하게 보여 주는 근거라 할 수 있다.

이 같은 복음수용의 자율성과 적극성은 일본에서 이루어진 사실에서도 확인된다. 1883년 초 중인中人 출신인 이수정李樹廷이 임오군변壬午軍變으로 악화되었던 한일 간의 외교적 관계해결을 위해 도일한 사절단 대표 박영효朴泳孝의 수행원 자격으로 동경에 간 일이 있었다. 그런데 그는 그곳에서 농학자이자 기독교인이었던 쯔다센津田仙과의 접촉을 통해 기독교를 알게 되었고 그해 4월 야스가와安川亨 목사가 시무하고 있는 교회露月町敎會에서 녹스G. W. Knox 선교사의 집도로 세례를 받고 기독교에 입교하였다. 기독교에 대한 금교조치禁敎措置가 내려져 있는 상황에서 일반인도 아닌 관리 신분으로서 기독교 신자가 된다는 것은 여간한 위험과 모험이 아니었다. 그럼에도 불구하고 기독교에 입교할 것을 결심한 것은 이수정의 신분이 중인출신이었다는 점과 관련이 있었을 것으로 상정된다. 그는 현직 관리 신분으로서 예수를 믿은 최초의 인물이자, 한국인으로서 일본에서 수세받은 첫 번째 신자이다.[17]

이수정이 한국 기독교사에서 점하는 위치는 여기서 끝나지 않는다. 이수정이 수세받았다는 사실이 일본 기독교계에 알려지자, 당시 주일 미국성서공회 총무인 루미스H. Loomis는 이수정으로 하여금 미국 선교잡지

The Missionary Review of the World에 한국에 선교사 파송을 요청하는 글을 기고할 것을 제의하였다. 이수정이 이 제의를 받아들여, 그해 1883년 7월 12일자 선교잡지에 미국인 선교사를 한국에 파송해 줄 것을 요청하는 글이 실리게 되었다.[18] 마침 이때는 1882년 5월 한미수호통상조약이 체결되면서 미국공사가 서울에 부임하는 한편 한국의 보빙사報聘使가 미국을 찾은 시기로 미국 사회에 '코리아'가 처음으로 알려졌을 때였다.

이렇듯 '절묘한 때'를 맞추어 미국 해외선교 잡지에 한국에 선교사 파송을 요청하는 글이 게재되었다. 게다가 사전에 준비한 것처럼 한국선교 기금 지원자가 나섰으니, 그가 바로 가우처John F. Goucher와 맥윌리암스D. W. MecWliams였다. 한국인 보빙사 일행을 기차에서 우연히 만난 가우처는 한국선교를 위해 2천 불의 선교비를 내놓기로 약속했다. 더욱이 맥윌리암스는 한국에 의료 선교사와 복음선교사 2인을 파송해 줄 것을 요청하면서 선교비 5천 불을 미북장로교 선교본부에 희사하겠다는 뜻을 전해 왔다. 한국에 내한한 최초의 장로교 선교사 2인이 의료 선교사 알렌H. N. Allen과 복음 선교사 언더우드H. G. Underwood로 결정된 것은 이러한 연유에서였다.[19]

이외에도 이수정의 공헌은 일본에 체류하는 동안 한문성경新約에 우리식 한문 토吐를 다는 작업에 있다. 즉 이수정에 의해 토를 단 복음서 언해懸吐馬可, 路可, 約翰, 福音諺解가 만들어져 1884년 초 요코하마橫賓에서 발간되었다. 그리고 이 성경이 한국에 입국하기 전 언더우드와 아펜젤러에게 전달되었고 이들에게 간단한 한국말을 가르친 장본인도 이수정이었다.[20] 말하자면 한국에 복음을 전하기 위해 입국하는 최초의 외국 선교사에게 선교 대상지 토착민이 번역한 성경이 손에 쥐어졌으며, 그들에게 그 나라말이 교육된 것이다. 세계 선교역사에서 이러한 예는 없을 것이다.

요컨대 한국의 복음 전래는 외국 선교사가 복음을 국내에 전하기에 앞서 한국인 스스로에 의해서 자율적으로 수용受容되었고 이들에 의해 한글성경이 번역, 출판되어 국내에 들여와 전도에 이용되었던 것이다. 다시 말해 외국 선교사가 입국하기 전에 복음의 씨앗을 뿌리고 열매를 맺을 텃밭이 거의 완벽하게 조성되어 있었다. 자율적이고 주체적인 출발이 한국 기독교사의 가장 큰 특징이자, 타율적으로 진행된 한국근대사와의 차별성이라 할 것이다.

2) 역동적인 전도활동과 성경 중심의 신앙

한국 기독교의 또 하나의 특징으로 한국 기독교인들의 적극적인 전도활동과 성경공부에 대한 남다른 열심을 지적하지 않을 수 없다. 1세기 남짓한 짧은 선교역사에 비해 세계 기독교계가 주목하는 놀라운 교세를 확보하기까지는 위의 두 가지 요인이 크게 작용했다고 보아야 할 것이다. 복음을 자율적으로 수용한 점과 함께 두드러지게 돋보이는 한국 기독교인의 적극적이고 역동적인 전도활동과 열정적인 성경공부에 토대한 성경 중심의 신앙의 면면을 간략하게 살펴보기로 한다.

우선 한국에서 실시된 가장 효과적인 전도방법으로써 우리는 흔히 '네비우스 선교방법'Nevius Method을 꼽는다. 1890년 중국에서 오랫동안 선교활동을 해 온 네비어스John L. Nevius 선교사를 초빙, 그의 경험을 기초하여 제시된 이 전도방법은 이후 한국을 복음화하는 데 큰 영향을 미쳤다. 흔히 삼자방법三自方法, 3S方法이라 지칭되는 이 전도방법은 자전自傳, Self-Propagation, 자영自營, Self-Support, 자치自治, Self-Government의 방법으로, 한마디로 한국의 전도와 선교는 한국인 스스로의 힘과 노력에 의해서 이룩한다는 선교원칙을 말한다. 이 방법이 유독 한국에서 크게 성공할 수 있었던 것은 후술하는 사회정치적 요인도 간과할 수 없지만 앞서 언급한 복음의 수용이 주체적, 자율적으로 이루어졌다는 점과 긴밀한 관련이 있다.

말하자면 복음을 자발적으로 받아들였기 때문에 복음을 전파하는 일 역시 스스로의 힘과 노력에 의해서 이루질 수 있었던 것이다. 우리는 이러한 실례를 초기 전도활동에 앞장섰던 권서勸書-賣書人, Colporteur와 전도부인Bible Woman의 활동에서 엿볼 수 있다. 초기 성경보급과 복음전파에 결정적인 역할과 공헌을 남긴 이들 권서와 전도부인들의 활동은 매우 괄목할만했다.[21] 한 외국 선교사가 "권서는 선교사의 선구자였으며, 그가 복음의 씨를 뿌리고 우리는 그 수확을 거두었다."는 말이 뜻하듯 권서와 전도부인은 '복음전파의 첨병'이었다. 1908년 영국성서공회BFBS의 한 보고서에 따르면 그해 한 권서는 37주 동안 활동을 했는데, 이 기간에 거의 만 리 길2,325mile을 걸어 다니면서 1천여 권의 성경을 판매했으며, 5천여 명의 사람들을 만나 전도했다고 한다.

즉 하루에 서너 권의 성경보급과 판매를 위해 50리 길을 비가 오나 눈이 오나 돌아다닌 셈이다. 참으로 헌신적인 활동이 아닐 수 없다. 이들에게 신실한 신앙심이 없었다면 이러한 열심과 헌신은 불가능했을 것이다. 이러한 신앙심은 말할 것도 없이 열성적인 성경공부에서 비롯된 것이었다. 초기 권서의 한 사람이자 도산 안창호를 전도한 것으로 유명한 한국 장로교 최초의 조직교회인 새문안교회의 초대장로였던 송순명宋淳明은 별명이 '송신약'宋新約이었다고 한다. 말하자면 그는 신약전서新約全書 전체를 통째로 암송하여 전도와 성경보급에 활용했다.[22]

성경공부에 대한 한국 기독교인들의 열심과 열정은 '못 말릴' 정도였다. 평양의 어느 교회에서 혹은 금강산 어느 기도원에서 사경회査經會가 있다고 하면, 삭주朔州, 창성昌成, 의주義州 등 북쪽 지방교회에서는 물론 남쪽 멀리 목포木浦, 무안茂安에서까지 전국 각지에서 달려왔다. 그들은 성경공부에 참여하기 위해 먹을 양식을 짊어지고 한 달씩 계속된 사경회에 참석했다. 오늘날의 부흥회復興會와는 달리 당시 사경회는 말 그대로 '성경 내용을 조사하듯 세밀하게 따져 공부'하는 성경공부였다. 흔히 한국 기독교를 가리켜 '성경 기독교'Bible Christianity라고 지칭하고, 한국 기독교인을 가리켜 '성경을 사랑하는 그리스도인'Bible-loving Christian이라 불릴 만큼 한국 기독교인들은 '성경말씀'에 충실한 신앙인들이었다.[23]

3) 사회정치적 요인

그러나 이것만으로 '기적의 역사'를 창출한 한국 기독교의 성장원인이 충분히 설명되었다고 보기 어렵다. 위의 몇 가지 요인과 함께 우리는 복음이 수용되고 확산되어 가던 당시의 시대적 상황이 한국 교회의 성장과 교세확장에 미친 점을 간과할 수 없다.

복음이 수용되던 19세기 중엽 한국 사회는 역사적 전환기였다. 전통적인 봉건사회로부터 새로운 근대적 사회를 맞이하기 위한 새로운 기운이 도래하던 변혁기였기 때문에 과거 봉건사회를 지탱해 오던 유교적性理學 가치관이 그 빛을 잃고 새로운 지도이념이 요청되던 시기였다. 이러한 시대정신의 교체기에 새로운 지도이념과 시대정신으로 기독교가 수용되었던 것이다. 지역적으로는 초기 기독교를 수용한 서북지방에서 이 같은 현상이 두드러지게 나타났다.

초기 신자들 대부분이 서북인西北人이었던 점도 이 점과 관련성이 깊다. 서북지방이 중국과 국경을 접하고 있었다는 점 외에도 이 지역민들이 봉건적 조선왕조 아래에서 오랫동안 지역적으로, 신분적으로 차별을 받았던 점과 깊은 관계가 있다. 당시 서북인은 상당한 재산을 소유하고 있으면서도 서북 출신이라는 이유로 관리로 나아가는 길이 차단되었다. 다른 지역과 달리 양반층보다 자립적 중산층Independent Middle Class이 서북지방에 두터운 층을 형성하게 된 것도 이러한 사회정치적 배경에서였다.[24]

이러한 서북지방의 자립적 중산층에서 초기 기독교인들이 대거 생겨났다. 중세 봉건사회에서 사회정치적으로 소외되었던 이들에게 '창조주

하나님 앞에 모든 사람은 죄인이며, 평등하다.'는 기독교 원리는 지금까지 듣지도 보지도 못했던 '복된 소리'福音였다. 말하자면 그들은 '새 하늘과 새 땅'을 바라본 것이다. 바로 이러한 사회정치적 배경과 요인이 생명에 대한 위험에도 불구하고 복음을 자의自意로 수용하게 된 주요 원인으로 작용했다.

다음 요인으로 우리는 개항 이후 계속된 정변政變과 전화戰禍를 들지 않을 수 없다. 개항 이래 진행된 한국근대사를 보면 공교롭게도 10여 년을 주기로 정변과 전쟁이 계속되었다. 개항1876 → 갑신정변1884 → 갑오농민전쟁과 청일전쟁1894-1895 → 러일전쟁1904-1905 그리고 일제강점1910 → 3·1 운동1919 등 대체로 10년 전후한 주기로 큰 사건이 터졌다. 이러한 사회정치적 혼란이 아이러니하게도 교회성장과 교세확장의 큰 밑거름이 되었다. 당시 안심입명安心立命의 피난처로서 교회만큼 좋은 곳은 없었다. 이러한 현상은 조선후기 봉건왕조의 말기적 현상으로 나타난 탐관오리貪官汚吏의 가렴주구苛斂誅求로부터 생명과 재산을 보호받기 위해 교회를 찾기 시작했는데, 이후 시간이 갈수록 더욱 가속화되었다. 기독교인의 증가추세가 위와 같은 정치적 변란이 일어난 그해와 맞물리며 크게 증가했음은 이 점을 잘 말해 준다.

이러한 현상은 초기 기독교에 입교한 교인들의 입교동기入敎動機에서도 잘 나타난다. 초기 교인들의 입교동기는 대부분 사회정치적 요인 및 이기적利己的 동기에서 비롯되었다. 말하자면 죽음과 내세 혹은 '삶이란 무엇인가?'라는 종교적 깊은 고뇌를 통해 기독교에 입교한 것이 아니라 단순히 '안심입명'적인 개인동기에서 출발했다. 1907년 '대부흥운동'大復興運動이 안고 있는 몰역사성沒歷史性에도 불구하고 기독성장사 측면에서 매우 긍정적으로 평가될 만한 이유가 여기에 있다.[25]

4) 민족문제에 함께한 한국 기독교

마지막으로 한국 기독교 및 교회와 민족문제와의 상관성을 간단하게 짚어 보기로 한다. 한국에 기독교가 수용되던 시기는 서구 자본주의 국가들이 대외팽창과 세계분할경쟁을 벌리던 제국주의帝國主義시대였다. 한편 후발 제국주의 국가로 발돋움하던 일본이 대륙침략 대열에 나서던 시기이기도 했다. 이러한 열강의 제국주의적 침략이 가시화되던 시기에 기독교가 동양에 전파됨으로써 기독교는 제국주의 침략의 '주구'走狗 역할을 했다는 인식을 아시아 피압박 민족들에게 심어 준 것이 사실이다.

그러나 한국은 처음부터 그 조건이 크게 달랐다. 초기에는 근대적 개화문물을 수용하는 통로 역할을 감당했을 뿐만 아니라 일제의 식민지배 하에서는 항일민족운동을 촉발시키고 이를 견인하는 데 일정기간 한국교회와 기독교인들이 선두에서 자리를 지켰다. 적어도 3·1 운동 시기까지 민족사에 끼친 한국 기독교의 역할은 순기능적이었다. 개항 이래 한국 사회가 안고 있던 역사적 과제, 즉 봉건성封建性의 극복과 반외세 문제를 외면하고 새로운 시대정신으로서의 기독교의 위상은 담보될 수 없었다. 개항기 외세의 이권침탈利權侵奪이 가장 발홍하던 1890년대 국권수호와 민권신장을 위해 결성되었던 독립협회獨立協會의 주요 구성원 역시 대부분 기독교인이었으며, 그 강도强度와 방법상에 차이는 있지만 애국계몽운동도 기독교인들이 주축이 되어 전개되었다. 이밖에도 신민회와 같은 항일비밀결사抗日秘密結社가 기독교인을 중심으로 결성되어 그 인맥과 지도력이 3·1 운동 이후까지 지속되었음은 익히 잘 알려진 사실이다.

뿐만 아니라 '일당백'一當百의 정신으로 한민족의 독립의지의 표출을 위해 몸을 던진 장인환張仁煥, 전명운田明雲, 안중근安重根, 이재명李在明 등 열사烈士, 의사義士들 또한 예외 없이 기독교인들이었다. 3·1 운동 당시 전 인구가 1천 7백만 명 정도였는데, 이중 기독교인은 2% 선인 30만 명에도 미치지 못했지만 실제 3·1 운동을 전 민족적 운동으로 조직화하고 확산시키는 데 한국 교회와 기독교인들이 미친 영향은 절대적이었다.

돌아보면 한국 기독교의 참여정신과 전통은 최근까지 이어져 지난 30여 년간 군부독재 하에서 끈질기게 진행되었던 민주화운동, 인권운동, 환경운동, 통일운동을 견인한 세력 또한 하나같이 한국 교회와 기독교인들에 의해서였다. 물론 한국 기독교와 교회 가운데 일제시대 일부 훼절毁折의 상흔傷痕과 해방 이후 미군정 및 이승만 정권 하에서 그리고 그 후 경직된 반공 이데올로기에 경도傾倒된 모습이 없었던 것은 아니다. 그러나 이 점을 감안하더라도 총체적으로 볼 때 한국근현대사에 미친 기독교의 역할은 긍정적으로 보아도 큰 무리가 아닐 것이다. 문제는 향후 한국 사회가 풀어 가야 할 통일문제 등에 대해 한국 교회와 기독교인들이 어떠한 태도와 자세를 취하느냐가 과제로 남아 있다.

5. 맺는말

이처럼 한국은 반만년의 긴 역사를 지닌 민족이지만, 타율적인 개항으로 일본의 식민지로 전락한 후 좌절과 수난을 겪었으며, 이어진 분단의 아픔으로 일그러진 근현대사를 경험하였다. 그러나 역사적 동시성을 지니고 수용된 기독교는 매우 긍정적인 역할을 감당했다. 그 첫 요인은 정치적 개항이 타율적으로 진행된 데 반하여, 기독교의 수용은 자율적이고 주체적으로 받아들여졌다는 점을 적시했다.

뿐만 아니라 역동적인 전도와 성경 중심의 순적한 신앙 그리고 개항 이후 계속되었던 사회정치적 정변과 전화 속에서 '피난처'로서의 역할을 감당했으며, '복음'의 역사회가 이루어졌음을 살펴보았다. 또한 한국은 동일한 식민지배의 경험을 갖고 있음에도 여타 아시아의 여러 나라와 달리

교회가 민족사적으로 크게 공헌할 수 있었던 요인은 비기독교 국가였던 일본에게 지배당했으며, 민족운동을 추동하고 견인한 '역사적 공헌'이 있다는 점도 적시했다. 이러한 민족사적 참여의식은 해방 이후 한국 사회가 풀어 나가야 했던 역사적 과제 곧 산업화와 민주화 그리고 민족분단을 극복하는 통일운동의 '물꼬'를 트는 단초 역할로 이어진 것도 확인하였다.

그러나 작금 한국 교회가 안고 있는 문제 또한 매우 심각한 것도 사실이다. 기독교 문화권인 서구사회가 1,000여 년 만에 닥쳤던 교회의 '세속화' 현상이 100여 년 만에 한국 교회 안팎에서 나타나고 있다. 교회의 세습화를 비롯한 지나친 물신주의, 교회의 정치화, 권력화 현상 등은 사회로부터 적지 않은 비난과 비판을 받고 있다. 초기 한국 교회가 '말씀 중심'의 순적한 믿음과 신앙심을 잃어 가고 있다. 특히 교회의 지도급 인사라 할 수 있는 대형교회의 일부 교역자들의 세속화는 도를 넘은 지 오래다. 세상의 빛과 소금의 역할을 해 왔던 초기 한국 교회와 신앙인들의 귀중한 '영적 유산'이 심각하게 훼손되어 가고 있는 것이 오늘의 한국 교회의 실상이라 해도 과언이 아니다.

이러한 자기반성적 현실인식에서 한발 더 나아가 통일문제에 대한 기독교인들의 보다 적극적인 사고와 관심이 요구된다. 향후 한국 사회가 지향해야 할 최대의 민족사적 과제는 역시 통일문제 그 이상이 없을 것이다. 성급한 통일이 몰고 올 후유증이 충분히 검토되어야 하겠지만 이 문제는 우리 민족의 지상과업이다. 과거 지나치게 반공 이데올로기에 경도되어 왔던 한국 교회로서는 이를 쉽게 극복할 수 없는 어려움이 없지 않지만 통일문제를 외면하고는 향후 한국 교회의 민족사적 입지는 더욱 약해질 것이 분명하다. 한국근현대사에 민족사적 과제였던 개화운동, 독립운동, 해방투쟁, 인권운동의 단초를 기독교인들이 담당하였듯 민족통일운동에도 역시 우리 기독교인들이 앞장서야 하겠다.

끝으로 진정 한국 기독교를 향한 하나님의 뜻이 무엇인가를 생각해 보았으면 한다. 다시 말해 한국이 세계사에 기여할 수 있는 길이 무엇인가를 우리 기독교인들이 먼저 깊이 생각해 보자는 것이다. 모름지기 우리 민족을 향하신 하나님의 뜻은 결코 세계 최강의 군사대국이나 경제대국이 되는 길이 아닐 것이다. 그렇다면 무엇일까? 이 점과 관련하여 우리 민족의 특성을 잠시 생각해 볼 필요가 있다. 반만년의 장구한 역사 속에서 우리가 세계사에 자랑할 수 있는 역사적 사실 가운데 하나가 문화와 종교 분야이다. 그중 종교 부분만을 언급해 보면, 세계의 유수한 종교가 이 땅에 들어와 꽃을 피었다는 점이다. 인도에서 생겨난 불교가 삼국시대를 거쳐 통일신라시대에 와서 꽃을 피었으며, 유교 또한 한국에서 성리학으로 발전하여 그 이념과 철학이 완성되었던 점을 주목할 필요가 있다. 한국이라는 대륙 동쪽 한구석에 반도국가로 위치한 '작은 나라'가 그것도 남과 북으로 분단되어 있는 나라가 반만년 동안 그 숱한 외세의 침략과 수난을 받으면서 지금까지 존재하고 있는 '하늘의 뜻'이 무엇에 있을까? 한마디로 세계사에 '문화대국', '종교대국'으로서의 역할과 사명이 있기 때문이라고 생각한다. 바로 이 점에 한국 교회와 기독교인들의 신앙과 역량이 좀 더 결집되었으면 하는 간절한 바람을 소망한다.

윤경로 尹慶老
고려대학교 인문대학 사학과 졸업, 동대학원 석사, 박사학위 취득.
1981-현재 한성대학교 인문대학 역사문화학부 교수.
(사)한국기독교역사연구소 소장.
University of Washington, 북경대학교 역사학계 대학원 객원교수.
친일인명사전 편찬위원회 위원장.
2005-2009 한성대학교 총장.
저서. 『105人事件과 新民會硏究』, 一志社, 1990.
　　『한국근대사의 기독교사적 이해』, 역민사, 1992.
　　『새문안교회100년사』, 1887-1987, 새문안교회, 1995.
　　『한국근현사의 성찰과 고백』, 한성대학교출판부, 2009 등 다수 논문.

미주

1) 「大秦景敎流行中國碑文」 내용, 한국기독교연구소, 『한국 기독교의 역사 I』, 1993, p.29 참조.
2) 한국에 경교 전래의 '흔적'으로 慶州 佛國寺 石窟庵의 神將과 觀音像, 羅漢像의 조형물과 통일신라시대 陵墓에 나타나는 十二支像 浮彫나 武人像 등이 페르시아의 景敎的 흔적이라는 주장. E. A. Gorden, *Asian Christology and the Mahayana*, Tokyo, Maruzen, 1921, pp.47-8; 金光洙, 『韓國基督敎傳來史』, 기독교문사, 1974, p.27. 이밖에 중국 장안에 건립되었던 「大秦景敎流行中國碑」 模造碑를 金剛山 長安寺 경내에 세웠던 점과 1956년 경주 불국사에서 발견되었다는 十字架 형태의 '돌십자가'와 마리아상과 비슷해 보인다는 관음상 등을 들어 경교의 한반도 전래를 가능성의 증거로 들고 있다. 『한국기독교의 역사 I』, pp.36-8 참조.
3) 金良善, 『韓國基督敎史硏究』, 기독교문사, 1971, pp.27-8.
4) 吳允台, 『韓國基督敎史』(韓國景敎史編), 慧宣文化社, 1973, p.147.
5) 姜萬吉, 『分斷時代의 歷史認識』, 創作과 批評社, 1984 참조.
6) 小森德治, 『明石元二郞』, 臺北, 臺港日日新報社, 1928, p.440.
7) 尹慶老, 「105人事件과 新民會硏究」, 一志社, 1990 참조.
8) 姜萬吉, 『韓國現代史』, 創作과 批評社, 1989. pp.21-3.
9) 위의 책, p.34.
10) 『韓國基督敎史硏究』 참조.
11) 『分斷時代의 歷史認識』 참조.
12) 李萬烈, 『韓國基督敎와 歷史意識』, 知識産業社, 1981 참조.
13) 윤경로, 「대립과 갈등의 시각으로 본 한국근대민족주의 운동」, 『한국근대사의 기독교사적 이해』, 역민사, 1993 참조.
14) 姜萬吉, 「統一運動時代의 歷史意識」, 靑史, 1990 참조.
15) BFBS보고서(1885), "서선생 상륙의 경력", 《그리스도신문》, 1901 참조.
16) H. G. Underwood, *Call of Korea*, 1905.
17) 『한국기독교의 역사 I』 참조.

18) "Rijutei to the Christians of America Greeting", *The Missionary Review of the World*, Mar. 1884, pp.144-47.
19) 白樂濬, 『韓國改新敎史』, 연세대학교출판부, 1973 참조.
20) 吳允台, 『韓國基督敎史』(IV)(先驅者 李樹廷 編), 慧宣文化社, 1983 참조.
21) 이만열, "勸書에 관한 연구", 『한국기독교와 민족의식』, 지식산업사, 1991, 참조.
22) 윤경로, 『새문안교회 100년사』 새문안교회, 1995, pp.133-37.
23) 이만열, "한말.일제 하 기독교 사회운동의 맥락", 앞의 책 참조.
24) 李光麟, 『開化期 關西地方과 改新敎』, 『韓國開化思想硏究』, 一潮閣, 1979 참조.
25) 『한국기독교의 역사 I』 참조.

03. 사회 발전과 기독교의 역할
_한국 교회의 역할을 중심으로[1]

사회 발전은 근대화를 달성하는 데 기여하는 사회구조적인 변동을 말한다. 발전된 사회는 인간 삶의 가치가 존중되고 개인의 타고난 잠재력이 최대한 발휘되는 사회이다. 또한 문화공동체로서 성숙한 문화를 구현하는 사회이기도 하다. 그런데 이러한 발전이 이루어지기 위해서는 사회구성원들의 물질적이고 정신적인 삶의 질이 향상되어야 하고 정치적인 선택과 참여의 자유가 보장되어야 한다. 아울러 사회적으로 분배정의가 실현되어 구성원들에게 동등한 삶의 기회가 제공되어야 한다. 이런 관점에서 '정치적 민주화', '경제적 정의', '사회적 복지화', '문화적 성숙화', '통일과 환경보전에 대한 관심'[2] 등은 한국 사회의 발전 정도를 평가해 볼 수 있는 핵심지표라고 할 수 있다.

이 글은 한국 사회의 현대화과정에서 교회가 사회 발전에 어떤 기여를 했는지를 분석한다. 오늘날의 한국 사회에서 기독교는 몹시 폄하되고 있기 때문에 교회가 사회 발전에 긍정적으로 기여하고 있는 것이 온당하게 평가받지 못하고 있는 실정이다. 그래서 역사적으로 사회 발전의 핵심지표에 교회가 담당한 역할을 먼저 살펴보고 역사적인 실례를 분석하여 교회의 긍정적인 기능만이 아니라, 부정적인 기능도 찾아보고자 한다. 나아가 이 글의 최종목적인 교회의 바람직한 사회참여의 태도와 전략을 제시할 것이다. 교회의 사회참여가 더욱 견실해지기 위해서는 신학적인 뒷받침이 필요하기 때문에 먼저 신학적인 기초를 놓게 될 것이며, 이를 바탕으로 구체적으로 21세기 한국 사회의 발전을 위한 한국 교회의 태도와 전략을 제안하려 한다.

1. 한국 사회의 발전에서 기독교의 역할
1) 정치적 민주화

일제 강점기 때 한국 교회는 1919년 3·1 운동을 견인하는 것을 비롯하여 항일운동을 주도했지만, 해방 이후 한동안 교단분열이라는 몸살을 앓았고 정치적 기득권과 결합하여 정교유착이라는 오명을 얻기도 했다.

1960년대부터 한국 기독교 안에는 정치적인 성향에 따라 두 가지 흐름이 형성되었다. 하나는 정치적으로 보수적인 성향을 가진 교회이다. 당시만 하더라도 전 세계가 민주주의 진영과 사회주의 진영으로 양분된 냉전시대이었던 데다가, 한국 사회는 1950년 이념전쟁을 혹독하게 치른 지 얼마 되지 않은 상태였기 때문에 반공의식은 한국 사회를 통합하는 데 결정적이었다. 이에 보수적인 교회들은 교인들의 반공의식을 강화하고 사회적 안정을 도모하는 데 일정한 역할을 했다.[3] 더구나 '우리도 한번 잘살아 보세.'라는 구호를 외치면서 대규모 경제개발정책을 시행하던 때였기 때문에 경제개발을 효율적으로 추진하려면, 정치적인 민주화는 좀 늦어질 수 있다고 생각했다. 이에 보수적인 교회들은 이런 현실론을 공감하고 간접적으로 호응했다고 볼 수 있다. 여기에는 부흥운동, 성령운동의 영향이 크다.[4] 1965년 이래 열정적으로 시행된 민족복음화운동은 그리스도인들의 관심을 민족의 영혼구원과 세계선교에 돌리게 했고 경제개발을 통한 민족중흥이 교회가 협력해야 할 국가적인 과제라고 생각했다.[5] 이에 교회는 민주화를 위한 직접적인 정치참여보다는 개인의 영혼을 위로하고 불신자의 영혼을 구원하는 활동에 전념하게 된다. 교회는 경제개발을 지지하면서도 급격한 산업화에 피로를 느끼는 이들을 떠맡았다. 농촌을 떠나 도시로 이주한 노동자들에게는 새로운 공동체를 마련해 주는 일도 교회의 몫이었다. 요컨대 보수적인 교회는 적극적인 예언자의 역할보다는 고통받는 이들을 치유하는 제사장의 역할을 수행했다고 볼 수 있다.

반면에 정치적 민주화를 목표로 왕성하게 활동하는 진보적인 성향을 가진 교회들도 생겨났다. 1963년 10월 군사혁명을 통해 제3공화국이 수립되자, 교회 지도자들과 학생들은 이를 군정 연장으로 간주하고 반대시위를 벌였다. 또한 1965년 한일협정이 굴욕적으로 비준되자 반대시위를 벌였으며, 1969년 박정희 대통령의 3선 개헌에 반대하는 운동이 전개되었다. 이 중심에는 진보적인 성향을 가진 교회 지도자들이 자리하고 있다.[6] 한편 1960년대 후반에 기성교회들이 급박하게 전개되는 사회의 상황을 무시하고 개인의 영혼구원과 복음전도만을 강조하자, 이에 만족할 수 없었던 기독 학생들이 사회참여를 외치기 시작했다. 이에 1969년에는 69개 대학 대표들이 모여 한국기독학생회총연맹KSCF을 출범하였다. 이 단체는 정치·경제·사회적 정의실현을 위해서 모든 선한 세력과 협력해 조직적이고 효과적인 사회개발운동을 전개하기로 선언한다.[7]

1970년대는 한국 교회가 정치적 민주화에 솔선한 시기이다. 이 시기는 유신체제가 시작된, 민주주의와는 거리가 먼 시기였다. 군부의 실권이 강화되고 박정희 정권으로 권력이 집중되고 절대화되었다. 재야인사를 비롯해 민주주의를 열망했던 이들은 정치적으로 철저하게 억압받고 관료적 권위주의가 정당화되고 있었다. 이러한 상황에서 진보적인 기독교인들은 독재에 항거하고 억눌린 자유를 위해 본격적으로 투쟁하기 시작했다. 1975년 한국교회협의회KNCC는 '인권위원회'가 상설기구로 조직되었으며, 8개 교단 320명의 성직자가 '기독교 정의구현 성직자단'을 결성했다.[8] 기독교인들은 수차례 시국선언에 동참하고 정치적인 시위에 앞장서는 등 정치적 민주화의 선봉장이 되었다.

1980년대는 보다 결집된 힘을 가지고 다양한 사회운동에 참여했다. KNCC 인권위원회, KSCF, YMCA, YWCA, 기독교수협의회를 비롯해서 근로자층의 인권운동에 중추적인 역할을 하던 도시산업선교회 등은 각 분야에서 실질적인 민주화에 크게 기여하게 된다. 특별히 1986년 1월 29일에는 KNCC 가입 6개 교단 청년들이 기독청년협의회EYC를 결성하여 민주화운동에 적극 가담하게 된다. 이들은 정치와 사회참여, 민중지향성, 교회갱신을 중요한 목표로 삼고 있으며, 창립총회에서 밝힌 "우리는 다양성 속에서 일치를 모색하고 교단의식을 넘어서 에큐메니컬 정신을 강조한다. 하나님의 구속사업을 따라 사회정의구현을 향해 소외된 자와 눌린 자의 인권회복에 앞장선다."라는 문구에서 그들의 정신은 잘 드러난다.

1990년대는 오랫동안 민주화운동에 투신했던 김영삼 대통령과 김대중 대통령에 의해 문민정부와 국민의 정부가 잇달아 출범한다. 정치적 민주화가 상당히 진척되었기 때문에 교회의 정치적 투쟁도 동력을 잃게 되었다. 그러나 교회 안에서는 그동안 성장에만 집착해 사회참여를 기피했던 보수적인 교회들을 비판하는 움직임이 생겨나면서 새로운 갱신의 기류가 형성된다.[9] 그 결과 1990년대 이후 보수적인 교회 구성원들도 사회단체와 연대하여 보다 실질적인 민주주의에 참여하고 있다. 사실 정치적 민주화는 정치권력이 교체되었다고 해서 완성되는 것이 아니다. 국민들이 주체의식을 가지고 자신의 권리와 의무를 충분히 감당할 수 있는 여건이 조성될 때 민주주의가 진일보했다고 말할 수 있다. 오늘날 국민들이 국가와 지방정부의 정책결정에 직간접적으로 참여할 수 있는 기회가 확대된 것은 사실이지만, 더욱 전문화되고 세분화된 정치영역에 일반시민들이 접근하기란 쉽지 않다. 게다가 인권이 유린되고 정보로부터 차단되는 소외계층도 여전히 남아 있다. 또한 가속화되고 있는 지구화는 '빈익빈 부익부'라는 현실을 더욱 악화시키고 전 세계적으로도 철저하게 차단된 소외계층을 양산하고 있는 실정이다. 이때 정치적으로 사각지대에 있는 소외계층을 생각하지 않고서는 참된 민주화를 기대하기 어렵다.

요약하면, 민주화를 위해 교회가 가야 할 길은 아직도 많이 남아 있다. 교회는 소외계층의 권리를 보호하고 이들을 사회의 중심으로 품을 수 있어야 한다. 교회가 구원 역사를 선포하고 불의한 사회를 끊어 버리는 예언자적 사명을 감당해야 한다면, 앞으로도 정의로운 정치체제를 확립하고, 체제가 올바로 기능하는 데 적극적으로 관심을 기울여야 할 것이다.

2) 경제적 정의

1960년대 한국 사회는 경제성장과 국가재건이라는 중대한 과제에 전념했다. 국가적으로 경제개발 5개년 계획과 새마을운동이 성공적으로 시행되어 유례가 없는 고도성장을 이룩하였다. 그러나 그때부터 뿌리내리기 시작한 관료적인 권위주의와 정부 주도형 경제성장정책은 1970년대 사회문제의 원인이 되기 시작한다. 또한 주목할 만한 것은 이 시기의 경제정책이 공업과 제조업과 같은 2차 산업인구를 증가시켰으며, 자연스럽게 도시인구를 급격하게 증가시켰다.[10]

당시 한국 교회에서 가장 급성장한 교회는 순복음교회이다. 순복음교회의 조용기 목사는 '삼박자구원'을 펼치면서 산업화과정에서 고통받는 사람들에게 희망을 전했다. 그는 인간의 타락이 영적인 죽음창 2:16-17과 육체의 질병과 죽음창 3:19, 물질적인 저주창 3:17-18를 가져왔으며, 이에 인간은 성령의 능력 아래 '영적인 죽음으로부터 구원'되어야 한다고 말했다.[11] 또한 신앙인은 이렇게 3차원의 축복이 충만한 세계에서 살아가야 한다고 말했다. 이는 매우 적극적이고 긍정적인 물질관을 강조한다. 그는 물질세계가 마귀에 의한 것이 아니고 십자가에서 예수 그리스도의 죽으심을 통해 회복된 세계라고 주장한다.[12] 예수께서 우리를 치유하셨고 가난이 없는 세계를 가져다주셨다는 것이다. 조용기 목사는 기성교회가 이러한 성공적인 삶을 살도록 하는 신앙의 명백한 기초를 가르치지 않는다고 비판했다. 성경이 가르치는 바는 기독교인들이 모든 의미에서 부요하고 성공하도록 명령받았기 때문에 교회도 어떻게 하면 부자가 되고 성공할 수 있는가를 가르쳐야 한다는 것이다.[13]

영육구원과 함께 물질적인 축복을 강조한 조용기의 신앙은 1960년대와 1970년대 한국 사회를 주도했던 '잘살아 보세'라는 시대정서와 상응한다. 전통적인 교회는 경제개발에 일정한 거리를 두고 문화적으로 보수적인 자세를 취했지만, 순복음교회는 그렇지 않았다. 그래서 정통주의에 만족하지 못하는 신앙인들에게 열렬한 호응을 받았다.

이러한 순복음적인 신앙은 성경의 성공적인 인생을 다룬 부분에 유독 관심을 갖는다. 성경을 해석할 때도 윤리적인 면보다는 하나님께서 허락하시는 풍요로운 삶에 집중한다. 영광은 좋아하지만, 고난은 꺼린다. 이렇게 되면 고난의 현장에서 목소리를 내야 하는 기독교의 사회적 책무를 잃어버릴 수 있다. 조용기 목사는 그리스도의 사건마저 그리스도인의 성공적인 삶의 관점에서 해석하고 있다. 십자가가 모든 그리스도인들에게 해당되는 것이 아니라, 예수 그리스도를 비롯한 소수의 사람들에게만 해당되는 것이 된다. 이러한 신앙을 지닌 사람은 다른 사람이나 집단과 갈등할 때 희생이나 고난을 감수하지 않는다. 오히려 상대방보다 더 강한 힘을 통해 상대를 제압하고자 한다. 십자가가 지닌 자기희생의 정신보다는 승리의 삶이 더 중요한 가치를 가지게 된다.

물론 순복음적인 신앙이 모두 부정적인 것은 아니다. 이들은 물질과 현실적인 삶에 보다 적극적인 자세를 취하도록 한다. 또한 물질 자체를 폄하하고 영혼만을 위해 헌신하는 이원론적인 경제관을 극복하도록 했다. 더욱이 '우리도 한번 잘살아 보세.'라는 당대의 국민정서와 호응하였기 때문에 경제생산을 늘리는 데 정신적인 도움을 주었다고 평가할 수 있다. 그럼에도 이러한 성공주의 경향은 경제정의와 공정한 분배를 외면하고 근로자들의 현실적인 삶을 방관했다는 평가를 피할 수 없다. 십자가를 잃어버린 신앙이 지지하는 경제체제는 자칫 천민자본주의와 같은 저급한 자본주의로 전락할 수 있기 때문이다.

이와는 대조적으로 진보적인 성향을 가진 교회는 산업화과정에서 생겨나는 부작용에 깊은 관심을 가졌다. 이들은 노동자들이 겪는 비인간적인 대우에 분노하고 이들을 착취하는 현실을 바꾸고자 조직적인 노동운동을 전개하기 시작했다. 이것이 바로 도시산업선교이다. 도시산업선교는 1966년 한국산업전도실무자협의회가 조직되면서 본궤도에 오르기 시작한다. 초기에는 노동자들에게 복음을 전하고 이들의 영혼구원을 목적으로 했지만, 노동 현장의 문제가 심화되는 상황에서 산업전도의 목표와 방식도 달라지게 된다.

한국의 경제성장은 기업의 적극적인 경영과 정부의 효율적인 경제정책의 결과라고도 볼 수 있다. 그러나 그 이면에는 근로자들의 철저한 희생이 있었다. 근로자들은 엄청난 근로시간과 저임금에 시달렸다. 어느 정도의 성장이 이루어져서 기업에 막대한 이익이 돌아가고 국가적으로 무역흑자가 생겨났지만, 근로자들은 정당한 보상을 받지 못했다. 즉 정부정책은 기업가들에게 막대한 재산을 축적하도록 했지만, 근로자들에게는 근면한 생산만을 권장했다는 평가를 받았다.[14] 이에 교회는 근로자들의 억울한 문제를 해결하고 산업사회의 문제를 근본적으로 해결하고자 나서게 된다. 1978년 9월에 KNCC 신학위원회가 '산업선교신학정립협의회'를 열고 '산업선교신학선언'을 발표한다. 이 선언문에는 근로자의 편에 서서 근로자의 고충을 대변하고 성서적 차원에서 근로자들의 기본권 회복을 위한 운동의 필요성을 역설하고 있다. 산업선교는 산업시대에 진행되는 하나님 자신의 선교이다. 즉 예수께서 소외되고 억압받는 약자들을 돌보셨던 것처럼, 어려움을 겪는 근로자들을 돕는 역할을 맡고자 했다. 산업선교인들은 이런 역할을 담당하는 자신들을 '작은 예수'라고 불렀다. 이 운동은 근로자들의 임금과 복지, 노동자들의 기본권를 개선하려는 노조운동과 매우 흡사하다. 신학적으로는 이를 기독교의 '사회구원'이라고 부른다. 한편 영등포의 목회자들도 근로자들에게 예수 그리스도를 전하고 근로자들의 문제와 고충을 경영주에게 전달하는 등 근로자들의 문제해결에 깊은 관심을 기울였다.[15] 1980년대에 이르러서 진보적인 기독교 집단은 앞장서서 노동자나 농민, 도시 빈민과 같은 민중계층을 본격적으로 지원하기 시작했다. 기독교농민회나 민중교회도 이때 생겨났으며, 민중신학으로 무장한 젊은 목회자들이 노동운동의 일선에 서기도 했다.

이러한 교회의 경제적 정의를 위한 노력은 한국이 유례없는 IMF 경제위기를 겪은 직후 발표된 '경제위기극복을 위한 교회의 신앙각서'에 잘 나타나 있다. 이 문서에 따르면, 한국 교회는 다음과 같은 세 가지 선교적 과제를 실천해야 한다. 첫째는 경제구조와 현실을 개선하기 위한 노력, 둘째는 그리스도인의 건전한 경제생활과 교회재정운영, 셋째는 가난한 자와 희생당한 자를 위한 봉사의 실천이다. 교회는 정의로운 경제 공동체를 지향한다. 이 공동체는 무엇보다 가난한 자와 소외된 자, 힘없는 자와 희생된 자를 사랑하고 이들이 인간적인 삶을 누릴 수 있도록 도움을 베풀어 주는 공동체이다. 이렇게 할 때 교회는 건전한 사회비판기능뿐 아니라 사회

통합적 기능도 수행할 수 있다.[16]

3) 사회적 복지화

사회복지역사는 한국 교회의 사회봉사활동이라고 해도 과언이 아니다. 1880년대 한국에 소개된 기독교는 학교와 병원을 세우고 모든 사람들을 대상으로 사회봉사활동을 시작했다. 1885년 정동제일병원을 시작으로 1910년경까지 약 30여 개의 병원이 세워졌고[17] 1894년에는 감리교 선교사 홀R. S. Hall에 의해 맹인학교가 설립되면서 농아교육이 시작되었다.[18] 1945년 해방과 1950년 전쟁 이후, 교회는 외국기관의 원조를 받아 빈민구제와 전후재건에 본격적으로 참여했다. 1960년대 이후에는 교회가 영혼구원에 전념하면서 사회복지와는 거리를 두었지만, 다수의 그리스도인들은 신설된 사회복지기관에서 중추적인 역할을 담당하였다.[19]

20세기 후반에 이르러서 교회의 사회봉사적 책임을 인식하기 시작하면서 상당수의 지역 교회가 지역사회를 섬기는 일에 앞장서게 된다. 교회는 지역사회의 어린이, 노인, 청소년, 빈곤가정, 소년소녀가장을 후원하고 섬기는 일을 시작했으며, 대형교회는 사회복지재단을 설립해 대대적인 복지사업을 전개했다. 일부 교회는 정부의 위탁을 받아 지역사회복지관을 운영하기도 하였다.[20] 이 과정에서는 교회는 사회봉사를 전문적으로 감당할 수 있도록 복지이론과 실천적인 전략을 필요로 하게 되었다. 이에 많은 교단의 지도자들이 사회선교정책을 다듬기 시작했으며, 각 교회들은 교인들을 위한 자원봉사훈련을 실시하기에 이르렀다. 현재 한국에 있는 대학의 사회복지 및 사회사업학과의 교수들 중에 3/4이 기독교인이다. 이들과 전문사회복지사들은 교회의 사회복지가 더 전문화되고 체계화되어야 한다는 데 의견을 모으고 있다. 또한 사회복지사회사업학과를 둔 전국 60여 개 대학의 절반이 기독교계 대학이거나 신학교이다. 이 대학들은 교과과정으로 교회의 사회봉사 관련과목을 개설하였으며, 일부 대학의 경우 교회사회사업과가 창설되기도 했다.[21]

1980년대 출범한 5공화국 이후 정부는 복지사회를 지향하며, 여러 복지제도와 법안을 만들었지만 이를 실행할 수 있는 재원이 부족했다. 그래서 민간인이 복지시설을 설립할 경우, 정부로부터 일부를 보조받는 독특한 형태의 복지제도가 생겨났다. 5공화국 출범 직전인 1979년 조사에 따르면, 부녀복지시설의 87%, 아동복지시설의 91%, 양로원시설의 67%가 기독교 계통의 시설이었다고 한다.[22] 1980년대에도 한국 교회의 사회봉사활동은 꾸준하게 늘어났으며, 교회시설 및 교인수 증가에도 상당 부분 영향을 미치게 되었다.

현재도 한국 교회의 사회봉사에 대한 공감도는 계속 확산되고 있다. '사회적 복지화'는 이제 한국 교회의 사명과 과제가 되었으며, 지역사회 선교전략이 복지선교 패러다임으로 바뀌고 있다. 교회는 지역 주민의 최후 생명안전망이며, 지역사회의 복지활동이 통합되는 자리이다.

4) 문화적 성숙화

문화신학자 틸리히는 "종교는 문화의 실체이고, 문화는 종교의 형식"이라고 말한다. 아무리 실용화된 문명이나 산업화된 문화라 할지라도, 문화와 문명 안에는 가치와 의미가 담긴다. 특별히 종교는 인간을 가치 지향적이고 자기 초월적인 문화를 갈망하는 존재로 규정하고 있다.[23]

기독교는 선교 초기부터 이미 한국 사회에 근대문명을 소개하고 근대산업화시대에도 문화발전에 큰 기여를 했다. 그러나 1980년대 상황을 살피면, 기독교 문화활동이 한국 사회 발전에 어떤 역할을 했는가를 분명하게 확인할 수 있다.

1980년대는 한국 기독교 문화운동은 두 축으로 전개되었다. 하나는 민중의식화 문화운동이고 다른 하나는 복음주의적 문화운동이다. 민중의식화 문화운동은 민중을 의식화하고 민중의 역사참여를 선도하는 운동이다. 이 운동은 전통적인 복음선포나 개인의 영적 구원보다는 부조리한 사회구조를 변혁하고 민중 공동체를 형성하는 데 집중했다. 당시 권위적이고 억압적인 정치권력에 대항하여 민중 의식을 일깨우는 데 주력하였다. 이들은 민중의 한이 담긴 판소리와 탈춤 등 한국의 전통문화를 실연하면서 민중들의 저항의식을 일깨웠다.[24] 이미 1970년대 초부터 젊은이들 사이에 민중극의 역할과 가능성이 발견되었기 때문에 민중 문화운동은 대학문화뿐 아니라 교회 젊은이들의 문화로 자리 잡게 되었다. 기독교적 내용을 담은 민중극으로는 '예수전'과 '예수의 생애'가 있다.[25]

반면 복음주의적 문화운동은 복음이 개인과 사회를 변혁하는 열쇠라고 믿는다. 이들은 부조리한 사회를 비판하기보다는 개인의 변화와 제자로서의 삶, 사회적 책임을 강조했다. 기독교적인 직업윤리를 가르치고 윤리실천운동과 세계관운동을 일으킨 것은 이들의 공이라고 할 수 있다. 복음주의자들은 기독교 세계관, 기독교 문화관, 기독교 철학, 사회참여와 정치 및 문화를 계속 연구하여 괄목할 만한 논문과 저서, 번역서들을 출간했다. 《빛과 소금》,《목회와 신학》 등 기독교 사상과 문화를 조망하는 잡지들도 이때 쏟아져 나오기 시작했다.[26]

현대화가 급속하게 진행되고 있는 한국 사회에서 교회는 복음주의적 문화연구활동을 통해 도덕적인 가치관을 제공하였다. 이는 건강한 가치관을 형성하여 사회통합에 이바지했다고 할 수 있다. 다른 한편으로 민중극 등 문화활동을 통해 기득권의 이데올로기를 비판하는 등 사회 변동에도 긍정적인 기능을 담당하였다.

5) 통일과 환경 보전에 대한 관심

(1) 통일에 대한 관심

한민족의 오랜 소원은 통일이다. 1988년 한국 개신교의 연합기구 중 하나인 한국교회협의회는 '민족의 통일과 평화에 대한 한국기독교회의 선언'이라는 역사적인 평화운동선언서를 채택했다.[27] 이 선언을 통해 한국 사회와 정치계에는 커다란 변화가 일어났다. 그동안 금기시되었던 통일논의가 자유롭게 이루어지기 시작했고 민간 주도의 통일운동이 봇물 터지듯 확대되기 시작했다. 그해 정부는 7·7 선언 이후 총리급 회담을 열고 1991년에는 '남북화해와 교류협력에 관한 합의서'를 조인한다. 1995년 교회는 남북분단의 죄책을 고백하고 희년을 선포한다. 한국교회협의회는 1998년 6월 1일 평양에서 남북 교회 간의 교류와 협력을 위한 협정서를 정식으로 조인함으로써 교회의 통일운동에 새로운 국면을 맞게 되었다.

사실 1980년대까지만 하더라도 기독교 통일운동은 일부 소수 기독교인들의 외로운 운동이었다.[28] 이 운동은 사회적인 안정을 깨는 사회변동적인 운동이었으며, 때로 사회의 위기감을 조성하는 운동이었기 때문에 많은 억압과 질시를 받아 왔다. 그러나 1980년대 말부터 통일운동의 물꼬가 터진 다음에는 복음주의에 속한 많은 교회들도 동참하면서 많은 운동과 조직, 선언과 행진들이 있었고 실제 남북 협력사업도 크게 발전했다.

1991년 9월에는 남과 북이 유엔에 동시에 가입하였고 1992년에는 남북합의서가 채택되었다. 1990년대 들어 기독교의 통일논의는 일반시민들의 통일운동을 앞서가지 못했지만, 교회 안에서 평화교육과 통일을 기독교의 선교 과제로 삼고 있다.[29] 한국교회협의회는 1993년에 여러 교단들과 함께 '남북나눔운동본부'를 설치하여 북한의 교회와 동포를 돕는 운동을 시작했다. 이는 북한을 돕는 모금운동에 공개적으로 나서고 전국 교회에 북한 지원과 나눔의 필요성을 대대적으로 알리는 계기가 되었다.

남북의 기독교는 1995년 평화와 통일의 희년을 함께 선포하고 8월 15일 직전 주일을 남북 평화통일 공동기도주일로 지켰다. 또한 이러한 희년 정신을 실천하고자 다음 다섯 가지 교회의 과제를 명시하였다.

> 하나, 평화와 통일에 대한 신앙고백운동.
> 둘, 남북 민간의 화해운동.
> 셋, 인도적 삶의 회복운동.
> 넷, 남북의 나눔과 더불어 사는 운동.
> 다섯, 남북 선교와 하나의 민족교회 형성운동.

지금까지 한국의 많은 단체와 기독교계 인사들은 이 운동에 참여하고 있으며, 현재는 상당한 수준에 이르렀다고 평가한다.[30]

(2) 환경 보전에 관한 관심

현대사회는 인간의 이성에 깊은 신뢰를 보인다. 인간의 이성을 신뢰하기 때문에 끊임없이 진보할 것이라고 믿는다. 그러나 새로운 생태학적 패러다임은 생태환경의 한계와 성장의 부작용을 인식하고 미래세대의 복지를 보장할 수 있는 지속가능한 사회를 지향한다.[31] 그런데 바로 이런 생태적 패러다임을 가장 먼저 인식한 주체가 교회이다.

한국신학협의회는 1989년 11월 '정의, 평화, 창조질서의 보전'JPIC을 시작하고 1990년부터 기독교 환경운동을 시작했다. 1990년에 3월 5일부터 12일까지는 세계교회협의회WCC와 함께 '정의, 평화, 창조질서의 보전' 세계대회를 서울 올림픽 역도경기장에서 개최하였다. 전 세계 124개국 1,000여 명의 대표가 참석한 이 대회는 환경파괴와 제3세계의 경제문제를 협의하였다. 이와 함께 한국가톨릭농민회에서도 1990년도부터 '생명공동체운동'을 시작하였다.

1991년 5월 한국교회협의회에서는 환경위원회를 발족하였으며, 보수적인 교회대표단체인 한국기독교총연합회에서도 환경보전 특별위원회를 구성하였다. 한국교회협의회는 하나님이 지으신 오늘의 창조세계가 환경오염으로 심각하게 파괴되고 있다고 인식하여 1992년에는 한국기독교회 환경선언을 공표한다. 이 선언은 한국 기독교인들이 이 땅의 파괴된 환경을 회복시키는 환경보전운동에 온 힘을 쏟겠다는 다짐이 담겨 있다.[32] 한편 1997년에는 한국교회환경연구소가 기독교환경운동연대로 다시 출범하기도 하였다.

2. 21세기 초반 한국 교회에 대한 사회의 평가

20세기 후반까지 한국 교회는 한국 사회 발전에 공헌한 바가 크며, '사회 발전지표'라는 평가지표를 적용하더라도 객관적으로 충분히 인정받을 수준이다. 그러나 21세기 들어 한국 교회의 신뢰도는 크게 실추되었다. 2008년 기독교윤리실천운동을 중심으로 실시된 '한국 교회의 사회적 신뢰도 여론조사'에 따르면, 한국의 개신교를 신뢰한다는 사람들은 불과 응답자의 18.5%에 불과했다.[33] 오히려 불신한다는 사람들의 비중이 48.3%로 조사되었다. 소득과 학력이 높은 사람일수록 한국의 개신교를 신뢰하지 않았다. 반면 60대 이상, 서울과 광주와 전라지역, 월소득 100만 원 이하의 저소득층에 해당하는 사람들은 상대적으로 개신교에 대한 높은 신뢰도를 보여 주었다. 조사 결과 특별히 주목할 만한 것은 40대 이하, 젊은 층이 보여 준 한국 교회에 대한 신뢰도이다. 20대는 15.5%, 30대는 17.7%에 불과했다. 40대의 경우 이보다는 상대적으로 높은 수치인 29.1%를 보여 주었다. 그래도 20-30대에 비해 40대의 신뢰도가 높은 까닭을 한국 사회 발전의 관점에서 생각해 보면, 다음과 같은 해석을 할 수 있을 것이다. 그들은 1980년대 격동의 한국 사회에서 권위주의가 몰락하고 군부로 출발했던 정권이 종식되도록 민주화에 헌신한 마지막 세대들이다. 그들은 그동안 사회의 정신적인 구심점이었던 교회에 많은 기대를 했지만, 교회는 그들의 기대만큼 민주화에 앞장서지 않았고 오히려 일부 교회는 보수적인 정권과 결탁하는 모습을 보여 주었다. 즉 사회의 구심점이었던 교회에 대한 마지막 기억을 안고 있는 40대에게 교회는 애증의 대상인 것이다. 반면에 가톨릭은 1980년대 사회참여 이미지를 강화했고 그 결과 40대에게 가장 친근하고 호감을 주는 종교가 되었다. 가톨릭은 40대에게 41%라는 호감도를 보였다.

사회적 신뢰도 조사는 한국 교회에 적잖은 충격을 주었다. 한국 교회가 생각했던 것보다 낮은 기대와 신뢰도가 객관적인 수치로 제공되었기 때문이다. 그럼에도 조사항목 중 '개신교의 활동이 사회에 도움이 된다.'에 대한 긍정적인 응답은 한국 교회가 향후 신뢰를 증진하는 데 필요한 것이 무엇인가를 다시 생각하도록 해 주었다. 사람들은 교회가 사회를 섬기는 활동에는 많은 지지를 보이고 있었다.

교회가 신뢰도를 높이기 위해서 바뀌어야 할 점으로는 교회 지도자들 49.1%, 교회 운영 38.8%, 교인들 37.5%을 꼽았다. 목회자의 자질 문제는 한국 교회가 해결해야 할 시급한 과제라고 할 수 있다. 전국적으로 수많은 신학교가 난립하고 있고 체계적이지 못한 목회자 양산도 문제이다. 요컨대 이 조사는 한국 사회 안에서 교회가 신뢰를 받으려면, 무엇이 필요한가를 잘 보여 준다. 대내적으로는 지도자의 자질을 향상시키고, 합리적으로 교회를 운영하고, 성도들을 바르게 교육해야 한다. 또 대외적으로는 사회적 섬김을 강화해야 한다.

한국 사회가 한국 교회에 무엇을 기대하고 있는가를 확인하기 위해 조사 결과를 조금 더 살필 필요가 있다. 구체적으로 교회를 신뢰하려면 무엇을 개선해야 할까? 복수응답이 가능한 질문에 대해서 '교인과 교회 지도자들의 언행일치'55.5%를 먼저 꼽았고 '타종교에 대한 관용'46.9%, '재정 사용의 투명화'38.5%, '사회봉사'28.3%, '교회성장 제일주의'17%가 뒤를 이었다. 흥미로운 것은 '교인과 교회 지도자들의 언행일치', '타종교에 대한 관용'이 상당한 부분을 차지하고 있다. 이는 상당한 비종교인들이 기독교의 전도방식에 부정적인 생각을 가지고 있다는 것을 의미한다. 예수 그리스도의 대위임령에 따라 전도를 하는 것은 꼭 필요한 일이다. 그러나 현시대의 상황과 대상을 고려하는 전략적인 전도가 필요하다. 말로만 하는 공격적인 전도는 기독교를 더 부정적으로 보이게 할 수 있다. 이제는 겸손한 섬김의 태도가 필요하며, 삶 속에서 영성이 실천되어야 한다. 영혼구원에 헌신해야 할 신앙인은 이제 전도의 열정뿐 아니라 사회와 소통할 수 있는 교양을 갖추고 사회적 섬김의 삶을 살아낼 수 있어야 한다.

사실 한국 교회의 신뢰도가 개선되기 위해서는 한국 사회가 한국 교회의 활동을 소상하게 알 필요가 있다. 다시 말하면 교회는 사회통합과 발전을 위해 부단히 각개전투하고 있지만, 아직 사회적으로 잘 알려지지 않았다. 2005년 한 조사에 따르면, 한국 교회가 장애우나 아동, 노인 등 소외계층을 섬기는 데 가장 앞장서고 있다고 한다. 장애우시설의 경우, 기독교가 차지하는 비율은 52.4%에 해당했고, 아동시설의 78.4%, 노인시설의 43.6%에 이르렀다. 이는 타종교에 비해 월등하다. 이런 활동들이 사회에 널리 알려지지 않은 데에는 기존 미디어가 한국 교회를 어떻게 바라보고 있는가를 보여 준다고도 할 수 있다. 이미 40대가 주류를 형성하고 있는 미디어업계에서는 개신교에 대한 부정적인 이미지를 가지고 있다.

3. 한국 기독교의 사회참여를 위한 신학적 기초와 태도 그리고 전략

한국 교회의 역사를 조금만 주의 깊게 살피면, 한국 교회가 한국의 사회 발전에 지대한 역할을 했다는 것을 발견하게 된다. 선교 초기부터 많은 지식인들이 근대화와 자주독립을 위해서 기독교를 받아들였다. 예수 그리스도를 믿음으로 문명이 개화할 수 있고 일본의 침략을 물리칠 수 있다고 생각했다. 이러한 정신은 물산장려운동이나 금주, 절제운동을 일으켰던 국채보상운동을 통해 구체화되었다. 기독교는 일제 식민지 치하에서 지식인들을 일깨우고 사회변혁의 구심점이 되었다. 앞서 살핀 대로 산업화시대에도 한국 교회는 사회를 통합시키는 데 일조하였으며, 동시에 급격한 사회변동의 중심에 활약하였다. 따라서 어떤 면에서 한국 사회의 발전은 한국 교회와 분리해서 생각할 수 없다.

그러나 21세기 초반, 한국 사회는 한국 교회와 팽팽한 긴장관계를 형성하고 있다. 교회에 대한 기대감은 남아 있지만, 선뜻 한국 교회를 신뢰하지 않는다. 이는 교회에 남은 과제가 있다는 것을 보여 준다. 특별히 21세기 지구화가 가속화되고 있는 상황에서 교회는 더 나은 사회 발전을 위한 책임 있는 역할을 감당해야 한다. 이제 교회를 교회답게 하는 신학적 기초가 무엇인가를 확인하고 그러한 신학적 토대 위에서 교회가 어떤 태도와 자세를 취해야 할지 생각해 보자.

1) 신학적 기초

(1) 창조신학에 기초한 하나님 중심적인 물질관

우리는 앞에서 순복음 신앙이 가진 장점을 살펴보았다. 순복음 신앙은 물질에 적극적인 관점을 갖게 했다. 물질을 성도의 삶과 분리하지 않는 것은 큰 장점이기도 하지만, 물질의 풍요를 하나님의 축복과 동일시하면, 이는 복음이 가르치는 경제정의를 붕괴시킬 위험이 있다.

성경은 하나님께서 이 세상을 창조하셨고 창조된 모든 것이 보시기에 참 좋았다고 증언한다. 이 말씀은 창조된 피조물과 세상에 긍정적인 관점을 갖도록 해 준다. 비록 세상은 인간의 죄로 인해 타락했지만, 하나님께서는 이 땅에 아들을 보내셔서 세상을 향한 사랑을 보여 주셨다. 나아가 그리스도의 십자가 사건은 창조하신 세계를 얼마나 긍정하고 계시는지를 보여 준다. 이러한 창조와 성육신에 대한 분명한 신앙은 초대교회로 하여금 세상과 물질을 악한 것으로 정죄하는 영지주의Gnosticism를 이단으로 단죄하도록 한다. 하나님께서 창조하신 세상의 가치는 인간의 타락과 죄로 인해 훼손되지 않는다. 여기서 우리가 항상 주목해야 할 것은 물질의 가치가 오로지 창조주와 구속주이신 하나님과의 관계에서 생각되어야 한다는 점이다. 인간 중심이 아니라 하나님 중심으로 생각할 때, 세상은 하나님의 창조물로 인식하게 되고 물질에 더 긍정적인 가치를 부여하게 된다.

이런 의미에서 순복음적 신앙은 지나치게 인간 중심적이라고 할 수 있다. 하나님의 선하심을 창조세계와 물질 자체에서 찾기보다는 내가 가진 물질의 풍요로움에서 찾기 때문이다. 내가 가진 물질의 양으로 하나님의 좋으심을 증명할 수 있다는 믿음이야말로 인간 중심적인 신앙이다. 오늘날 생태계의 위기를 자초한 것도 이러한 인간 중심적인 신앙이다. 인간이 우리의 풍요로움만을 추구한 결과, 하나님께서 창조하신 세상이 파괴되고 훼손되었다. 결국 탐욕스럽게 변하는 인간 중심적인 물질관으로 사회와 생태계는 더욱 극단으로 몰리고 있다. 우리는 창조 신앙과 예수 그리스도의 성육신 신앙 위에 서야 한다. 창조 신앙과 성육신 신앙에 입각한 하나님 중심적인 물질관만이 파괴된 세상에 희망을 줄 수 있다.

(2) 청지기로서의 인간

기도는 성령을 통한 하나님과의 인격적인 교제이다. 한국 교회는 이

기도를 강조한다. 또한 사회와 역사를 움직이시는 하나님의 내재성에도 깊은 관심을 가지고 있다. 그래서 내재하시는 하나님과 함께 사회정의에 헌신하는 것을 중요한 미덕으로 여긴다.

　사실 성경도 인간의 소명을 활동과 노동에서 찾고 있다. 인간은 노동으로 생산에 참여할 의무가 있다. 그러나 인간은 생산된 재화를 모두 자신의 것으로 주장할 수 없다. 성경에 따르면, 노동을 통해 받게 된 것은 모두 은혜로 이루어진 것이다. 즉 하나님께서 은혜로 우리에게 맡겨 주신 것이다. 그래서 우리는 부의 분배를 노동에 대한 보상이라고 하지 않으며, 단지 가난한 사람에 대한 구제라고 하지 않는다. 오히려 우리는 공동체적인 차원에서 물질을 분배한다. 예수님의 비유^{달란트, 포도원 품꾼} 중 많은 부분이 이런 공동체적 차원을 포함하고 있다. 분배는 우리의 공로의 대가가 아닌, 공동체를 살리며, 하나님의 은혜를 나누는 과정이자, 하나님께서 우리에게 맡겨 주신 것을 함께하라고 하신 사람들과 나누는 과정이다. 그래서 성서가 증거하는 인간은 청지기로서의 인간이다. 청지기로서의 인간은 소유를 주장하는 것이 아니라, 재화의 생산에서 분배에 이르기까지 하나님께서 맡기신 것을 관리하는 인간이다.

(3) 만인제사장에 대한 재평가

　성경은 그리스도인들이 행위가 아니라 믿음에 의해 의롭게 된다고 말한다. 그렇지만 우리는 삶과 신앙을 분리할 수 없다. 그리스도인들은 세상에서 살아가면서 신앙을 드러낸다. 예수 그리스도의 결정적인 사건도 우리를 죄와 불의로부터 자유롭게 하신 사건이다. 또 구속받은 우리는 하나님의 은혜에 대해 감사하는 삶으로 응답하며 살아간다. 즉 우리의 삶이 구속받은 자의 응답이자, 하나님을 향한 신앙표현이다.

　하나님께서 우리를 그리스도인으로 부르셨다는 것 자체가 우리의 소명을 의미한다. 그것은 가정에서의 삶과 개인적인 인간관계와 나아가 시민으로서의 역할을 포함하며, 직장에서 하는 일, 공동체를 위해 전력하는 것도 포함된다. 이처럼 하나님께서 부르신 삶의 자리가 바로 소명이다. 그렇다면 우리가 배제해야 할 사고방식은 성과 속, 성직자와 평신도를 가르는 이분법적 사고이다. 성직자가 이 세상에서 하나님의 사역을 위해 부르심을 받은 것과 같이 모든 그리스도인들은 자신의 직업이 무엇이든 그 일터에서 하나님의 뜻을 성취하라는 부르심을 받았다. 그러므로 이 세상 안에서 우리가 가진 직업은 거룩한 것이며, 우리는 직업을 통해 우리를 향한 부르심을 성취한다. 다시 말하면 우리의 삶의 자리가 곧 종교적인 영역이다.[34]

모든 그리스도인들을 부름 받은 거룩한 제사장으로 보는 것이 '만인제사장'이다. 이것은 성경이 우리에게 가르쳐주는 것이며, 반드시 하나님의 주권과 함께 강조되어야 할 부분이다. 만인제사장설의 구체적인 유익은 무엇일까? 첫째, 항상 이웃과 공동체의 선을 생각한다. 교회의 당회가 교회의 의사결정과 정책을 주도할 때, 결정적인 기준이 되어야 할 것도 바로 이것이다. 어떤 의미에서 교회는 세상을 섬기기 위한 그리스도의 도구라고 할 수 있다. 둘째, 우리의 일터가 소명의 자리이며, 하나님 나라의 거룩한 자리임을 깨닫게 한다. 한국 교회의 현실은 교회만 거룩하고 성스러운 곳으로 취급하지만, 삶의 현장도 교회 못지않게 하나님의 뜻을 실현하는 영역임을 가르쳐주는 것이다. 셋째, 교회의 의사결정과정을 다시 생각하게 한다. 그리스도의 몸 된 교회는 소수의 목소리에 주목해서는 안 된다. 몇몇 사람이 의사결정을 독점하는 것이 아니라, 제사장된 모든 지체들의 활발한 참여가 필요하다.

2) 사회 발전을 위한 한국 기독교의 태도와 전략

한국 교회는 역사적으로 사회 발전에 공헌했고 지금도 다른 종교기관에 비해 왕성한 활동을 하고 있다. 그러나 사회적 신뢰도가 낮은 것은 한국 교회의 태도와 전략에 문제가 있기 때문이다. 앞서 밝힌 대로 그리스도인 한 사람, 한 사람이 제사장이고 하나님의 청지기라는 인식을 가지고 사회 발전에 참여해야 한다. 즉 그리스도인은 하나님이 창조하신 세계를 긍정하고 하나님의 나라를 향한 신앙인으로서 책임 있는 삶을 살아가는 것이 바로 사회 발전에 동참하는 길이다. 사실 신앙인으로서 세상을 변화시키겠다는 큰 꿈을 꾸었지만, 신앙인답게 하나 되지 못하고 갈등하고 분열하는 모습만을 보여 왔다. 적지 않은 교회와 인물들이 특정 영역에서 부분적인 성공을 거두고는 있지만, 사회 전체의 근본적인 변화를 만들어 내는 데에는 실패하고 있다.

이러한 실패의 원인은 무엇일까? 무엇보다 지적하고 싶은 것은 신앙인들의 얄팍한 모습이다. 사회의 근본적인 변화를 일으키기 위해서는 깊이 있는 영성과 실력이 필요하다. 제임스 헌터는 결국 중심부의 핵심 엘리트들의 변혁으로부터 변화가 시작된다고 말한다.[35] 문화의 주변부로부터 점진적인 변화를 꾀할 수도 있지만, 사회를 근본적으로 뒤흔드는 변혁은 문화의 핵심부로부터 시작된다. 그렇다면 우리는 이렇게 교회에 질문할 수 있다. 교회는 문화의 핵심부를 설득할 만한 실력을 갖추고 있는가? 교회는 사회문화를 움직일 수 있는 지도력을 확보하고 있는가? 교회가 사회변화의 중심부가 될 수 있는가? 오늘날은 인문사회학이 다시 부흥하고 있는 시대이다. 기독교가 인문학적 교양과 거리를 둔다면, 사회를 이끌어가는 통찰력과 혜안을 잃게 될 것이다. 하나님께서는 피조세계를 일반은총의 영역에 두셨다. 교회가 일반은총의 영역에 대한 이해와 지식을 갖추지 않고는 세상을 깊이 이해하지 못할 것이다. 아울러 교회의 정치권력에 대한 접근도 깊이 생각해야 한다. 예수님께서는 정복하고 지배하는 권력을 이방인의 관행이라고 하셨다. 역사는 교회가 정치권력과 야합했을 때 나타난 부작용들을 다양한 실례로 보여 주고 있다. 만약 교회가 정치의 틀을 그대로 따라간다면, 지배욕과 권력욕에서 자유로울 수 없다. 실제로 많은 경건한 신앙인들과 기독교 기관들이 특정한 법안을 통과시키고 특정한 후보를 당선시키면 사회가 변할 것이라는 생각으로 정치에 참여했다. 그러나 그들은 정치구조를 무비판적으로 답습했다.[36] 결국 세상을 바꾸려고 정치에 뛰어든 신앙인들은 세상을 바꾸기보다 세상을 닮아 가고 말았다. 권력이 격돌하는 정치 현실에 그리스도인이 참여하려고 한다면, 소박한 꿈만으로는 부족하다.

그러나 교회가 잊지 말아야 할 가장 중요한 것은 교회의 일차적인 목표가 하나님을 찬양하고 섬기는 데 있다는 점이다. 교회가 사회에 공헌해야 하는 것은 이차적인 목표이다. 따라서 사회 발전을 주도하려는 태도보다는 자신에게 맡겨진 작은 일들부터 먼저 충성해야 하며, 겸손하고 꾸준한 자세가 필요하다. 그리스도인은 분명 세상을 바꾸기 위해 창조되었지만, 너무 쉽게 세상을 바꾸겠다고 선언한다면 교회 자체부터 세상의 유혹과 공격 앞에 준비 없이 노출되는 것과 다름없다.

성경은 '출애굽'과 '부활'을 세상을 바꾼 사건으로 말한다. 이 두 사건은 모두 '약자들의 삶에 역사하시는 하나님'을 보여 준다.[37] 즉 한국 교회가 세상을 바꾸겠노라는 권력 지향적인 야망보다는 예수님을 닮은 겸손이 필요하다. 겸손은 다른 신앙 공동체와 협력하고 연대하는 데에도 필요한 덕목이다.[38]

다음으로 교회는 다른 교회와 연합할 수 있어야 한다. 한국 교회는 개 교회로서는 탁월한 능력을 발휘하지만, 함께 연합하여 활동할 때에는 힘이 분산된다. 교단 간의 교리 차이나, 교회 간의 차이를 생각하면 힘을 모을 수 없다. 성도들이 삼위일체 하나님에 대한 신앙과 예수 그리스도를 통한 구원을 고백할 수 있다면, 차이보다는 일치를 생각해야 한다. 만약 여전히 차이가 의식된다면, 다른 이웃에 대한 사랑을 실천하는 기회라고 생각해야 할 것이다.[39]

마지막으로 교회는 세상과 어떤 관계를 맺어야 하는가를 꼭 생각해야 한다. 교회와 세상의 관계는 일방적인 긍정이나 부정의 관계가 아니다. 긍정하되, 부정적인 면을 살피고 극복하게 하는 변증법적인 관계임을 잊지 말아야 한다. 따라서 교회는 사회를 무조건적으로 긍정할 수 없다. 만약 이러한 태도를 취하게 된다면, 사회에 동화되고 말 것이다. 또한 사회를 부정하는 이분법적인 태도도 경계해야 한다. 신학적 기초에서도 확인했듯이 하나님 나라와 청지기, 만인제사장 신앙에 입각하여 세상과의 관계를 맺어 가야 한다. 사회적 공동선을 제시하고 사회 발전의 목표와 방향을 제안할 수 있어야 한다.[40]

4. 맺는말: 21세기 지구화시대의 사회 발전과 한국 기독교의 역할

한국 교회는 사회의 통합에 일조하였으며, 한국 사회가 긍정적으로 변동하는 데도 기여하였다. 특히 한국 사회가 현대화하는 과정에서 '정치적 민주화', '경제적 평등', '사회적 복지화', '통일 및 환경에의 관심'이라는 지표들을 충족시켰다. 이제 한국 교회는 21세기라는 새로운 시대를 맞이하고 있다. 근대화 이후인 지구화시대를 맞아 새로운 과제 앞에 서게 되었다. 지구화시대는 다국적 기업들이 쟁탈하는 세계시장 경제체제를 가져왔다. 이제는 한 사회의 발전도 지역적이거나 국가적인 차원에서 완성될 수 없다. 제3세계의 생존권과 인권 및 환경문제 같은 문제들이 부상하고 국가 간의 정의로운 관계를 규정하는 국제법이 효력을 발휘하는 시대가 되었다. 민간 사회단체가 국제적으로 연대하고 국제적인 협력과 감시가 요청되는 시대이기 때문에 사회 발전도 국제적인 시야에서 가늠할 수밖에 없다. 교회 역시 지역적인 관심에서 벗어나 세계 교회와 함께 협력하면서 건설적으로 참여할 때가 되었다.

그러나 구체적인 삶의 실천은 우리의 삶의 자리에서 비롯된다. '생각은 세계적으로 하되 행동은 지역적인 특성에 맞게 하라.'는 금언이 지구화시대의 모든 교회들에게 적절한 교훈을 주고 있다. 지금 이곳에서 사회 발전을 위해 경건과 절제를 훈련하고 삶을 통해 실천해야 한다. 경건이란 인간 중심적인 것이 아니라, 하나님 중심적인 삶을 가리킨다. 곧 삼위일체이신 하나님의 존재양식인 관계성과 공동체성을 배우고 닮아 가는 것이다. 그래서 우리 인격 속에서 공동체성이 배어 나오게 해야 하며, 이웃을 향한 사랑과 돌봄이 우리의 성품이 되도록 해야 한다. 환경을 생각하고 폭력적인 문화를 배격하는 것도 구체적인 삶의 미덕이 될 수 있다. 무엇보다 우리의 이웃이 교회 안에만 있다는 생각을 넘어서야 한다. 오히려 복잡하고 다원적인 사회 구성원들을 이웃으로 품어야 한다. 그래서 사회 발전을 위해 전력투구하는 시민운동이나 민간사회단체와 협력하여 그리스도인의 이웃사랑을 구체적으로 실천해야 한다. 정치적 민주화, 경제적 정의, 사회적 복지를 위해 노력하고 문화를 성숙하게 하며, 환경과 통일에 관심을 갖는 운동들이 바로 하나님께서 주신 세상을 사랑하는 방법이라고 할 수 있다.

이제 우리는 교회의 교회다움을 다시 정의할 수 있다. 교회의 교회다움은 교회의 구성원인 시민들이 그리스도인임을 전제하지만, 그리스도인들이 시민인 것도 요구한다. 여기서 시민이란, 한 사회를 방관하지 않고 사회 발전을 고민하는 책임 있는 구성원을 말한다. 한국 교회가 사회적 책임을 다하지 못한다고 비판받는 까닭은 신앙인답지 못했기 때문이며,

동시에 시민답지 못했기 때문이다. 따라서 교회가 교회답다는 것은 교회가 복음대로 실천한다는 말이며, 동시에 사회 발전을 위한 책임을 간과하지 않는다는 말이다.

앞으로 교회가 사회적 책임을 더 충실하게 수행하기 위해, 우리는 먼저 신앙과 삶이 일치되었는지, 세상에서 하나님의 주권을 고백하고 있는지, 우리의 뿌리 깊은 죄를 자각하고 계속 자신을 개혁하려 하는지 성찰해야 한다. 우리가 이런 신앙의 기초를 다시 확인하고 실천할 때, 우리는 복음의 개방성과 능력을 다시 경험하게 될 것이다. 우리는 '개혁된 교회라도 계속 개혁되어야 한다.' ecclesia reformata semper reformanda라는 종교개혁의 정신을 기억한다. 우리는 우리 자신의 삶과 태도를 절대시하지 않고 그리스도인이자 시민으로서, 하나님 사랑과 이웃사랑의 삶을 실천하고 세상의 작은 자와 함께한다. 하나님 나라의 복음은 우리를 건강한 사회 발전에 공헌하는 책임 있는 사회인으로 초대하고 있다.

임성빈 任成彬
장로회신학대학교 신학과 졸업.
미국 Louisville Presbyterian Theological Seminary 인문학 석사(M.A.).
장로회신학대학교 신학대학원 교역학석사(M.Div.) 대학원 석사(Th.M.).
미국 Princeton Theological Seminary 철학 박사(Ph.D.).
1994-현재 장로회신학대학교 기독교와 문화 교수.
문화선교연구원 원장.
기독교윤리실천운동본부 공동대표.
University of California in Los Angeles(UCLA) 객원교수.
University of Southern California(USC) 객원교수.
저서. 『21세기 책임윤리의 모색』, 장신대출판부, 2002.
　　『통합적인 통일과 그리스도인들의 과제 I』, 예영, 2003.
　　『21세기 문화와 기독교』, 장신대출판부, 2010.
　　『사회주의 체제전환과 기독교』, 한울, 2012 등 다수 논문.

미주

1) 이 글은 「신앙과 학문」 16-4호 (2011)에 실린 논문 "한국 사회의 발전과 기독교의 역할—20세기 후반 교회의 역할과 21세기 과제를 중심으로"를 수정한 것임.
2) 이원규, 『한국 교회의 사회학적 이해』(서울: 성서연구사, 1992), pp.1-114.
3) 이원규, 『현대한국종교변동 연구』(서울: 한국정신문화연구원, 1993), pp.194-99.
4) 1964년 12월 3일 '전국복음화 운동위원회'가 결성되었는데, 이 위원회에는 성공회와 가톨릭, 개신교 각 대표들이 함께했다. 이 복음화운동은 전국적으로 2,239회, 총 230명의 청중이 운집한 부흥전도집회로 이어졌다. 이러한 운동은 1970년대에 절정을 이루게 되는데 1974년의 '엑스폴로74'라는 세계적인 큰 선교대회가 그 대표적 예이다.
5) 이장식, 「한국 정치 현실과 교회」; 한국기독교문화진흥원편, 『교회와 국가』(기독교와 문화 제1집, 1988), p.255.
6) 김병서, 「한국 사회의 민주화와 기독교」; 이삼열 외 『한국 사회 발전과 기독교의 역할』(서울: 한울, 2000), p.37.
7) 이원규, "한국 개신교의 정치참여", 『한국교회와 사회』(서울: 나단, 1989), pp.207-8.
8) Ibid., pp.204-5.
9) Ibid., p.46.
10) 이원규, 「한국기독교의 사회변동적 기능」, 이삼열 외, Ibid., pp.36-7.
11) Sung Hun Myung "Spiritual Dimension of Church Growth as Applied in Yoido Full Gospel Church(Korea)," (D.Miss. diss. Fuller Theological Seminary, 1990), p.250.
12) Yong Gi Cho, *Salvation, Health & Prosperity* (Altamonte Springs, Florida: Creation House, 1987), p.54.
13) Cho, *Fourth Dimension* Vol.2 (Plainfield, NJ: Bridge Publishing, Inc., 1983), p.21.

14) 이장식,「한국정치 현실과 교회」; 한국기독교문화진흥원 편,『교회와 국가』, p.262.
15) 이장식, Ibid., pp.263-64.
16) 제83회 총회(1998.9.22-25),「경제위기에 대한 신앙각서」.
17) 김기원,『기독교사회복지론』(서울: 대학출판사, 1998), pp.86-140.
18) 민경배,『한국기독교사회운동사』(서울: 대한기독교출판사, 1987), pp.98-9.
19) 노치준,「사회복지를 향한 개신교의 사회봉사」; 이삼열 외, Ibid., pp.166-68.
20) 박종삼,『교회사회봉사 이해와 실천』(서울: 인간과 복지, 2000), pp.25-6.
21) Ibid., p.26.
22) 노상학,『기독교와 사회복지』(서울: 사회복지협의회, 1979), p.26.
23) 김경재,「종교의 본질」;『그리스도교와 문화』(오산: 한신대학교 신학부 편, 1998), p.27.
24) 김영한,『한국기독교 문화신학』(서울: 성광문화사, 1992), pp.373-75.
25) 현영학 외,『한국문화와 기독교 윤리』(서울: 문학과 지성사, 1986), p.414.
26) 김영한, Ibid., pp.376-78.
27) 이삼열, "교회협의회 통일선언의 입장과 배경",《기독교 사상》, 1988년 7월호.
28) 그러나 통일운동에 적극적으로 나서지 않은 많은 교회들에 속한 신앙인들에게 있어서도 통일은 주요한 신앙적 과제였다. 이것은 신앙인들의 새벽기도와 공중기도의 주요한 주제들 중 하나가 통일이었다는 사실로 뒷받침된다. 1990년대에 이르러 이러한 교회들이 적극적으로 북한돕기운동에 동참힐 수 있었던 것도 이러한 신앙적 태도가 배경역힐을 하였다는 사실을 뒷받침해 준다.
29) 이삼열, "민족통일을 향한 기독교의 평화운동", 이삼열 외, Ibid., pp.126-27.
30) 우리민족서로돕기운동본부,『우리민족서로돕기운동 창립3주년 활동자료집』, 1999.6.29.

31) 구도완,『한국환경운동의 사회학』(서울: 문학과지성사, 1996), pp.26-7.
32) "'92 한국기독교회 환경선언",《기독교 사상》, 1992년 7월호, pp.50-1.
33) 기독교윤리실천운동과 바른교회아카데미, CBS, 국민일보,《목회와 신학》이 공동으로 참여하여 진행된 한국 교회의 사회적 신뢰도 여론조사의 결과이다. 이 조사는 한국 교회의 사회적 신뢰도를 측정하기 위해 2008년 10월 23일부터 27일 동안 만 19세 이상의 남녀 1,000명을 대상으로 글로벌 리서치에 의뢰하여 실시한 전화설문조사로 진행되었다.
34) David. A. Krueger, *Keeping faith at work: the Christian in the workplace* (Nashville: Abingdon Press, 1994), p.53.
35) James Davison Hunter, *To Change the World* (Oxford University Press, 2010), p.274.
36) Ibid., p.275.
37) Andy Crouch, *Culture Making* (IVP, 2008), p.273.
38) Ibid., p.266.
39) Ibid., p.281.
40) Ibid., p.285.

04. 기독교가 한국 경제성장에 미친 영향[1]

개신교[2]가 경제성장에 미친 영향에 대한 연구는 일찍이 막스 베버 Max Weber, 1864-1920에 의해서 이루어졌다. 19세기 말부터 20세기 초까지 살았던 베버는 종교개혁 이후 250년 동안 개신교 국가들—네덜란드, 영국, 독일, 미국, 캐나다—이 가톨릭 국가들—스페인, 포르투갈, 이탈리아, 프랑스, 중남미 국가들—보다 빠르게 성장했다는 데 주목했다. 그리고 부르주아들의 종교를 조사해 본 결과 압도적으로 프로테스탄트들이 많다는 사실에 관심을 갖고 그 의문을 풀려 했다.[3] 그는 이러한 의문에 대한 답변으로 『프로테스탄티즘의 윤리와 자본주의 정신』The Protestant Ethic and the Spirit of Capitalism을 저술하여 자본주의가 칼빈주의에 의해서 형성되었다고 주장했으며, 이것은 후에 소위 '베버 명제'라고 불렸다. 베버는 중세에도 이윤추구 활동이 있었지만 고리대업이나 독점상인 등과 같은 비윤리적 상업행위천민적 자본주의가 주를 이루었을 뿐이었다고 주장했다. 또 근면절약을 중심으로 윤리적인 선을 추구하여 도덕적인 차원에서의 노동과 화폐적인 보수를 선한 것으로 인식한 칼빈주의를 자본주의 정신의 기원으로 인식하였다. 그의 기본전제는 종교가 문화의 경제적, 사회적 정신

ethos이라는 것이며, 신학의 변화가 자본주의를 낳았다고 주장하였다.

베버의 이러한 주장은 몇 가지 논쟁을 야기시켰다. 첫째는 자본주의 정신을 프로테스탄티즘에서 찾을 수 있는지에 대한 논의가 벌어졌다. 둘째는 원인과 결과에 대한 논쟁이 발생했다. 마르크스주의자들은 베버와는 반대로 경제적 사고와 행위가 종교 및 기타 이론적 사유의 근거가 된다고 전제하였기 때문에 종교가 경제제도를 변화시킨다고 하는 명제에 정면으로 반대했다. 그 이후 베버 명제에 대해서 마르크스주의자들을 중심으로 많은 비판이 이루어졌다. 그러나 베버 명제는 사회경제사학자들에 의해 계승되고 후에 사회사에서 전통을 이어 갔다. 그리하여 오오츠카 히사오, 칼 뢰비트Karl Röbit 등 마르크스주의자들과 사회사학자들에 의해 마르크스와 베버에 대한 비교와 논의가 있었다. 셋째는 기독교 내부에서도 베버가 칼빈의 사상을 오해했다는 비판이 토니Tawney, 로버트 그린Robert Green, 앙드레 비엘러André Biéler 등 기독교 학자에 의해 지적되었다.

마지막으로 베버 명제에 관련된 논란은 개신교가 경제성장에 미친 영향에 관한 것이었다. 베버는 개신교 국가들이 가톨릭 국가보다 경제성장이 더 빨랐다는 사실을 지적했을 뿐만 아니라 중국이 근대에 뒤처지게 된 원인이 '유교와 도교' 때문이라고 주장했으며, 인도가 낙후된 원인은 '힌두교와 불교' 때문이라고 주장했다. 이러한 베버의 주장에 대해서 가톨릭 학자들은 개신교 국가로 분류된 나라에도 상당히 많은 가톨릭 교인이 존재한다는 사실을 강조했다. 그리고 이들 개신교 국가의 경제성장은 종교보다는 정부의 역할이 더 큰 영향을 주었다고 주장했다. 1993년 노벨경제학상을 수상한 더글러스 노스Douglass North도 종교가 경제에 미치는 영향은 명시적으로 밝히기 어렵다고 지적하면서 스페인이나 프랑스 등이 경제성장에서 낙후된 것은 중앙집권적 국가운영방식 때문이라고 주장했다.

베버의 주장과 유사한 주장이 지금도 계속 제기되고 있다. 예를 들면,

영어를 사용하는 개신교 국가, 즉 영국, 미국, 오스트레일리아, 캐나다 등이 보다 정치적 자유도가 높고 경제적으로 더 성장한다는 통설이다.

또 독일이 강한 이유를 근면과 절약에서 찾는 견해도 베버의 주장과 일맥상통한다. 개신교인의 87%가 선진국 또는 중진국에 산다는 주장도 있고 현재 유럽 국가 중에 경제위기를 겪고 있는 나라들인 아일랜드, 이탈리아, 스페인 등은 모두 가톨릭 국가이다. 그리고 과거 경제위기를 겪었던 아르헨티나 등 중남미국가들도 마찬가지다. 또한 개신교 국가는 현재도 경제위기를 겪지 않는다고 말한다.

그러나 이러한 주장에 대해서 반론도 많다. 이 논쟁의 반대 사례로 등장하는 일본은 기독교 국가가 아니지만 일찍부터 선진국이었다. 그래서 개신교가 경제성장에 긍정적인 영향을 미쳤다고 주장하는 측에서도 일본은 예외적인 나라로 취급한다. 또 다른 반론은 기독교 국가 중에 못사는 나라도 많다는 점이다. 인구의 50% 이상이 개신교인인 기독교 국가 16개국 중 9개국(덴마크, 아이슬란드, 노르웨이, 스웨덴, 핀란드, 영국, 미국, 에스토니아, 라트비아) 만이 1인당 국민소득이 1만 달러가 넘는다. 그리고 개신교 인구가 전체 인구의 90-100%를 차지하는 나미비아, 개신교 인구가 70-79%인 남아프리카공화국, 개신교 인구가 60-69%를 차지하는 파푸아뉴기니와 자메이카 등은 모두 1인당 소득이 1만 달러가 되지 않는 나라들이다.[4] 따라서 개신교 국가가 반드시 소득이 높은 나라라고 주장할 수는 없다.

자본주의를 채택한 나라라고 모두가 잘사는 것은 아니다. 아이티, 필리핀, 페루, 이집트 등은 나름대로 자본주의의 나라지만, 경제는 부흥하지 못하고 있다. 에르난도 데 소토Ernando De Soto는 『자본의 미스터리: 왜 자본주의는 서구에서만 성공했는가?』 The Mystery of Capital에서 그 이유를 부정부패에서 찾았다. 이렇게 자본주의를 채택한다고 다 잘사는 것은 아니지만, 자본주의를 채택한 나라들이 대부분 잘살기 때문에 자본주의가 경제성장에 긍정적인 영향을 미친 것을 부정할 수는 없다. 마찬가지로 기독교 국가라고 다 경제성장에 성공한 것은 아니라고 해서 기독교가 경제성장에 긍정적인 영향을 미친 것을 부정할 수는 없다.

기독교가 경제성장에 미친 영향을 논할 때 한국을 빼놓을 수 없다. 왜냐하면 한국은 세계에서 가장 빠른 경제성장을 달성한 나라 중의 하나일 뿐만 아니라 오늘날 해외에 선교사를 가장 많이 파송하며, 세계에서 가장 큰 10대 대형교회가 모두 한국에 있고 가장 큰 신학교를 보유하고 있는 나라이기 때문이다. 중국인들은 이민을 가면 음식점을 차리고 차이나타운을 이루지만, 한국인들은 처음 들어가는 지역에 교회를 세우고 이를 중심으로 모일 정도로 교회 중심적이다. 미국인들에게 한국하면 떠오르는 이미지가 무엇인지 묻는 설문 조사에서 첫째가 크리스천이고, 둘째가 한국전쟁, 셋째가 근면성, 넷째가 우방이라는 답변이 나올 정도로 한국인의 이미지에 기독교가 깊이 각인되어 있다.

1980년대 이후부터 한국의 경제성장에 대한 관심이 높아졌다. 100년 전에 식민지로 전락했다가 독립 후 6·25 전쟁[5]으로 불리는 남북한 간의 전쟁으로 대부분 공업시설이 파괴되었으며, 국민소득의 5% 정도를 국방비에 지출해야 하는 휴전상황 그리고 민주화과정의 혼란한 정치상황을 극복하고 경제성장을 이루었기 때문이다. 제2차 세계대전 이후에 독립한 140여 개국 중에서 국가 건설에 성공한 나라는 40여 개밖에 되지 않는다.이영훈, 2007, p.197 지난 1993년에 세계은행World Bank은 한국을 일본, 대만, 홍콩, 싱가포르 그리고 말레이시아, 태국, 인도네시아의 남아시아 NIEsnewly industrializing economies 국가들과 함께 '고도성장국가들'HPAEs:high performing Asia economies이라고 불렀다. 그리고 이 국가들은 1965년 이후 25년 동안 아시아의 다른 나라들보다 2배 그리고 중남미 국가들보다 3배, 아프리카 국가보다 5배의 성장을 했으며, 세계은행은 이러한 성장을 '기적'miracle으로 묘사했다. 그 이유는 경제만 성장한 것이 아니라 분배도 동남아시아나 중국, 인도, 브라질 등 다른 고도성장 국가에 비해서 상대적으로 양호한 편이기 때문이었다. 그 후 한국은 두 차례에 걸쳐 평화적으로 정권이 바뀌고 민주화도 안정적인 상태에 들어갔다고 평가받고 있다. 게다가 1997년의 외환위기를 극복하고 최근의 글로벌 금융위기에서도 가장 빠르게 회복했다.

이러한 경제적 성취에도 불구하고 한국 기독교계는 경제성장에 큰 관심을 가지지 않았다. 특히 기독교가 경제성장에 기여한 점에 대해 연구를 많이 하지는 않았다. 왜냐하면 일부 진보적인 기독교계에서 한국의 경제성장을 긍정적으로 평가하는 데 인색했기 때문이다. 보수적인 기독교계에서는 오늘날의 성장이 하나님의 도우심이라고 설교했지만, 이것을 학문적으로 설명하려는 시도는 거의 하지 않았다.[6]

한신대학교 학술원 신학연구소에서는 한국학술진흥재단의 지원을 받아 '한국 개신교가 한국근현대의 사회·문화적 변동에 끼친 영향 연구'라는 주제로 3년 동안 연구하여 38편의 논문을 발표하였다. 그중에 경제와 관련된 논문은 '제2부 사회변동'에 있는 김재성의 「도시산업선교가 노동운동에 미친 영향」2005과 이동희의 「기독교 정신과 한국의 산업화」2005 두 편밖에 없다. 그리고 산업화과정을 다룬 유일한 논문인 이동희의 연구는 두 부분으로 나누어져 있는데, 첫째는 기독교가 한국의 산업화에 미친 영향이고, 둘째는 기독교가 산업화로 인해서 받은 영향이다. 이 글의 주제와 관련이 있는 첫 번째 주제에 대해서는 일제 강점기 때 기독교가 벌인 물산장려운동과 기독교 자본의 성격에 대해 약간 언급하는 데 불과하고, 해방 이후 한국의 경제발전에 대해서는 거의 언급이 없다. 반면에 한국의 경제성장으로 인해 교회가 받은 기복신앙의 비판에 많은 지면을 할애하고 있다.[7] 이렇게 한신대학교 연구에서 보는 바와 같이 많은 기독학자들은 한국의 경제성장에 대하여 높은 평가를 하지 않았지만 기독교가 경제성장에 기여한 바를 밝히는 것은 한국 사회에서 갈등을 줄이고 종교를 넘어서 서로를 이해하는 데 기여를 할 수 있다고 본다.

'1.한국경제와 교회의 성장'에서는 통계를 중심으로 한국 경제성장과 기독교의 성장을 평가하고자 한다. '2.한국 경제성장의 원인'에서는 한국 경제성장원인에 대한 경제학계의 연구성과를 소개하고 한국 경제성장의 원인을 3가지로 요약했다. 그리고 '3.초기 인적자본의 형성에 대한 한국 기독교의 공헌'에서는 한국 경제성장의 주요 원인 가운데 하나인 교육과 초기 인적자본형성에 한국 기독교가 어떠한 역할을 했는지 살펴본다.

1. 한국 경제와 교회의 성장

1) 한국경제의 성장

박지향·김철·김일영·이영훈은 『해방전후사의 재인식』2006에서 일제강점기에 일제가 조선의 근대화에 기여했다는 것을 인정하는 '식민지 근대화론'을 수용하고, 해방 이후 65년간 이룩한 한국의 경제성장과 민주화를 긍정적으로 평가했다. 이들에 의하면 식민지시대는 '조선민사령'과 '조선부동산등기령' 등으로 일본의 민법이 이식되어 사유재산제도가 확립되고 계약자유의 원칙이 세워졌다. 또 조선과 일본이 단일시장으로 통합됨에 따라 경제가 성장하였으며, "새로운 인간관과 사회원리의 새로운 문명이 이식되어 전통과 충돌하고 접합하면서 나름의 형태로 정착되는 과정" 이영훈, 2007, p.95으로 근대적 성장의 기초를 놓은 시기라고 보았다. 이러한 시각을 가진 자들은 식민지, 내전, 군사독재를 극복하고, 반세기 만에 건국과 경제성장 그리고 민주화를 동시에 달성해, 지난 반세기 동안 우리는 자랑스러운 대한민국을 후손에게 물려줄 수 있는 역사상 가장 위대한 시

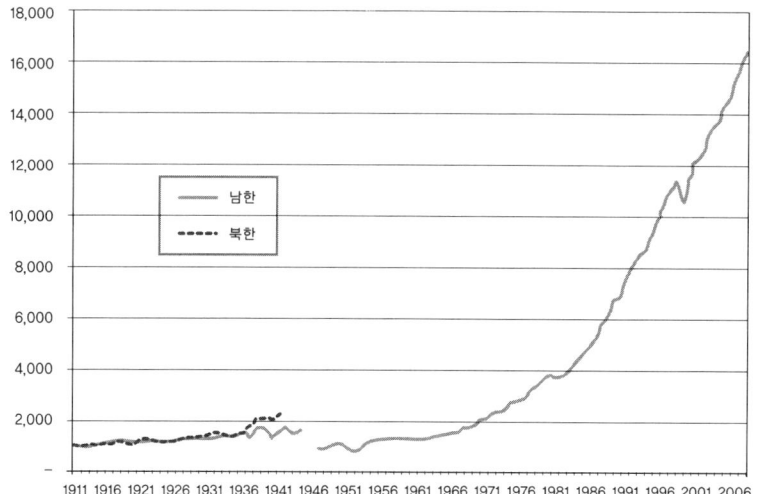

〈도표 1 일인당 GDP의 추이, 1911-2007〉
(단위: 천 원, 2000년 불변가격)   출처: 김낙년, 2010

대를 살고 있다고 긍정적 평가를 내린다.[8]

의식 수준 등 정신적인 측면에서는 다른 견해들이 있겠지만 경제적 측면에서는 한국의 경제성장을 부정하기 어렵다. 김낙년2010, p.72의 연구에 의하면 〈도표 1〉에서 보는 바와 같이 1911-2007년까지 약 100년간 남한의 GDP는 82.6배, 인구는 4.4배 증가하여, 연평균 GDP는 4.7% 그리고 인구는 1.4%의 성장률을 보였다. 그 결과 1인당 GDP는 18.9배가 증가했으며, 연평균 성장률은 3.1%였다.

물론 한국 경제는 지난 100년 동안 성장기만 있었던 것이 아니라 혼란과 쇠퇴기가 있었다. 〈도표 1〉에서는 이것을 보기 어렵기 때문에 1910년대부터 1970년대까지를 확대한 〈도표 2〉를 보면, 먼저 중일전쟁으로 전시통제기에 들어가기 이전까지1911-1940는 경제가 계속 성장한 것을 볼 수 있다. '식민지 근대화론'에서 주장하는 바와 같이 이 시기에는 경제적으로 개선이 되어 남한의 경우 1인당 GDP가 1.8배, 북한은 2.4배 증가했다.

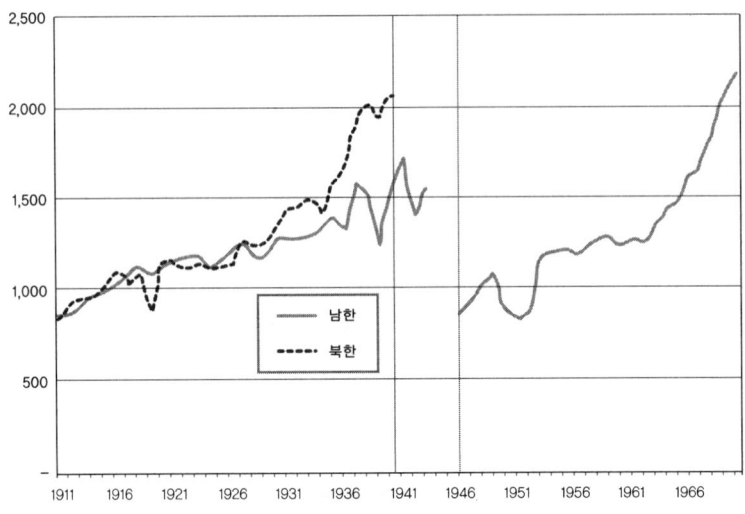

〈도표 2 일인당 GDP의 추이, 1911-1970〉
(단위: 천 원, 2000년 불변가격) 출처: 김낙년, 2010

그러나 전시통제기1941-1945에는 전쟁으로 인해서 경제가 위축되어 1946년에 이르러서는 1941년의 거의 절반 수준, 즉 1911년 수준으로 추락했다. 태평양전쟁 기간인 1944-1945년 중에는 데이터가 없어서 정확한 추정이 불가능하다. 해방 이후에는 한국전쟁 등으로 인해서 경제가 위축되었으나 평균적으로 보아 정체되거나 완만하게 상승했으며, 1960년 이후 고도성장기를 맞이하여 2007년까지는 앞의 〈도표 1〉에서 보는 바와 같이 1인당 GDP는 13.4배 증가하였으며, 이 기간 중 연평균 성장률은 5.7%였다.

고도성장기의 경제성장을 〈도표 3〉을 통해 살펴보면, 1960년대에는 수출주도로 고도성장을 달성하고, 1970년대에는 중화학공업 육성정책으로 연평균 8%가 넘는 고도성장을 이룩했으며, 1980년대에는 안정화정책을 통해서 내실을 다지고, 1980년대 후반에는 민주화 그리고 1990년대 초에는 경제개방과 자율화과정을 겪었다. 급격한 개방으로 인해서 1990

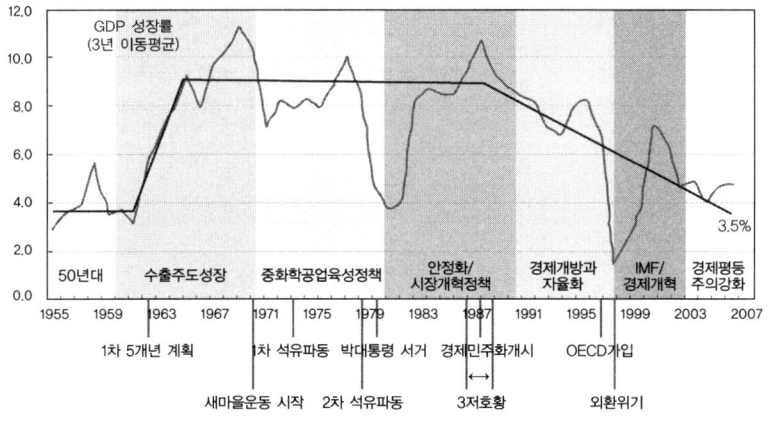

〈도표 3 한국경제성장 추세선〉
출처: 좌승희 2008, p.203

년대 말에는 아시아 외환위기를 피하지 못하고 IMF에 구제금융을 신청하게 되었지만, 이를 통해서 부실기업들이 정리되고 부채의존형 경제체제가 개선되어 경제의 투명성이 높아졌다. 다시 10년 만에 글로벌 금융위기를 겪었지만 최근 가장 빠르게 금융위기로부터 벗어났다는 평가를 받고 있다.

이러한 과정을 겪으며 한국은 2010년 현재 GDP 규모로 볼 때 세계 14위의 위상을 나타내고 있다. 한국에서 생산되는 GDP의 규모는 아프리카 대륙의 8억 인구가 생산하는 규모보다 크다. 한국의 수출은 세계 9위 수준이고 무역규모는 아프리카 전체보다 많고 중남미와 비슷한 수준이다. 또한 박종철 외 2007의 분석에 따르면 〈표 1〉에서 보는 바와 같이 한국의 국력지수[9]는 2010년의 경우 1.86으로 러시아에 이어 세계 11위였다. 2020년이 되면 국력지수는 2.22로 브라질 2.11 · 러시아 1.9 · 이탈리아 1.81를 웃돌며 영국 다음으로 강해져 8위로 올라설 것으로 전망되고 있다.

2010년		순위	2020년	
미국	23.07	1	미국	21.35
중국	11.75	2	중국	13.48
인도	7.06	3	인도	7.55
일본	6.11	4	일본	5.33
독일	4.19	5	독일	4.17
프랑스	3.23	6	프랑스	2.99
영국	2.79	7	영국	2.69
브라질	2.17	8	한국	2.22
이탈리아	2.16	9	브라질	2.11
러시아	2.11	10	러시아	1.9
한국	1.86	11	이탈리아	1.81

〈표 1 주요 국가의 국력지수 변화 전망, 2010-2020〉
출처: 박종철 외, 2007, p.56

또한 한국은 원조 받던 나라에서 원조를 주고 있는 유일한 나라이다. 한국은 1987년에 한국수출입은행에 300억 원 규모의 대외경제협력기금EDCF을 만들었으며, 1991년에는 한국국제협력단KOICA을 설립하면서 원조공여국이 되었다. 2005년에 한국의 공적개발원조ODA: official development assistance 지출이 7억 5,200만 달러로 처음으로 국민총소득GNI의 0.1%를 넘어 '신흥원조국'emerging donor의 지위를 얻었고 2008년에는 OECD 회원국 중에 19위를 기록했다. 한국이 해방 이후 1990년대 후반까지 받은 원조 액수는 127억 달러로 현재 가치로 환산하면, 약 600억 달러70조 원 정도 되는데,[10] 우리가 공여한 국제원조의 규모2009년 말 현재까지 48억 달러는 우리가 받은 금액에 비하면 아직 매우 적은 편이지만, 이제 한국은 '개발원조위원회'DAC 정식 멤버로 가입하여, '원조 선진국'으로 인정받게 되었다.

이러한 한국의 저력을 높이 평가하여 골드만삭스는 지난 2009년에 발표한 보고서Kwon, 2009에서 한국이 통일된다면 남한의 자본력과 기술력 그리고 북한의 고급 인력과 광물 자원이 결합하여 2050년경에는 일본과 독일을 능가하는 경제규모를 가질 것이며, 1인당 국민소득이 남한은 9만 6천 달러, 북한은 7만 달러, 평균 8만 8천 달러로 미국에 이어 2위가 될 것이라고 예측한 바 있다. 그리고 한국이 자랑하는 유일한 자원인 인적자원 면으로 볼 때 문맹률은 세계에서 가장 낮은 수준이며, 대학생 비율은 1위, 젊은이 가운데 대학 졸업자 비율은 40%로 세계 3위이다. 미국 유학생의 숫자는 인구대국인 중국과 인도 다음으로 3위를 기록하고 있다.

물론 아직 모든 국제기관들이 한국을 선진국이라고 판단하고 있는 것은 아니다. OECD, FSB,[11] IMF, FTSE[12] 등의 기준에서는 한국은 선진국으로 분류되고 있지만, MSCI,[13] WGBI[14] 등에서는 아직 선진국으로 인정받지 못하고 있다. 그리고 한국의 1인당 명목 국민소득GNI은 약 2만 달러 수준으로 세계에서 48위에 불과하므로, 1인당 소득 기준으로는 아직 선진국에 들어갔다고 보기 어렵다. 또한 주관적인 평가 기준인 행복지수, 주관적 만족도 등으로 볼 때 우리나라는 만족도가 높지 않다. 레이야드Layard, 2005의 연구에 의하면 한국은 54개국 가운데 23위에 그쳤다. 그리

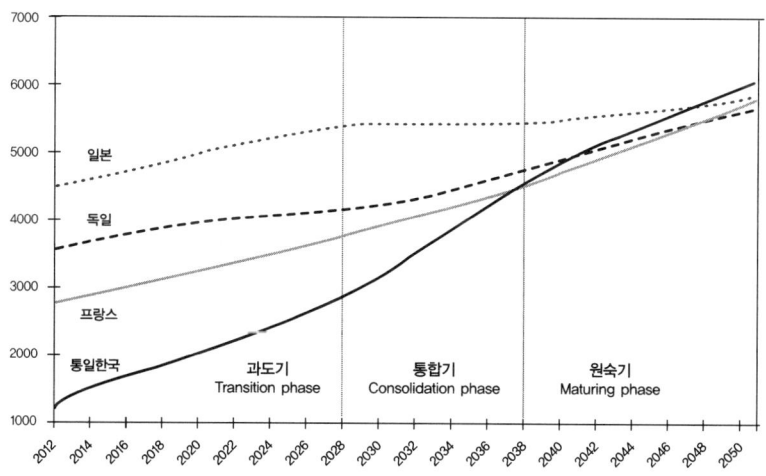

〈도표 4 2012-2050년 한국 GDP 전망〉
(단위: 10억 달러, 2007년 기준) 자료: Kwon, 2009, p.16

고 영국의 신경제재단NEF, 2009의 연구도 한국은 44.5점으로 68위에 불과했다. 김승욱, 2009

지난 20세기에 선진국으로 진입한 나라가 일본과 아일랜드밖에 없었고 그나마 개발도상국의 수준에 있다가 선진국으로 진입한 나라는 하나도 없었다는 것을 보면, 선진국에 진입한다는 것이 매우 어렵다는 것을 알 수 있다. 그런데 한국의 위상은 아직 선진국으로 완전히 인정받고 있는 수준은 아니지만, 개발도상국 중에 선진국으로 진입할 가능성이 가장 높은 나라로 인정받고 있다. 따라서 한국의 경제성장에 대해서 부정하거나 과소평가하는 것은 정당한 평가가 아니라고 본다.

2) 한국 교회의 성장

한국은 오래된 기독교 국가인 서구나 기독교 제국에 지배받으면서 기독교가 확산된 나라가 아니다. 오히려 일본 제국주의자들에 의해서 신사참배를 강요받아 이에 반대하는 기독교인들이 순교를 당했던 역사를 지녔다. 이렇게 일본 제국주의자들과 북한 공산주의자들에게 탄압을 받았음에도 불구하고 기독교인의 숫자는 빠르게 확산되었다. 현재 남한의 개신교 인구는 2005년에 실시한 인구센서스에 의하면 전체 인구의 18.3%이다. 수천 년의 기독교 역사를 가진 서구 국가들이나 그 식민지였던 나라들에 비하면 낮은 비율이지만, 짧은 기독교 역사에 비하면 결코 낮은 비율이라고 볼 수 없다. 특히 종교를 믿는 인구 중에는 34.5%가 개신교인이며, 구교까지 합치면 50.1%로 과반수가 넘는다. 천 년 이상의 역사를 지닌 불교43%에 비하면 짧은 사이에 매우 빠르게 성장했다고 볼 수 있다.

경제가 압축성장하던 시기에는 기독교도 함께 급성장했다. 종교 별 인구에 관한 가장 신뢰할 만한 통계청 자료에 따르면 〈표 2〉 '한국의 종파별 인구 구성'에서 보듯이 1985년도에 기독교 인구는 648만 9천 명으로

총인구의 16.1%를 차지했다. 그런데 1995년에는 이 비중이 19.7%인 876만 명으로 크게 증가하였다. 이렇게 한국 경제가 성장하던 기간에 기독교인의 수도 역시 큰 폭으로 늘어났다.[15]

	1985		1995		2005		증감	
	인구	구성비	인구	구성비	인구	구성비	인구	증감율
총인구	40,419	100	44,554	100	47,041	100	2,488	5.6
종교있음	17,203	42.6	22,598	50.7	24,971	53.1	2,373	10.5
불교	8,059	19.9	10,321	23.2	10,726	22.8	405	3.9
개신교	6,489	16.1	8,760	19.7	8,616	18.3	-144	-1.6
천주교	1,865	4.6	2,951	6.6	5,146	10.9	2,195	74.4
유교	483	1.2	211	0.5	105	0.2	-106	-50.4
원불교	92	0.2	87	0.2	130	0.3	43	49.6
기타	175	0.4	268	0.6	247	0.5	-21	-7.7
종교없음	23,216	57.4	21,953	49.3	22,070	46.9	117	0.5

〈표 2 한국의 종파 별 인구 구성, 1985, 1995, 2005〉
(단위: 천 명, %) 출처: 통계청, 2005

2. 한국 경제성장의 원인

1) 한국 경제성장의 원인에 대한 주요 연구

한국의 경제성장원인에 대한 연구 중에 경제학계에서 인정되고 자주 인용되는 연구들을 정리해 보자. 한국의 경제성장이 세계 경제학계에서 관심의 대상이 된 것은 1980년대 후반의 일이다. 먼저 국제적으로 가장 주목받았던 연구는 MIT의 암스덴Amsden, 1989이다. 그녀는 세계은행과 하버드대학의 지원으로 한국에 방문하여 30여 개 기업들과 면담을 하면서 한국의 경제성장을 연구했는데, 한국의 공업화는 "다른 나라들이 따라 배울 수 있는 유익한 모델이 될 수 있다."고 하면서, 한국의 경제성장 원인으로 '학습을 통한 공업화'와 '적극적인 정부의 개입'을 가장 중요한 요인으로 꼽았다.1989, pp.9-11 그녀는 한국 정부가 시장에 개입해서 상대가격을 왜곡시켰으며, 재벌을 육성하고 기업을 규율한 것과 인센티브를 효율적으로 활용했다는 점을 강조했다.

그 후 1991년에 세계은행과 IMF 합동 연차총회는 일본과 한국의 사례를 연구하도록 했는데, 한국의 사례는 김정렴과 암스덴 교수가 맡았다.[16] 고도성장기 경제성장모형을 박정희·김정렴청와대·오원철상공부의 3두 체제로 설명할 정도로 박정희 정부에서 9년 이상을 권력의 중심에서 중요한 역할을 감당한 김정렴1990도 역시 한국의 경제성장을 국가 주도적 성장이라고 규정했다. 그리고 오원철1995-1996은 철저하게 계획된 산업정책의 힘에 의해서 한국 경제가 성장했으며, 자립발전기에는 정부의 역할이 필요하다고 주장했다. 경제부총리를 역임한 조순1991, pp.200-201은 대만이나 인도의 경우 경제계획이 '지시적 계획'indicative plan인 것에 반해, 한국은 '실행계획'이었다는 것을 강조하며, 한국 자본주의를 '권위주의적 자본주의'authoritarian capitalism이었다고 평가했다.

반면에 자유주의 시장경제를 옹호하는 세계은행pp.27-32은 보고서 '동아시아 기적'East Asian Miracle에서 한국 등 8개 동아시아 국가들의 성공 요인으로 고율의 저축과 민간투자, 인적자본의 적극적 육성, 경제기초변수의 건실한 유지, 효율적 산업정책 등 효율적 지원을 통한 수출 주도적 전략, 사회간접자본의 개발, 외국기술의 적극 도입, 개발을 선도하는 금융기관의 육성 등을 꼽았다. 이 보고서에서 한국의 경제성장요인은 정부의 시장원리를 훼손하지 않는 최소한의 시장개입 때문이라고 보았다.

한국의 경제성장과 관련하여 노벨경제학상 수상자인 폴 크루그만Krugman, 1994의 견해도 국제적인 논란을 야기했다. 그는 아시아 경제가 기술혁신을 통한 서구의 경제성장과 달리 자본이나 노동 등 생산요소를 양적으로 많이 투입해서 일어난 성장에 불과하다고 주장했다. 따라서 일본을 포함하여 4마리의 용이라고 불렸던 한국과 대만 등의 경제성장은 한계가 있고, 아시아 경제가 성숙기에 들어서면 고도성장을 멈추게 될 것이라는 '아시아 성장 한계론'을 주장하여 논란을 불러일으켰다. 그런데 1996년 이후 아시아 외환위기가 확산되자 그의 주장이 더욱 지지를 얻었다.

한국개발연구원KDI은 1995년에 광복 50주년을 맞이하여 크라우제Lawrence Krause, 쿠르거Anne Krueger, 아델만Irma Adelman, 퍼킨스Dwight Perkins 등 세계적 석학들을 초대하여 한국의 경제성장의 원인에 대한 학술적 논의를 했다. 여기서 한국의 경제성장에 관해서는 크루거와 퍼킨스가 발표를 했는데, 크루거1995, p.49는 일반적으로 한국 경제성장의 원인으로 인정되는 것이 교육적 성취와 노동력의 숙련도, 하부구조의 건설, 신속한 자본축적 등이라고 정리하고 무엇보다 가장 중요한 것은 개방 지향적 경제로의 전환이라고 주장했다. 퍼킨스1995, p.53 역시 한국 경제성장의 놀라운 성취는 높은 저축률과 인적자본으로 설명할 수 있다고 하면서, 박정희 정부의 수출 주도적 경제정책으로의 변화를 가장 중요한 요인으로 꼽았다.

또한 한국개발연구원은 광복 50주년 기념사업의 일환으로 25명의 국내 연구자들의 공동 연구를 통해 『한국경제 반세기: 역사적 평가와 21세기 비전』을 발표했다. 한국 경제발전의 종합평가를 한 제1편에서 해방 이후 50년간의 한국 경제를 격변기1945-1960, 고도성장기1960-1979, 안정적 성장기1980-1995의 세 시기로 구분하고 한국 경제발전의 특징을 첫째는 수출주도에 의한 공업화 우선의 고성장 전략, 둘째는 정부 주도 방식의 경제운영, 셋째는 선성장·후분배 원칙의 성장전략, 넷째는 인적자원을 선용한 성장전략, 다섯째는 경제력 집중을 수반한 고도성장 그리고 마지막으로 선경제 발전·후민주화의 사례 등으로 정리했다. 차동세·김광석 편, 1995, pp.91-112

이밖에 한국 경제성장의 원인에 대하여 다양한 견해들이 있는데, 송병락1992, pp.379-89은 다음의 8가지로 정리하였다. 첫째는 제도적 요인으로 사유재산권을 보호하고 기업의 자유와 경쟁을 중시하는 시장경제제도를 채택했다는 점, 둘째는 정책적 요인으로 우수한 관료와 정부의 지도력으로 성공적인 정부 주도적 경제성장이 이루어졌다는 점, 셋째는 성장의 엔진으로서 수출확대를 통해서 수출 주도적 공업화를 했다는 점, 넷째는 외자도입을 통해서 성공적으로 자본 형성을 급속히 할 수 있었다는 점, 다섯째는 높은 교육열로 인한 인적자본에 많은 투자가 있었다는 점, 여섯째는 기업의욕이 왕성한 기업가 정신을 가진 많은 기업가들이 탄생했다는 점, 일곱째는 선진기술의 응용, 마지막은 한국이 가진 유교문화, 지정학적 위치, 유리한 국제경제환경 등 환경적 요인을 꼽았다.

2) 한국 경제성장의 3대 요인

지금까지 한국 경제성장의 원인에 대한 주요한 연구 성과들을 간략하게 소개했다. 이러한 주요 요인들 가운데 경제학자들 사이에 상당한 의견 접근을 보인 것도 있지만, 논란의 대상이 되는 것도 있다. 가장 논란이 끊이지 않는 것은 정부의 역할에 대한 것이다. 많은 연구자들은 고도성장기 한국적 경제성장모델의 가장 중요한 측면을 국가 주도적 불균형 발전전략이라고 인식했다. 앞에서 언급한 바와 같이 암스덴1989, 김정렴1990, 오원철1995-1996, 조순1991, 장하준2004 등은 정부의 역할을 가장 중요한 요인으로 꼽았다. 특히 김영명1996, p.11은 비슷한 동아시아 모델 중에도 한국의 정부개입이 가장 컸다고 했다. 이에 반해서 세계은행은 시장원리를 훼손하지 않는 최소한의 시장개입을 했기 때문이라고 하면서 어느 정도 정부의 개입이 중요한 역할을 했다는 사실을 인정하지만, 여전히 시장경제체제를 수용한 것이 가장 큰 역할을 했다고 주장했다.[17]

그런데 대부분의 학자들이 인정하는 것은 첫째로 한국이 대외 개방적 시장경제체제를 수용했기 때문이라는 것이다. 서방세계에 속했던 서독, 대만, 한국이 동독, 중국, 북한보다 훨씬 빠른 경제성장을 이룩했다는 사실이 이를 증명해 준다. 물론 시장경제체제를 채택한 제3세계가 모두 경제성장에 성공한 것은 아니다. 필리핀의 경우 시장경제체제를 유지했으나 경제성장에는 실패했다. 그러나 한국이 이렇게 빠른 경제성장을 보인 것은 수출 주도형 산업육성전략EOI: export oriented industrialization으로 전환했기 때문이라는 견해에 대해서는 이론이 없다.[18]

한국형 성장모델의 두 번째 특징은 재벌 주도적이었다는 것이다.정병휴·양영식, 1992; 안충영, 2000[19] 한국 재벌의 특징은 기업 소유와 경영의 미분리김인영, 2005, p.161; 이홍규, 1999, p.64 또는 족벌이 지배하는 다각화된 기업집단조동성, 1997, p.4; 강명헌, 1996, p.27 등으로 정의된다. 물론 재벌의 역할에 대해서 부정적인 평가도 많지만이대근, 2004, pp.114-15; 홍훈, 2005, pp.46-7, 미발달된 시장제도에 대응하기 위해서 기업들이 내부시장 등을 활용했다고 긍정적으로 평가하는 연구도 많다.김인영, 2005, p.159; 이종윤, 1987 장하준·정승일2005, p.89은 당시 한국의 시장 상황에서 재벌제도는 불가피한 선택이었다고 주장한다. 시장경제를 위한 제도적 인프라가 충분히 성장하지 않은 상황에서 정부는 산업정책이 불가피했고 시장에서 자연발생적으로 경제력 집중현상이 나타났다고 하여 재벌의 불가피성을 주장하기도 한다.이성순·유승민, 1995, p.154 정부가 해외 기업으로부터 내수시장은 보호했지만 재벌기업들은 국제시장에서 선진국 기업들과 치열하게 경쟁을 해야 했으며, 국내에서도 치열한 경쟁을 통해서 살아남았다고 하여 정경유착에 대한 반론도 있다.김인영, 2005, p.169 재벌의 역할에 대해서는 비판도 많이 있지만, 오늘날 한국 경제성장의 견인차 역할을 한 것이 재벌이라는 사실에 대해서는 많은 경제학자들이 동의한다.

세 번째 한국 경제성장의 중요한 요인으로 인정받고 있는 것은 우수한 인적자본의 역할이다. 즉 풍부하고 우수한 노동력과 높은 교육수준이 한국의 경제성장의 중요한 요인이라는 것이다. 로머Romer, 1990의 내생적 기술변화 모형을 한국의 경제성장에 적용시킨 이종원·유병규1998는 한국의 지속적인 경제성장에는 물적자본도 중요한 역할을 했지만, 보다 핵심적인 역할을 한 것은 인적자본이며, 인적자본의 향상과 기술발전은 대외교류의 확대를 통해서 가속화되었다고 주장했다.

	무교육			중등교육			고등교육		
	1960	1985	증가율	1960	1985	증가율	1960	1985	증가율
한국	56.9	15.4	-5.1	5.8	23.4	5.7	1.9	8.7	6.3
대만	47.0	18.9	-3.6	4.2	18.5	6.1	2.2	5.6	3.8
싱가포르	64.0	35.8	-2.3	7.6	8.3	0.4	0	2.9	-
홍콩	29.7	18.4	-1.9	9.8	21.4	3.2	2.5	4.3	2.2
필리핀	33.5	9.8	-4.8	4.5	8.7	2.7	4.0	11.6	4.4
태국	48.1	15.4	-4.5	1.6	3.2	2.8	0.6	5.0	8.9
인도네시아	75.5	32.7	-3.3	0.5	5.7	10.2	0.0	0.1	11.6
멕시코	46.0	21.4	-3.0	4.5	3.3	-1.2	1.4	4.3	4.7
브라질	49.2	28.6	-2.1	11.0	12.0	0.4	1.4	5.7	5.7
칠레	20.2	2.1	-8.6	1.5	2.8	2.5	0.8	4.1	6.8
가나	86.2	51.2	-2.1	0.3	2.5	8.9	0.6	0.6	0.0
케냐	77.3	38.8	-2.7	0.6	1.5	4.0	0.2	0.5	2.7

〈표 3 인적자본 축적 추이 전체 인구 중 비중〉
(단위: %) 주: 증가율은 기간 중 연평균 증가율임 출처: 이종원, 2002, pp.157-58

3) 한국 경제성장과 인적자본의 중요성

이종원2002, p.156은 인적자본이 경제발전을 가속화시키고 심화시키는 핵심적인 요인이라고 주장했다. 인적자본은 물적자본의 효율성을 높이기 때문에 어느 정도 경제가 생산요소 투입에 의해 성장을 하고 나면, 질적으로 성장시킬 수 있는 힘이 인적자본에서 나온다고 보았다. 그는 〈표 3〉에서 보는 바와 같이 네 마리 용이라고 불리던 한국, 대만, 싱가포르, 홍콩 등 4개국과, 필리핀, 태국, 인도네시아 등 동남아시아 3개국 그리고 멕시코, 브라질, 칠레 등 중남미 3개국 그리고 가나와 케냐 등 아프리카 2

개국을 대상으로 하여 인적자본이 경제성장에 미치는 연구 결과를 발표했다. 국가군 별로 무교육의 비중을 보면 경제가 낙후된 아프리카 지역의 교육이 가장 낙후되어 있다는 사실을 알 수 있다. 특히 1960-1985년 기간 동안, 원래 무교육 비율이 매우 낮았던 칠레를 제외하고는 한국의 무교육 감소율이 연평균 -5.1%로 비교 대상국 중 가장 크다는 것을 알 수 있다.이종원, 2002, p.159

그리고 공업화 초기인 1960년에 경제성장률이 높았던 동아시아 신흥공업국들의 전체 인구에서 차지하는 중등교육과 고등교육의 비중이 각각 4-9%와 2% 내외로써 다른 국가군들에 비해서 매우 높았다. 그리고 1985년까지의 연평균 증가율도 중등교육과 고등교육 모두에서 동아시아 국가들의 성장률이 높았다는 것을 지적했다.

특히 한국의 경우 중등교육의 비중이 1960년에서 1985년까지 연평균 5.7%의 비율로 증가하여 절대비중이 매우 낮은 인도네시아와 가나를 제외하고 대만과 함께 가장 빠른 증가율을 보이는데, 이는 인적자본이 비교 대상국들보다 빠르게 축적되었다는 의미이다. 고등교육의 경우에도 동 기간의 증가율이 원래부터 매우 낮았던 인도네시아와 태국과 칠레를 제외하고는 한국이 가장 높았다. 이 표에서는 나타나지 않으나, 한국의 경우 남성보다 여성의 인적자본 증가율이 높았는데, 이는 한국에서 여성의 높은 교육 참여가 매우 빠르게 진전되었음을 의미한다.이종원, 2002, p.156

또한 이 연구에서 이종원은 기술발전의 대용변수로 '총 평균 교육 연수 x log GDP'를 사용하여 국가군 별로 기술발전의 정도를 비교하였는데, 한국의 연평균 기술발전 증가율이 〈표 4〉에서 보는 바와 같이 4.5%로 비교 대상국들에 비해서 매우 높게 나타났다.

	1인당 성장률	물적 자본	노동 조건	인적 자본	기술 발전	정부기능 무역자유화	정부기능 투자	정부기능 교육	시민 자유도
한국	6.9	5.6	1.8	6.3	4.5	0.23	29.0	4.0	4.0
대만	6.4	1.7	2.1	3.8	3.9	0.25	27.0	4.0	4.7
싱가포르	6.8	3.9	1.7	-	2.6	0.32	47.0	3.0	4.9
홍콩	6.5	-0.7	2.1	2.2	2.3	0.37	31.0	3.0	2.1
(위 평균)	(6.7)	(2.6)	(1.9)	(4.1)	(3.3)	(0.3)	(33.5)	(3.5)	(3.9)
필리핀	1.5	1.6	2.7	4.4	2.4	0.18	27.0	2.0	2.6
태국	4.5	2.9	2.6	8.9	2.0	0.18	25.0	4.0	3.2
인도네시아	3.8	5.2	2.2	11.6	6.0	0.12	27.0	2.0	5.6
(위 평균)	(3.3)	(3.2)	(2.5)	(8.3)	(3.5)	(0.2)	(26.3)	(2.7)	(3.8)
브라질	2.8	-0.7	2.4	4.7	2.0	0.08	19.0	4.0	2.2
칠레	1.4	0.9	1.8	5.7	1.0	0.14	16.0	5.0	4.4
멕시코	2.4	0.1	2.6	6.8	2.6	0.18	24.0	3.0	3.8
(위 평균)	(2.2)	(0.2)	(2.3)	(5.7)	(1.9)	(0.1)	(19.7)	(4.0)	(3.5)
가나	0.06	-2.3	2.6	0.0	6.0	0.20	5.0	2.0	5.8
케냐	1.2	-2.5	3.7	2.7	4.0	0.17	25.0	6.0	5.6
(위 평균)	(0.6)	(-2.4)	(3.2)	(1.4)	(5.0)	(0.2)	(15.0)	(4.0)	(5.7)

〈표 4 국별 성장요인 종합 비교〉
출처: 이종원, 2002, p.165

이 연구에서 이종원2002, p.166은 〈표 4〉에 정리된 바와 같이 결론적으로 한국 경제의 초기 조건 중에 보다 우수했던 것은 물적자본5.6보다는 인적자본6.3이었고 인적자본의 축적이 다른 지역에 비해서 매우 빠르게 전개되었다. 특히 여성 인력의 교육정도가 더 높았다. 그리고 이러한 빠른 인적자본 축적의 덕분에 기술발전의 속도도 다른 국가군에 비해서 가장 높게 나타났다.[20]

지금까지 한국 경제성장의 원인으로 경제학계에서 수용되고 있는 것은 시장경제체제의 수용, 재벌 중심적 성장 그리고 교육과 인적자본의 형성 등 3가지로 정리하였다. 그런데 시장경제체제를 수용하고 재벌 중심으로 경제성장을 한 것은 정책적인 선택이 많았기 때문에 교회가 이에 미친 영향을 밝히는 것은 매우 어렵다. 이 글에서는 교육과 인적자본 형성에 기독교가 미친 영향을 살펴봄으로써 한국의 경제성장에 기독교가 어떻게 기여했는가를 밝히고자 한다. 또한 이 연구에서는 경제성장이 시작된 1960년대 이전의 교육여건 개선에 기독교가 미친 영향에 주로 초점을 맞춘다. 그 이유는 정부가 적극적인 역할을 하던 1960년 이후에는 기독교의 역할보다는 정부의 역할이 더 컸기 때문이다. 한국의 교육과 인적자본의 형성 그리고 그로 인한 기술의 발전에는 정부가 영향을 미칠 수 없었던 개항기와 일제 강점기에 특히 기독교의 역할이 컸다.

그리고 경제성장이 일어나기 이전에 있었던 초기 조건이 경제성장에서 중요한 역할을 한다는 사실은 여러 연구에 의해서 입증이 되었다. 예를 들면, 초기 인적자본과 경제성장과의 인과관계는 아자리아디스와 드라젠Azariadis and Drazen, 1990에 의해서 연구된 바 있다. 이들은 한국, 일본, 영국, 미국 등 30개국들의 인적자본의 초기 조건과 경제성장의 관계를 연구하였다. 1960년의 문자 해독률에 대한 GDP 비율과 1960-1985년간의 1인당 GDP의 연평균 성장률을 비교하여 초기 인적자본의 상태가 경제성장에 미치는 영향을 연구하였는데, 이 연구에서 한국과 일본은 가장 높은 초기 인적자본 축적 상태를 나타내고 있고, 이것이 한국의 급속한 경제성장에 유효한 영향을 미쳤음을 보였다.

또한 로드릭Rodrik, 1995 역시 한국의 경제성장이 급속히 이루어진 이유를 1960년대 초의 낮은 소득수준에도 불구하고 인적자원이 풍부하였기 때문에 사회개발지수가 다른 개도국보다 높았다는 점에서 찾았다. 이와 같이 경제성장이 일어나기 이전에 인적자본의 형성이 한국의 경제성장에 크게 기여하였다. 이제 1960년 이전의 한국에서의 인적자본의 형성에 크게 기여한 사립학교의 설립에 초기 기독교가 어떠한 기여를 했는지를 살펴보자.

3. 초기 인적자본의 형성에 대한 한국 기독교의 공헌

1) 유교와 교육

한국이 경제성장의 초기 조건으로 교육수준이 높아지게 된 이유는 무보다 문을 숭상하는 유교전통과 과거시험제도 등으로 인해서 교육열이 높았기 때문이라고 알려져 있다. 막스 베버Weber, 1990는 유교나 도교를 경제성장의 저해요인으로 꼽았으나, 일본에 뒤를 이어서 한국, 대만, 홍콩, 싱가포르 등 유교문화권에 속하는 나라들이 높은 경제성장률을 보임에 따라 유교에 대한 새로운 조명이 일어나면서, '아시아적 가치'asian value 또는 '유교 자본주의'Confucian Capitalism에 대한 논쟁이 일어났다. 김승욱, 2006

유교 문화권에 속하는 동아시아 국가들은 소득수준이 낮은 경제발전단계에서도 자녀교육을 위한 교육비 지출을 우선적으로 했다. 베로우와 리Barro and Lee, 1996, pp.218-33의 연구에 의하면 〈표 5〉에서 보는 바와 같이 평균교육연수의 경우 OECD 가입국, 개도국 그리고 동아시아 개도국으로 나누어서 비교해 본 결과, 한국, 싱가포르, 대만 등 동아시아 개도국들의 경우 1960년에는 OECD 회원국의 평균수치7.05의 절반에 그쳤다. 한국은 4.25년, 대만은 3.87년 그리고 싱가포르는 4.33년이었다. 그러나 1990년에는 그 격차를 크게 줄였는데, 특히 한국의 경우 1960년의 4.25년에서 1990년에는 9.94년으로 OECD 평균수준 9.02년을 크게 상회하였다. 같은 기간 대만과 말레이시아 역시 평균 교육연수가 크게 신장되었다. 또한 15세 이상 근로인구에서 각 교육수준이 차지하는 비율을 볼 때, 1960년대에는 동아시아의 개도국들도 다른 지역의 개도국과 마찬가지로 무학자의 비율이 OECD 가입국에 비해서 현저히 높지만, 1990년에 이르러서는 다른 개도국에 비해서 동아시아 개도국의 무학자의 비율이 매우 낮으며, 한국과 필리핀의 경우 OECD 국가들에 비슷한 수준으로 떨어졌다는 것을 알 수 있다. 그리고 1990년에 중등교육자와 고등교육자의 비율이 아직 OECD 수준에는 미치지 못하지만 다른 지역의 개도국에 비해서 동아시아 개도국들의 교육수준이 월등하게 높다는 것을 알 수 있다. 김승욱, 2006

국 가	연 도	교육수준				
		무학無學	초등	중등	고등	평균교육연수
OECD 가입국	1960	5.0	57.2	31.0	6.8	7.05
	1990	4.5	32.6	41.3	21.6	9.02
개도국	1960	64.0	28.9	6.2	0.8	2.05
	1990	39.8	34.5	20.8	4.8	4.43
인도네시아	1960	68.0	28.6	3.4	0.1	1.55
	1990	19.7	63.1	15.5	1.7	4.59
한국	1960	43.8	36.2	17.4	2.6	4.25
	1990	8.0	16.1	61.9	13.9	9.94
말레이시아	1960	49.7	38.6	10.1	1.5	2.28
	1990	19.4	45.4	31.8	3.3	6.04
필리핀	1960	25.6	53.6	14.5	6.3	4.24
	1990	7.7	46.9	25.3	20.1	6.93
싱가포르	1960	46.2	21.3	32.5	0.0	4.33
	1990	19.0	41.9	34.8	4.3	6.08
대만	1960	37.3	42.6	16.3	3.8	3.87
	1990	12.4	29.6	43.8	14.2	7.98
태국	1960	36.9	55.3	7.0	0.7	4.30
	1990	13.3	69.9	9.6	7.3	5.75

〈표 5 교육수준의 국가 별 비교 - 15세 이상 근로인구 중에서 차지하는 비율〉
(단위: %, 년) 자료: Barro and Lee , 1996, pp.218-33

2) 기독교와 근대적 교육의 시작

이렇게 한국에서 교육수준이 향상된 것은 유교문화의 영향도 있지만 근대교육의 도입에는 기독교가 미친 영향이 훨씬 더 크다. 그 이유는 한국에서의 근대교육은 선교사들에 의해 시작되었기 때문이다. 1885년에 배재학당을 열어 우리나라 신교육의 개척자 역할을 한 북감리회의 아펜젤러H. G. Appenzeller 목사,[21] 경신학교1886의 전신인 언더우드 학당과 '연합

기독교대학'Union Christian College, 나중에 연희전문학교 또한 연세대학교로 발전'을 설립한 북장로회의 언더우드Horace. G. Underwood 선교사,[22] 최초의 여성교육기관인 이화학당이화여자대학교 전신, 1886을 설립한 미국 북감리회 선교사 부인 스크랜튼M. F. Scranton, 제중원 사택에 정동여학당이란 이름으로 정신여학교를 설립한 미국 북장로교의 여의사이자 선교사인 엘레스1887, 숭실학교를 설립1897한 베어드W. M. Baird 선교사,[23] 숭덕학교를 설립1898한 마포삼열Samuel Moffet 선교사,[24] 등 한국의 근대교육은 선교사들에 의해서 시작되었다.

	1902년	1905년	1907년
학 교 수	35	62	106
교 사	35	64	121
학 생	592	1,802	2,583
자립하는 학교 수	30	60	106

〈표 6 부흥운동 기간 평양지역 학교의 증가〉
(단위: %, 년) 출처: 박용규, 2007, p.471

특히 〈표 6〉에서 보는 바와 같이 평양대부흥운동 이후 미션스쿨의 설립이 가속화되면서 학교의 수가 크게 증가했다. 부흥운동을 지나면서 불과 7년 만에 초등학교는 무려 10배가 증가했다.박용규, 2007, p.468 박용규는 부흥운동 당시에 조선인들이 얼마나 배움에 굶주렸는가를 《코리아 미션 필드》Korea Mission Field 기고문 "배움에 대한 굶주림"Hungry to Learn을 인용하여 소개하고 있다.pp.499-500

> 기독교인들이 자신들에게 신앙과 도덕교육을 시켜 줄 것과 자신들의 아들과 딸들을 위해 학교를 설립해 줄 것을 요청하고 있다. 우리는 이 요구를 충족시켜 주기 위해 훈련된 교사들을 확보해야 할 것이다…. 이 일과 관련하여 한 가지 고무적인 특징은 한국인 스스로 학교운영비를 제공하려는 노력이 일고 있다는 사실이다. 그러나 그들이 그 자금을 모금할 수 있든 없든 그들은 학교 설립을 원하고 있다. 지금은 이 나라의 젊은이들을 그리스도에게로 인도할 우리에게 찾아온 절호의 기회이다.

이러한 조선인 기독교인들의 갈망에 부응하기 위해 선교사들은 조선에 근대식 교육기관의 설립을 지원하려고 노력하였으며, 복음전파에 머무르지 않고 교육을 통해서 민족복음화를 이루고 성숙한 기독교 문화를 전파하려고 애썼다. 이러한 노력의 일환으로 1906년 10월에는 1,500명이나 되는 북감리교회 소속 교사들이 모임을 가지기도 했고, 1907년 1월 서울에서는 기독교 교육의 공동의 관심사를 논의하기 위해 '교사대회'가 열리기도 했다. 박용규, 2007, p.501

이러한 선교사들의 도움과 초기 기독교인들의 열정에 힘입어 국권피탈 직전인 1910년 2월까지 기독교인들에 의해 많은 학교가 설립되었다. 교단 별로 보면, 장로교가 세운 학교가 501개, 감리교가 158개, 성공회가 4개, 종파미상 84개, 각파 합동 1개, 천주교가 46개로서, 신구교회가 세운 학교 수가 무려 796개에 이른다. 이와 같이 개신교 특히 그중에서도 장로교와 감리교가 조선에서 사립학교를 세우는 데 크게 기여했다. 또한 잘 알려진 바와 같이 일제 강점기 때 독립운동가들 중에는 기독교인들이 많았는데, 이들은 신앙에 의지해서 독립을 추구했으며, 독립의 방법으로 교육을 강조했다. 3·1 독립운동 당시 민족대표 33인 중의 한 사람으로 기독교를 대표한 남강 이승훈 1864-1930은 오산학교를 세웠다.[25]

홍사단을 창설한 도산 안창호 1878-1938 역시 기독교인이었는데, 그도 고향인 평안남도 상서군 송만리에 점진학교를 세웠으며, 후에 대성학교를 세워 새 교육에 힘썼다.[26] 또한 국권회복을 위해 1912년에 대한인국민회를 조직하고 다음해에 부설 클래어몬트 학생양성소도 창립했으며, 1913년에는 기독교의 의식을 본받아서 홍사단을 창립했다.

백범 김구 1876-1949 역시 기독교인이었다. 그는 1903년쯤에 예수교로 입교한 이후 적극적으로 성경공부와 전도활동을 했다. 이만열, 2007, pp.112-13 그리고 을사조약 철폐운동에 실패하자, 민족역량을 키우기 위해 교육사업에 전념하여, 1906년 장연에 광진학교를 세웠다.

이렇게 기독교인들은 학교를 세우는 데 열심이었을 뿐만 아니라 YMCA와 같은 기독교 사회단체를 세워서 이를 통해서도 국민교육을 실시하였다. 예를 들면 월남 이상재의 경우 YMCA에 교육부를 세워서 교육에 힘썼다. 1904년 당시 20만 서울 인구 중에 중등학교 교사가 8명 그리고 학생이 30명밖에 없었는데, YMCA에서는 12명의 교사를 확보하여 청년들을 지도하였다. 2년제의 보통과와 일어특별과, 3년제의 영어특별과를 두어 초급과정부터 고급과정까지 교육과정을 두었으며, 실업교육도 실시하였는데, 여기에 352명의 학생이 등록했다. 김명구, 2003, pp.171-13

이러한 초기 선교사들과 조선 기독교인들의 영향에 의해서 현재에도 다른 나라와 비교해 볼 때 우리나라에서는 사립학교의 비중이 매우 높다. 〈표 7〉은 OECD 국가들의 국·공립, 사립학교 비율2003을 초·중·고등학교로 나누어서 보여 주고 있다. 이 표에서 보는 바와 같이 우리나라는 다른 나라와 비교해 볼 때 중, 고등학교의 경우 월등하게 사립학교의 비중이 높다. 2003년 기준으로 중등학교의 경우 사립학교의 비중이 OECD 평균 11.4%인 것에 반해 한국은 20.6%이다. 고등학교의 경우에는 OECD 평균이 15.5%인 것에 반해 한국은 51.8%이다.[27] 우리나라가 선진국들인 OECD 국가들과 비교해서도 이렇게 사립학교의 비율이 높은 이유는 선교사들과 기독교인들에 의해 많은 사립학교가 세워졌기 때문이다.

이와 같이 한국이 경제성장에 필요한 인재를 양성하고 산업 역군을 키우는 데 기독교 학교들이 크게 기여했다. 그리하여 아자리아디스와 드라젠이 강조했던 것같이 한국은 고도성장을 하기 이전에 이미 선진국과 비교해도 가장 높은 수준의 초기 인적자본을 축적하고 있었다. 그리고 로드릭이 지적한 바와 같이 이러한 초기 인적자본의 형성은 훗날 한국 경제성장에 결정적인 영향으로 작용했다.

구분	초등교육			중학교			고등학교		
	국·공립	사립		국·공립	사립		국·공립	사립	
		정부의존	독립적		정부의존	독립적		정부의존	독립적
한국	98.7	a	1.3	79.4	20.6	a	48.2	51.8	a
일본	99.1	a	0.9	94.0	a	6.0	69.8	a	30.2
호주	71.7	28.3	a	65.7	34.3	a	73.3	26.7	a
프랑스	85.4	14.3	0.2	78.8	21.0	0.2	69.5	29.7	0.8
독일	97.3	2.7	x(2)	92.9	7.1	x(5)	92.5	7.5	x(8)
오스트리아	95.6	4.4	x(2)	92.3	7.7	x(5)	90.0	10.0	x(8)
벨기에	45.4	54.6	m	43.2	56.8	m	42.1	57.9	m
캐나다	m	m	m	m	m	m	m	m	m
체코	98.9	1.1	a	98.2	1.8	a	87.4	12.6	a
핀란드	98.8	1.2	a	95.8	4.2	a	89.6	10.4	a
그리스	92.4	a	7.6	94.5	a	5.5	93.7	a	6.3
이탈리아	93.2	a	6.8	96.6	a	3.4	93.9	0.7	5.4
룩셈부르크	93.2	0.7	6.1	79.3	13.1	7.6	84.1	8.2	7.7
포르투갈	89.5	a	10.5	88.7	a	11.3	81.8	a	18.2
스위스	96.3	1.3	2.4	93.0	2.5	4.5	93.1	3.2	3.7
터키	98.5	a	1.5	a	a	a	98.3	a	1.7
영국	95.1	a	4.9	93.2	0.4	6.4	26.9	70.4	2.7
미국	89.2	a	10.8	90.8	a	9.2	90.9	a	9.1
국가평균	89.5	8.2	2.4	85.9	11.4	2.7	7.9	15.5	4.6

⟨표 7 OECD 국가 별 학생 등록 비율의 국제비교, 2003⟩

주 1. m은 자료가 해당국가에서 수집되지 않았거나 무응답하여 입수 불가능함을 의미함. n은 크기가 무시할 정도이거나 0을 의미함. a는 이 항목이 적용되지 않아 자료가 수집되지 아니함. x(2)의 의미는 자료가 2열에 포함되어 있음을 의미함.

주 2. 정부 독립형, 혹은 의존형의 여부는 재정적 독립 상태에 따라 나누어짐. OECD에서는 학교 예산의 50% 이상을 정부로부터 지원받을 경우 정부 의존형 사립으로 규정함.

(단위: %) 자료: 한국교육개발원, 2006

4. 맺는말

지금까지 한국 경제성장과 기독교의 성장을 개관하고 한국의 경제성장의 원인으로 경제학계의 연구 성과를 소개하여 시장경제제도와 대기업의 역할 그리고 인적자본이 중요한 역할을 했다는 데 경제학계가 공감하고 있다는 것을 보였다. 그리고 특히 한국이 급속한 성장을 시작하기 이전의 조건으로 교육이 매우 큰 역할을 했으며, 이에 한국 기독교가 결정적인 역할을 했음을 주장했다.

지금까지 한국의 기독교 학계에서는 한국의 경제성장에 관하여 거의 연구가 없었다고 해도 과언이 아니다. 이 연구에서는 한국의 경제성장에 기독교의 역할이 매우 중요했음을 문헌조사의 방법으로 보였다. 물론 이전에도 한국 교회사 분야에서 개항기 및 일제 강점기의 한국 기독교에 대한 방대한 연구가 있었다. 그러나 대부분 교회사와 경제성장을 연관시키지 않았다. 이 글은 경제성장과 한국 교회사를 연결시켜 양자 간의 관계를 밝힘으로써 한국 기독교가 경제성장에 기여한 바가 크다는 사실을 강조했다.

한국의 경제발전에 기독교가 어떠한 역할을 했는지에 관한 연구를 하기 위해서는 기독교인 기업인들의 기여한 바를 찾아서 사례연구를 하는 것도 필요하다. 이 글은 거시적으로 경제 전체를 다루었으나, 미시적으로 접근하여 개별 기업에 대한 연구도 필요하다. 또한 거시적으로도 한국의 주요 경제정책 결정과정에서 기독교인들의 역할이 있었는지 연구할 필요도 있다. 이승만 정부에는 많은 기독교인들이 있었고 박정희 정부에서도 역시 많은 정치 지도자들과 정책 입안자들 가운데 기독교인들이 있었다. 이들이 중요한 의사결정과정에 어떠한 기여를 했는지에 대한 간증적인 회고록 등이 발표된다면, 한국 교회가 경제성장에 어떠한 기여를 했는지에 대한 미시적 연구에 도움이 될 것이다. 아울러 유교가 저축을 강조해서 동아시아의 유교국가들의 자본축적이 다른 지역에 비해서 높다고 하는 연구가 있다. 그런데 기독교도 막스 베버 1904-1905가 지적한 바와 같이 자본주의 정신의 기초를 제공했다면, 한국에서 초기 기독교인들이 가지고 있었던 근검, 절약의 정신이 어떻게 한국 사회에 영향을 미쳤는가 하는 것도 실증적으로 분석될 필요가 있다. 그리고 기독교 학문을 발전시키기 위해서는 신학 및 기독교 철학자들과 여타 학문 분야의 학자들이 함께 학제 간 연구가 많이 일어나야 할 것이다.

김승욱 金昇郁
중앙대학교 경제학과 졸업, 미국 University of Georgia 경제사(Ph.D.).
1989-현재 중앙대학교 경제학 교수.
(사)기독교세계관학술동역회 실행위원장.
경제사학회 회장, 중앙대학교 부설 동북아연구소 소장 역임.
유엔공업개발기구(UNIDO) 국제전문가 역임.
고용노동부 장애인고용촉진전문위원회 위원.
보건복지부 국민연금기금운용 실무평가위원회 위원 역임.
행정안전부, 지방자치단체 합동평가단 평가위원 역임.
노사정위원회 제조업발전특별위원회 위원 역임.
저서. 『알짬 시장경제』, 개정판, 공저, 박영사, 2008; 『시장인가 정부인가?』, 공저, 부키, 2004; 『기업이란 무엇인가』, 공저, 예영, 2006; 『자본주의를 보는 두 시각』, 부키, 1998 등 다수.

미주

1) 이 글은 「신앙과 학문」 2010년 9월호에 실린 논문 "기독교가 한국 경제성장에 미친 영향: 초기 인적자본 형성을 중심으로"를 수정한 것임.
2) 일반적으로 개신교는 장로교, 침례교, 성결교, 감리교뿐 아니라, 루터교, 영국성공회국교회 등을 포함한다.
3) 베버는 이 점에 대해서 다음과 같이 기술했다. "그 현상은 자본 소유자와 경영자층, 상급의 숙련 노동자층, 특히 근대적 기업에 있어 높은 기술적 또는 상인적 훈련을 받은 구성원들이 매우 현저한 프로테스탄트적 성격을 갖는다는 것이다. 중략 물론 대규모의 근대적 상공업에서 자본 소유와 경영, 고급노동에 종사하는 프로테스탄트의 백분율이 전 인구의 구성비율보다 현저하게 높다는 것은…역사적 이유에 기인한다."1988. 7
4) 개신교 인구가 50%를 넘는 나라로는 투발루98.4%, 덴마크91%, 아이슬란드 91%, 노르웨이90%, 스웨덴86%, 핀란드85.1%, 통가73%, 영국60%, 나미비아68%, 남아프리카공화국68%, 스와질란드66%, 파푸아뉴기니61.5%, 자메이카60%, 미국55%, 에스토니아52%, 라트비아50% 등이다(http://en.wikipedia.org/wiki/Protestantism_by_country).
5) 남한에서는 북한이 전쟁을 일으킨 6월 25일을 기억하기 위해 '6·25 전쟁'이라고 부르는 반면, 남한의 북침을 주장하는 북한은 '조국해방전쟁'이라고 부른다. 일부에서는 '한국전쟁'Korean War이라고 부르기도 한다.
6) 지난 25년 동안 기독교학문연구회와 기독학술교육동역회의 학회발표회를 통해 총 343편의 논문이 발표되었다. 이를 분야 별로 보면, 인문학 분야에서 104편, 사회과학 분야에서 160편, 자연과학 분야에서 75편 그리고 예술 분야에서 4편의 논문이 발표되었다. 그중에 경제와 경영 분야를 다룬 85편의 논문 중에 본 연구와 관련된 주제로 쓰인 논문은 거의 없었다. 사회과학의 경우, 경제/경영: 85편, 정치/행정: 24편, 교육: 38편, 법학: 5편, 사회복지: 8편이었다. 자연과학의 경우 이과과학/수학: 30편, 공학컴퓨터/환경: 28편, 간호학/의학/약학: 17편이었다. 예술이 가장 취약했는데, 음악: 2편, 미술: 2편에 불과했다. 이에 대한 반성으로 지난 2010년 기독교학문연구회 춘계학술대회에서는 '한국 사회 발

전에 교회가 미친 영향'이라는 주제의 학술대회가 열렸다. 이 글은 당시 발표 논문에 기초한 것이다.
7) 이동희는 일제 하 심령대부흥운동은 "신앙의 순수성과 경건성이라고 하는 영적 열광주의의 모습"을 띠었으며, "산업화 시기의 심령운동은 '기복' 또는 '은혜와 축복'이라는 말로 대변되듯이 경제적 성취 또는 사회적 성취라고 하는 지극히 세속적이고도 기복적인 열광주의의 모습을 띠고 전개되었다."2005, pp.548, 550고 주장했다. 게다가 한국전쟁으로 인해서 더욱 생존동기가 합리화되고 이로 인해 물질축복과 현세복락을 강조하는 기복주의적 신앙부흥운동이 물량주의의 성격을 띠게 되었다고 주장했다.
8) 이영훈2007은 '해방 전후사의 인식'이 기초한 민족주의에 대해, 양반과 천민이 공존했던 조선시대까지 우리나라에는 하나의 민족이라는 의식이 거의 없었고 일제에 항거하면서 비로소 민족이라는 의식이 생겨났다고 하면서, '민족'보다 더 중요한 개념으로 '국가'를 강조했다. 또한 민족주의는 오늘날 아프리카의 인종청소라는 반인륜적인 범죄인 '부족주의'와 같은 개념이고 민족이라는 미명 하에 히틀러 등 많은 악행이 일어났다고 주장했다. 따라서 '민족'은 자유, 평등, 박애 등과 같은 이념에 비해서 초국가적인 가치관이 될 수 없음을 강조했다. 반면에 국가라는 공동체가 더 중요하며, 해방 이후 대한민국 건국의 역사는 자랑스러운 역사였음을 주장했다.
9) 국력지수란 국내총생산GDP, 인구, 재래식 군사력, 핵 군사력 등을 국가 별로 조사한 뒤, 전 세계 국력을 100으로 놓고, 각 국가가 차지하는 비중을 말한다.
10) 한국은 미국·일본청구권 자금으로부터 유·무상 합해 각각 55억 달러와 50억 달러를 받았고 한국민간구호계획CRIK, 유엔한국재건단UNKRA 등 유엔기구들로부터도 총 10억 달러를 지원받았다. 지난 1995년 세계은행의 원조대상국 명단에서 제외되면서 수원국의 지위를 졸업했다.
11) 금융안정위원회FSB: Financial Stability Board는 1998년에 세계금융시장을 안정시키기 위해 설립된 '금융안정포럼'Financial Stability Forum, FSF이 2009년에 확대·개편된 것으로 현재 25개국이 가입되어 있으며, 한국은 2009년에 회원국이 되었다.
12) FTSEFinancial Times Security Exchange는 영국 유력 경제지인 《파이낸셜타임스》와 런던증권거래소가 공동 소유하고 있는 FTSE 그룹이 작성해 발표하는 주가지수로써, 모건 스탠리 MSCI 지수와 함께 세계 2대 지수로 평가받고 있다.

13) MSCI(Morgan Stanley Capital International) 지수는 모건 스탠리가 평가하는 지수로, 한국은 선진국 지수 편입에 대기 중이다.
14) WGBI(World Government Bond Index)는 Salomon Smith Barney사가 평가하는 세계 국체 지수이다.
15) 한국의 교회 수는 2004년 현재 전화번호부 기준 5만 3천 개였으며, 2010년 현재 대략 6만 개 정도로 예상된다.
16) 그 연구 결과가 '동아시아의 교훈'(Lessons from the East Asia:Policy-making on the Front Lines, Memoirs of a Korean Practioner)이란 주제로 1993년 3월 26일과 27일 양 일간 열렸다.
17) 더 극단적 주장도 많다. 전용덕·김용영·정기화1997, pp.30-1는 정부가 시장의 자원배분에 깊숙이 개입하여 많은 비효율을 초래했기 때문에 정부가 경제성장에 끼친 순 효과는 크지 않다고 평가했다. 고도성장기 한국의 경제성장을 이끈 견인차는 기업과 기업가활동이었고 그중에서도 대기업의 빠른 성장이 큰 역할을 했다고 평가했다. 특히 민경국2005은 박정희 시대의 정부주도형 모델이 번영을 가져왔다는 주장은 착각이며, 반대로 자유로운 경제활동을 부추겼기 때문에 한국 경제가 성장했다고 주장했다. 전용덕 외1997, p.369는 한국 경제성장의 결정요인 중에서 자리(自利, self-interest)의 추구, 한국전쟁 그리고 1960년대의 경제제일주의가 가장 중요한 역할을 했다고 주장했다. 정기화1997는 정부가 개입했기 때문이 아니라 개입의 방식이 비효율을 줄이도록 하는 독특한 방식이었기 때문임을 강조했다. 또한 좌승희2006는 정부가 개입을 했기 때문이 아니라 정부가 시장경제를 잘 활용했기 때문에, 즉 '정부에 의한 차별화' 때문이라고 주장했다. 예를 들면 한국 정부는 수출실적에 따라 청·백·황·적의 카드로 등급을 나누어 차등하여 우대조치를 부여하는 무역업자 차등제도를 실시했다.장선해, 2006, pp.85-6 뿐만 아니라 중화학공업도 검증된 우량 대기업들만 참여시켰으며, 중소기업지원, 농촌지원, 심지어는 원호대상자 지원까지도 자립 의지가 있는 대상자만을 골라서 지원한다는 원칙을 지켰다.좌승희, 2006, pp.269-82 수출을 장려할 때도 철저하게 수출 목표를 달성한 기업들에게만 지원을 하였다.안충영·김주훈, pp.325-26 이와 같이 한국의 고도성장기에 정부의 역할에 대해서는 다양한 견해가 존재하며, 아직 논쟁의 여지가 많은 부분이다.

이렇게 논란이 많기 때문에 어떠한 요인이 가장 중요한지 밝히기 위한 실증

연구도 많았다. 경제성장모형으로는 가장 고전적인 솔로우Solow, 1956 모형이 있고 이를 발전시킨 데니슨Denison, 1962, 1967, 1974과 그릴리치Z. Griliches, 1973의 성장회계방식모형이 널리 사용되고 있다. 이 모델을 한국의 경제성장에 적용한 연구로는 영Young, 1995, 보스워스·콜린스·첸Bosworth·Collins·Chen, 1995, 김광석1998 등의 연구가 있다.

18) 물론 그 이전에 있었던 수입대체 공업화가 어느 정도 성공했기 때문에 그 이후 수출대체가 가능했다는 주장도 있다. 이상철, 2005, p.401

19) 안충영2000은 정부 주도적 동아시아 개발모형인 한국과 대만의 가장 큰 차이가 한국은 재벌 주도적 모델이라는 것으로 파악했다.

20) 이러한 인적자본요소 외에 무역자유화 지수는 낮은 편이지만 꾸준히 개선되었고 정부의 역할은 상대적으로 중요했으며, 시민의식은 높지 않은 것으로 나타났다.

21) 1985년에 입국한 북감리회의 아펜젤러 목사는 1885년 8월 3일에 스크랜톤 의사로부터 빌린 집의 방 두 칸 벽을 헐어 교실을 만들어 근대학교를 처음 시작하였다. 이에 1886년 6월 8일에 고종은 배제학당培材學堂이라는 교명과 액자를 내렸다.

22) 두 번째 학교를 설립한 언더우드는 미국 북장로회 파송 선교사로 1885년 4월에 입국하여 3일 만에 알렌 의사가 개설한 광혜원에서 고아원 형식으로 학생들에게 숙식을 제공하여 공동 합숙생활을 하게 하면서, '언더우드 학당'이라는 교명을 붙이고 학생들을 가르쳤다. 이것이 한국 최초의 고아원이요, 학교로는 두 번째이다. 이 언더우드 학당이 종로구 혜화동에 자리 잡고 있는 경신학교1886의 전신이다.

23) 베어드 선교사의 숭실대학교 설립에 대한 자세한 설명은 한국기독교문화연구소2009 참고.

24) 마포삼열 선교사의 사역과 유계준 장로의 사역에 대해서는 유정칠2009 참고.

25) 이승훈은 후에 장로가 되어 그의 나이 53세에 마포삼열이 창설한 평양신학교에 입학했다. 그는 자수성가한 실업가로서 신교육 열신가로 기록되어 있다. 남강 이승훈의 신앙에 대해서는 이만열2007, p.54 제II장 참고. 이 오산학교는 고당 조만식이 교장을 맡아, 주기철, 김동진, 한경직, 김홍일 등 한국의 지도자를 배출했다. 이만열, 2007

26) 안창호는 18세에 언더우드가 세운 구세학당에서 3년간 수학하고 이 학교의

조교가 되었는데, 이 무렵 입교한 것으로 추정된다. 후에 그는 언더우드 등의 알선으로 1902년에 미국으로 건너가 로스엔젤레스에서 기독교인이 경영하는 신학강습소에서 영어와 성경을 배웠다. 그리고 다시 1907년에 29세의 나이로 귀국하여 기독교인들이 중심이 되어 조직한 비밀독립단체인 신민회를 조직해서 이승훈, 전덕기, 김구 등과 활동했다. 그리고 대성학교를 세워 기독교 신앙을 지도했다. 그는 민족문제를 두고 열심히 기도했다고 한다. 3·1 운동이 발발하자 도산은 대한인국민회 중앙총회가 모금한 6,000달러를 가지고 상해로 가서 대한민국 임시정부의 산파역을 맡았고, 조직을 실질적으로 주도하였다. 이러한 상황에서도 매 주일 예배에 참석하려고 노력했음을 일기를 통해서 알 수 있다. 그는 윤봉길 의사의 의거가 있던 1932년 4월 29일 체포되어 1935년까지 약 4년간 옥고를 치르고 1935년에 출옥했다. 그 후 고향에 가서 기양교회, 평양 남산현교회 등에서 설교했다. 다시 1937년에 '동우회 사건'으로 수감되었다가 병보석으로 나와서 1938년에 60세로 서거했다.이만열, 2007, p.140 도산의 전기를 쓴 이광수는 도산의 믿음이 예수를 훌륭한 스승 정도로 생각하는 정도의 믿음에 불과하다고 하지만,이만열, 2007, p.136 이만열2007, pp.136, 164은 분명히 도산의 신앙을 예수를 구세주로 믿었으며, 그의 생애에 가장 큰 영향을 끼친 것은 무엇보다도 기독교라고 주장했다. 도산은 중요한 일을 당하면 기도를 올리고, 흥사단 문답도 기도로 했으며, 기도생활을 게을리하지 않았다고 한다.전영택, 2000; 최기영, 1998

27) 우리나라의 사립학교들이 대부분 정부 의존형인 이유는 공립을 세울 수 있는 예산이 부족했기 때문에 공립학교를 세우는 대신 사립학교들을 재정적으로 지원하고 그 대신 사립학교들로부터 학생 및 교과목 선택권 등을 넘겨받았다. 그리하여 한국의 사립학교들은 소유권만 정부에 있지 않을 뿐 가르치는 내용은 공립학교와 동일하게 되었다.

05. 한국 교육의 발전과 기독교
_개화기를 중심으로

한국 교육사에서 구한말의 개화기는 우리 민족의 사상적 전환기이자, 근대교육의 기틀을 잡은 시기이기 때문에 눈여겨볼 필요가 있다. 개화기의 한국 사회는 전반적으로 매우 혼란하고 복잡하였으며, 새로운 도구를 요구하는 시점이었다. 정치적으로 준비되지 않은 상태에서 외세에 대한 문호개방, 유교적 교육의 모순으로 인한 세도정치와 관리의 횡포, 유교와 불교의 정신적 자원의 고갈로 인한 종교적 공백기 등은 새로운 탈출구와 질서 구조를 요구하게 되었고, 이것은 개화사상이라고 하는 새로운 시대적 사상과 현대적 의미의 교육체계를 필요로 하였다.

이때 선교사의 내한과 기독교 전파를 위한 기독교 학교의 설립은 개화기 한국 사회의 전반적인 부분에 영향을 미쳐 우리 민족의 전통적인 사고를 근대적 사고로 전환하는 데 결정적인 역할을 하였고 근대교육을 위한 초석을 마련했으며, 우리나라 교육에 있어서 '코페르니쿠스적 전환'을 가져온 역사라고 평가할 수 있다. 이처럼 선교사들의 기독교 학교 설립은 우리나라 교육사상의 패러다임 변화에 절대적 영향을 끼쳐 한국 교육사에서 매우 중요한 의미를 지닌다. 따라서 새로운 질서 구조를 요구했던 개화기의 시대적 배경과 기독교 학교의 설립 상황을 살펴보고 기독교 학교의 역할을 연구하여 기독교 학교의 교육사적 의의를 밝힘으로써 한국 교육 발전과 기독교의 관계를 설명하고자 한다.

1. 기독교 학교 설립 초기의 시대적 배경

19세기 말 선교사들의 내한과 기독교 학교의 설립은 그 당시 사회적 상황과 무관하지 않다. 서론에서도 언급하였듯이 한 나라의 교육은 그 나라의 사회적 상황에 의해 좌우된다고 볼 수 있다. 따라서 이 장에서는 구한말 선교사들의 내한과 그들의 기독교 학교의 설립과의 관계를 정치적, 교육적, 종교적 상황의 맥락 속에서 찾아보고자 한다.

1) 정치적 상황

19세기 초 조선의 사색당파, 탐관오리의 횡포와 이에 따른 민중의 반란은 국력을 극도로 쇠약하게 하였으며, 19세기 중엽을 거쳐 말엽에 이르기까지 정치, 경제에 지대한 영향을 미치게 된다. 특별히 임진왜란과 병자호란이 일어났을 때 일본과 청 등의 외적에 대항할 수 있는 국력과 기력을 가지지 못했던 이 나라는 백성을 빈궁의 도탄에 빠지게 하였으며, 외국인에 대한 불신을 굳히게 하였다.[1] 따라서 임진왜란과 병자호란은 조선으로 하여금 '외국은 믿을 것이 못 된다.'는 결론을 내리게 하여 조선이 쇄국정책을 감행하는 데 결정적인 역할을 하였다고 볼 수 있다.

오랫동안 쇄국정책을 펼쳐 오던 조선은 대원군의 하야와 더불어 새로운 국면을 맞이하게 된다. 당시 아시아 각국은 서양 열강들의 통상전략으로 인해 개항을 강요당하고 있었으며, 조선은 동양의 전략적 요충지로 주목받고 있었다.[2] 중국은 1840-1842년의 아편전쟁으로 영국에 문호를 개방하였고, 일본은 1850년대에 미국의 페리 제독에 의해 문호를 개방하였다. 이에 비해 조선은 1866년 병인양요와 1871년의 신미양요를 통해 프랑스와 미국의 문호개방에 대한 압력을 받았으나 프랑스와 미국의 함대를 격파함으로 쇄국정책을 늦게까지 유지하다가, 1876년 일본의 운요오호 사건으로 강화도조약을 맺고 비로소 개항을 한다.

강화도조약을 필두로 일본과 공식적으로 외교관계를 맺은 조선은 1882년 5월 22일 미국과 수호조약을 체결하고 이어서 같은 해 6월 6일과 6월 30일에 각각 영국, 독일과 수호조약을 맺고 1884년 6월 26일에 이탈리아, 1886년 6월 4일에 프랑스와 각각 수호조약을 체결하게 된다.[3] 이러한 문호개방과 서구열강의 유입은 쇄국정책이라는 폐쇄된 사회에 익숙해 있던 조선인들에게 당혹감과 혼란 그리고 놀라움을 던져 주었다.

2) 교육적 상황

19세기 말엽 조선왕조의 교육제도는 성균관, 사학, 향교, 서원 및 서당으로 구성되어 있었다.[4] 성균관은 고등교육기관의 역할을 하였고 서울의 사학과 지방의 향교와 서원은 중등교육기관의 역할을 그리고 서당은 초등교육기관의 역할을 하였다. 그러나 이들 교육기관은 오늘날 교육기관처럼 단계 별로 연결된 개념이 아닌, 각각 독립된 교육기관이었다.

각 학교의 교육내용은 주로 유교적 경전과 중국의 역사와 문학 등이었다. 유교 교육의 원리는 주자학의 이기론에 근거한 신분적 상하질서의 원리로서 철저하게 체제 지향적 목적을 지니는 교육을 그 내용으로 하였다. 조선의 신분체제는 소수의 양반 지식층이 위에 있고 그 밑에 다수의 상민과 천민으로 구성되는 피라미드형이었다. 조선사회가 그 구조나 정치체제의 혁신이나 개혁이 없이도 지속될 수 있었던 것은 피라미드형의 구조를 옹호하는 교육제도의 목적달성에 기인한다고 볼 수 있다. 그러나 시간이 흐르면서 사회는 혼란을 겪게 된다. 즉 양반 인구의 증가와 상민과 천민의 신분상승으로 인해 안정된 피라미드형이 점차 불안정한 역삼각형으로 변화되었으며,[5] 이러한 변화는 사회를 병들게 하였다.[6] 따라서 기존의 보수적 교육체제로서는 사회 개선이 불가능하므로 새로운 방식을 지향하는 혁신적 세력이 등장하게 된다. 그것이 바로 실학파의 형성이다.

실학파는 인간평등사상과 이에 기초한 교육의 기회균등, 과거제도의 철폐와 학제의 개혁, 능력에 따른 인재등용, 과학기술의 강조, 신학문의 수용, 민족주체성 등을 강조하였다. 이러한 움직임은 18세기에 시작되었지만, 그 당시 봉건적 정치제도의 틀 안에서의 개혁사상으로서 실제적인 개혁에 큰 영향을 미치지 못하였다. 그러나 이러한 사상은 19세기 후반에 개화사상으로 연결되어 정치, 사회, 문화, 교육 전반의 문호를 개방하고 국제적 안목을 넓히며, 외국의 기술을 이용하여 국력을 기르고 민권강화와 평등사회의 실현이라고 하는 근대화의 교량역할을 하게 된다.

3) 종교적 상황

미 국무성의 록힐W. W. Rockhill은 한국인은 종교적인 감정이 없다고 말했으며, 하멜H. Hamel은 한국인이 종교에 대해 논하지 않는 사람들이라고 말한 바 있다.[7] 그러나 이들의 관점은 매우 피상적이고 부분적이라고 볼 수 있다. 개일J. Gale은 "한국 사람이 그 차원 깊은 곳에 종교적 소박성을 비장하고 있으며, 그것이 하도 종교적이어서 차라리 세상에 맞지 않을 정도"[8]라고 한국인의 종교성에 대해 언급하고 있다. 또한 서명원은 "샤머니즘 혹은 물활론이 이 백성으로 하여금 기독교를 받아들일 수 있도록 실제로 준비를 하고 있었다."[9]고 언급함으로써 한국인의 종교성에 대해 주장하고 있다. 이처럼 한국인은 종교성이 매우 깊은 존재들이다. 이러한 특징을 지닌 조선 백성들의 정신적 지주였던 유교사상이 그 자리를 잃게 되

자 백성들의 마음은 공백기를 맞이하게 된다. 여기에 대해 민경배는 다음과 같이 서술하고 있다.[10]

> 근대 한국은 종교적 생활에 있어서 심한 허탈감을 경험하여 한국 역사를 통해 한때 전성했던 선이나 불교 및 유교의 정신적 자원이 고갈하고 그 형식과 명분만으로 무게 없는 반복만 되풀이하던 종교적 신앙과 정신생활의 전례 없는 진공기라고 볼 수 있다.

또한 박영효가 스크랜톤Scranton 목사에게 한국의 교육과 기독교의 필요성을 주장하면서 "우리의 재래의 종교는 지금 기운이 진하였습니다."[11]라고 한 말은 당시의 백성의 정신적 갈급함을 잘 표현해 준다.

이상에서 우리나라 기독교 학교 설립 초기의 사회적 배경을 정치적 상황, 교육적 상황 그리고 종교적 상황 등으로 나누어 살펴보았다. 정치적으로 준비되지 않은 상태에서 외세에 대한 문호개방과 이로 인한 두려움과 혼란은 새로운 탈출구를 요구하였으며, 교육적인 상황 역시 유교적 교육의 모순으로 인한 세도정치와 관리의 횡포로 새로운 질서 구조를 요구하게 되었고 이것은 개화사상이라고 하는 새로운 시대적 사상과 현대적 의미의 교육체계를 필요로 하게 되었다. 또한 구한말 한국인의 종교적인 공백은 그들의 정신세계를 이끌어 갈 새로운 형태의 종교를 요구하게 되었다. 이러한 상황에서 선교사들의 유입과 그들의 의료 사업, 교육 사업은 신교육에 대한 열망으로 자연스럽게 받아들여지게 되었으며, 이것은 곧 기독교 전파와 기독교 학교의 설립으로 연결되었다.

2. 기독교와 학교의 설립

1) 유치원의 설립

최초의 유치원은 1914년에 설립된 이화유치원으로 브라운 리Brown Lee가 교사였다. 1915년에는 배화유치원이 소아예비과로 설립되었다가 1919년에 유치원으로 설립되었다. 1917년에는 아현유치원이 개원하였고 그해 영화유치원이 설립되었으며, 1918년에는 중앙대학교 사범대학교 부속유치원이 설립되었다.[12] 2003년도 통계청의 자료와 이선희[13]의 연구를 근거로 유치원 설립에 관한 상황을 〈표 1〉로 만들어 보면 다음과 같다.

	1910년대				1930년대	1960년대	현재
설립자	1914 선교사	1916 선교사	1917 선교사	1919 선교사	기독교선교회	기독교재단, 교회	개신교
유치원	이화	중앙	배화	영화	한국 유치원의 3/4	전체의 과반수	303(4,008)

〈표 1 우리나라 유치원의 설립자 및 재단 상황, 2003〉

이상의 〈표 1〉에 나타난 바와 같이 우리나라의 근대식 유치원 설립은 선교사들에 의해 이루어졌으며 1960년대까지 기독교재단이나 교회에 의해 세워진 유치원이 과반수에 이르는 것을 볼 수 있다. 이는 우리나라 유아교육이 기독교 선교사들에 의해 시작되고 발전되었음을 보여 준다.

2) 초등학교의 설립

정부에 의해 세워진 공립학교로는 동문학Government School을 들 수 있다. 동문학은 청나라가 1863년에 역관과 외교관을 양성하기 위한 목적으로 설립한 일종의 외국어 학교인 동문관을 본떠 만든 학교이다. 한미수호통상조약 체결 이후 서양어를 말할 수 있는 사람을 양성하기 위해 세운 학교로 통변학교라고도 불렸다. 동문학은 설립 3년 후, 정부 주도의 현대식 교육기관인 육영공원이 세워지자 문을 닫게 되었다. 육영공원은 각국과의 교섭에 필요한 통역관 양성을 목적으로 세워졌으며, 미국인 세 명을 교사로 초빙하여 교육을 실시하였다. 미국인 초빙계약서와 한성주보 등에서 '소학교'로 지칭하는 것으로 보아 육영공원은 소학교 수준의 교육기관이었음을 알 수 있다.[14]

1894년 9월 18일에 우리나라 최초의 관립 소학교로 교동소학교가 세워졌다. 그러나 교동소학교는 당시에 학생들을 감당하기 힘들어 교동소학교 학생들의 일부를 데리고 나와 1985년 4월 16일에 한성사범학교 부속소학교를 개교하였다. 그 후 1895년 8월 8일에 장동소학교, 1895년 9월 18일에 정동소학교, 수하동소학교, 양사동소학교, 양현동소학교, 재동소학교, 주동소학교, 안동소학교, 미동소학교, 양천공립소학교 등이 세워졌다. 1895년부터 1905년까지의 소학교 현황을 보면 다음과 같다.

1895		1905	
한성	5개교	한성	10개교
지방	37개교	지방	62개교
합계	42개교	합계	72개교

〈표 2 관·공립소학교 현황, 1895-1905〉
출처: 조연순, 『한국초등교육의 기원』, 학지사, 1995, p.106

민간인 소학교의 설립은 구한말 사회의 요청인 개화열에 의해 선각자들이 나라를 구하려는 노력에서 활발하게 전개되었다. 민간사학으로서 최초의 학교는 1883년 자발적인 학교설립기금에 의해 설립된 원산학사이다. 이후에 대묘동소학교, 홍화학교, 수하동소학교 등이 설립되어 서울의 경우 1900년에 사립소학교가 13개로 관·공립소학교보다 그 수가 더 많았다.

기독교 관련 초등학교의 설립에 관하여서는 1909년 북장로교 선교부의 보고서에 자세히 서술되어 있다. 이 보고서에 의하면 전국 각지에 589개의 초등학교가 교회에 의해 설립되었으며, 이 모든 학교는 한국 교인의 자력에 의해 운영되고 있었다. 1902년에 63개교에 845명의 남학생과 148

명의 여학생이 있었는데, 1909년에는 남학생 10,916명, 여학생 2,511명이 재학하는 589개의 학교들이 있었다.[15] 1910년대를 기준으로 관·공립소학교, 민간인에 의해 설립된 사립소학교 그리고 기독교에서 세운 소학교의 수를 비교하면 다음과 같다.[16]

종류	관·공립소학교	사립소학교	
		민간계	기독교계
설립수	155개	1,272개	755개
	총 2,182개		

〈표 3 관·공립소학교와 사립소학교 수〉

이상에서 살펴본 바와 같이 우리나라의 근대식 초등학교는 정부에 의해 세워진 관·공립학교보다 민간인에 의해 세워진 사립학교가 10배 이상으로 훨씬 더 많으며, 사립학교 가운데 기독교계 학교가 약 60%에 달하여 전체 소학교 2,182개 학교 가운데 755개로 약 35%를 차지하고 있다. 이는 우리나라 초등교육의 1/3을 기독교에서 담당하고 있음을 보여 주는 것으로 기독교가 우리나라 개화기에 근대교육을 위해 얼마나 중요한 역할을 했는지를 보여 주는 대목이라고 할 수 있다.

3) 중등학교의 설립

우리나라가 신교육에 직접적으로 접하게 된 것은 개신교 선교사의 내한과 그들의 학교설립으로부터 기인한다고 볼 수 있다.[17]

우리나라에 최초로 설립된 기독교 학교는 배제학당이다. 스크랜톤 의사가 소개한 두 명의 학생에게 1885년 8월 3일 아펜젤러가 영어를 가르치기 시작한 것이 배재학당의 개교일이 되었고 이 후 학생들이 몰려와서 고종 황제는 아펜젤러의 교육사업을 만족하게 여겨 1886년 6월 8일 배제학당이라는 교명을 하사하게 된다.[18] 이화학당의 설립은 초대 선교사들과 동행한 메리 스크랜톤 부인이 1886년 5월 31일 한 명의 학생을 대상으로 가르치면서 이루어졌다.[19] 1886년에 언더우드가 서울 정동의 자신의 집에 붙어 있는 건물을 활용하여 고아원 형식의 학교로 언더우드학당을 설립하였으며, 이 학교가 후에 경신학교의 전신이다. 이 언더우드학당은 1891년에 예수교학당, 1893년에 민노아학당, 1905년에 경신학교로 교명을 바꾸어 가며 신문화의 선도적 역할을 하게 된다.[20] 1894년에는 광성학교, 숭덕학교, 정의여학교 등이 지방에 설립되었다. 1897년에는 평양에 숭실학교가 설립되었다.

1885년부터 1909년 사이에 설립된 기독교 학교를 살펴보면 다음과 같다.[21]

연도	학교명	설립교파	설립장소
1885	광혜원(연세대 의대 전신)		서울
1885	배재학당	감리회	서울
1886	이화학당	감리회	서울
1886	경신학교	장로회	서울
1894	광성학교	감리회	평양
1894	숭덕학교	감리회	평양
1894	정의여학교	감리회	평양
1895	정신여학교	장로회	서울
1895	일신여학교	장로회	동래
1896	정진학교	감리회	평양
1896	공옥학교	감리회	서울
1897	숭실학교	장로회	평양
1897	신군학교	감리회	서울
1897	영화여학교	감리회	인천
1898	배화여학교	감리회	서울
1898	맹아학교	감리회	평양
1898	명신학교	장로회	재령
1900	평양신학교	장로회	평양
1903	숭의여학교	장로회	평양
1903	누씨여학교	감리회	원산
1903	정명여학교	장로회	목포
1904	덕명학교	감리회	원산
1904	호수돈여학교	감리회	개성
1904	진성여학교	장로회	원산
1904	곡창학교	감리회	해주
1905	영명학교	감리회	공주

1906	계성학교	장로회	대구
1906	신성학교	장로회	선천
1906	보성여학교	장로회	선천
1906	의명학교	안식교	순안
1906	한영서원	감리회	개성
1906	미리흠학교	감리회	개성
1907	낙현학교	천주교	서울
1907	수피아여학교	장로회	광주
1907	신명여학교	장로회	대구
1907	기전여학교	장로회	전주
1908	신흥학교	장로회	전주
1908	창신학교	장로회	마산
1909	곡정학교	감리회	해주

〈표 4 초기 기독교 중등학교의 설립 상황〉

1909년까지 설립된 전체 기독교계 학교의 통계는 장로교가 501개교, 감리교가 158개교, 성공회가 4개교, 안식교가 2개교, 종파 미수가 84개교, 천주교 64개교로 모두 796개교였다.[22] 이봉구의 통계에 의하면 1910년 현재 우리나라에 인가된 학교의 수가 2,250교이며, 이 가운데 823교가 기독교 계통에 의해 경영되는 학교로서 전체 학교 수의 1/3이 넘는다.[23] 우리나라 개화기의 근대교육에 기독교가 공헌한 바는 매우 크다고 평가할 수 있다. 〈도표 1〉은 개화기의 일반 학교와 기독교 학교의 비율을 그림으로 나타낸 것이다.

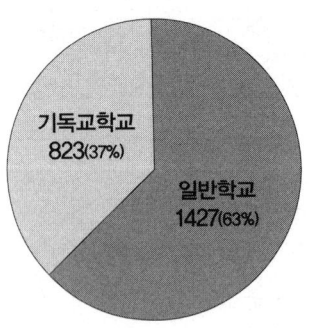

〈도표 1 일반 학교와 기독교 학교의 비율〉

4) 대학교의 설립

선교사들은 점차 고등교육의 필요성을 느끼고 대학을 설립하게 된다. 언더우드는 경신학교를 설립하는 데 그치지 않고 이것을 근거로 기독교 대학과 신학교의 증설을 꾀하였으며, 1915년 여러 어려움에도 불구하고 경신학교 대학부라는 이름으로 기독교 대학을 개학했는데, 이것이 바로 연희전문학교의 시작이 되었다. 1897년에 설립된 숭실학교는 중학교부터 시작되었으나 1906년에 대학부를 개설하게 된다.[24]

우리나라 고등교육기관의 설립은 청일전쟁으로 한국인의 신학문에 대한 중요성의 인식과 선교사들의 활동으로 교회학교를 통한 초등교육의 보급, 중등교육기관의 설립과 발전을 통해 보다 수준 높은 교육의 요청에 의해 이루어졌다고 볼 수 있다. 또한 우리나라 근대 고등교육은 미국 고등교육의 영향을 많이 받았다고 볼 수 있다.[25] 그 이유는 배재학당이나 이화학당, 숭실학당과 같은 오늘날 대학의 모델이 되는 학교들이 미국인 선교사들에 의해 설립되었기 때문이다.

1885년 8월 서울에 배재학당을 설립한 아펜젤러는 교회학교와 일반 학교에 필요한 교원을 양성할 기회를 찾던 중 1889년부터 대학과정의 설치를 구상하다가 1891년 배재칼리지Paichai College라는 이름으로 미국 선교본부에 보고서를 제출하게 된다.[26] 1893년 배재학당은 신학부와 학술부로 나누고 1895년부터 학술부는 다시 영어과와 국한문과로 나뉘어졌다. 아펜젤러가 순직할 때까지 배재칼리지라는 명칭이 계속 사용되다가 1911년 감리교와 장로교 선교부가 연합하여 하나의 연합기독대학을 운영하자는 논의 하에 배재학당 안에 연합대학이 설치되어 배재대학이라 불렀다. 이것은 1914년에 연합기독대학으로 논의되다 1915년 경신학교 대학부가 출범하게 된다. 이 학교가 바로 지금의 연세대학교의 모체로서 1917년 사립연희전문학교로 정부의 인가를 받게 된다.

한편 1897년 미국 북장로교 선교사 배위량W. M. Baird은 평양에 숭실학당을 세운다. 이 학교는 처음에는 평양학교라고 불리다가 1901년 숭실학당이라 칭하게 되고 1905년 대학부를 설치하여 대학과정의 교육을 시작하여 1906년 합성숭실대학이라는 이름을 갖게 된다.[27] 1886년 스크랜톤에 의해 설립된 이화학당은 프라이L. E. Frey가 당장을 맡으면서 국내 지도자는 국내에서 양성되어야 하고 이를 위해서는 고등교육기관이 필요하다는 신념을 갖게 되었다. 그래서 이러한 신념을 실천에 옮겨서 1910년 대학과를 설치하여 the Ewha Women's College라는 명칭이 주어진다.[28] 1885년 알렌에 의해 세워진 왕립병원 광혜원은 1886년부터 부설로 의학교육을 실시하다 1899년 제중원 의학교로 이름을 바꾸고 1909년 교명을 사립세브란스의학교로 바꾸었다. 1917년에는 전문학교로서 조선총독부의 승인을 받게 된다.[29] 바로 이 학교가 연세대학교 의과대학의 전신이다.

이상에서 살펴본 바와 같이 그 시대의 지도자를 양성하기 위해 기독교 선교사들에 의해 설립된 대학들은 우리나라 고등교육의 초석을 마련하였으며, 인재와 전문인을 양성함으로써 이 나라의 민주화와 사회와 국가의 발전에 절대적인 영향력을 발휘하였다.

3. 기독교 학교의 역할

1) 학교 교육에 미친 영향

(1) 전인교육

구한말 한민족의 전통적인 교육은 주로 유교 경전의 독서와 중국의 역사와 문학을 배우기 위한 한문 및 습작 등에 국한되어 있었으며, 기억 위주의 지적교육에 편중되어 있었다. 그러나 선교사들이 세운 기독교 학교의 교육은 실업교육의 실시, 예술활동의 장려, 토론회, 음악경연대회,

졸업연주회 등 다양한 행사들로 구성되어 있었다. 또한 야구, 정구, 축구, 하키, 스케이트 등의 운동경기를 소개하였다. 이처럼 기독교 학교에서 주관하고 실시하는 여러 교과목과 다양한 과외활동을 통한 조화로운 교육은 전인교육을 도모하는 역할을 하였다.

(2) 대중교육

구한말 선교사들이 세운 기독교 학교들의 사상적 배경은 인간존중과 만민평등을 기본으로 하는 기독교 사상이었다. 이것은 민주주의의 기본적인 이념으로서 인간이면 누구를 막론하고 존중받아야 하며, 교육받을 권리가 있음을 말하는 사상이다. 당시 우리 사회는 유가儒家적 윤리관념에 따른 신분사회로서 양반과 상민 그리고 천민이 존재하였으며, 교육은 양반의 자제들만이 받을 수 있는 일부 특수층의 전유물이었다. 물론 앞장의 교육적 상황에서 실학파의 등장으로 인간평등사상의 주장과 이에 따른 교육의 기회균등 등이 강조되었으나 실제적인 개혁에는 큰 영향을 미치지 못하였다. 이러한 당시의 상황에서 계급사상을 깨뜨리고 교육기회균등의 원칙에 따라 양반이나 서민의 자제를 차별 없이 받아 교육시킨 점, 교육의 대상에서 제외되었던 여성들에게 교육을 받을 수 있도록 여학교를 설립한 점, 장애인들을 위한 특수교육의 실천 등은 우리나라 교육의 대중화에 매우 큰 기여를 한 점이라고 볼 수 있다.

2) 여성교육에 미친 영향

구한말 한국에서 여성의 지위라는 것은 그야말로 보잘것없는 존재에 불과했다. 그 당시의 한국의 상황에서 여성의 위치를 이승만의 어린 시절 회고담을 통해 알 수 있다.[30]

내가 여섯 살 때 뜻도 모르며 외워서 천자문을 뗴었다. 언덕길을 십리 이상 걸어서 학교, 서당을 가야 했다…만일 내게 중국 글을 배우는 학교에 가지 않겠다고 하면 나는 종아리를 맞아야 했다. 아, 얼마나 나는 내가 여자였으면 하고 바랐던가! 여자아이들은 학교에 보내지도 않고 그 알 길 없는 글자들을 배워야 하는 의무도 없다. 여자는 아무것도 아니어서 남자아이들과 따로 떨어져 집에만 있어 집안일을 돕고 배우기 쉬운 언문, 한글을 배우면 된다.

위의 내용에서 알 수 있듯이, 어린 여아들은 정규적인 교육 없이 늘 집 안에서 생활했음을 알 수 있다. 이러한 상황은 비단 어린 여아뿐만 아니라 10세 이상의 소녀들에게도 해당된다. 여기에 대해 비숍I. B. Bishop은 우리나라를 방문한 후의 소감을 다음과 같이 서술하고 있다.[31]

이 세상의 꽃으로 읊어지는 젊은 아가씨를 볼 수 없는 나라이다. 그럼에도 여자들은 이 같은 사회조직을 원망하지도 않고 또 자유를 동경한다는 법도 없다. 수백 년 동안의 은폐생활은 여자의 자유정신을 마멸시켜 버렸다…한국에는 집은 있으나 가정은 없다 해도 과언이 아니다.

언더우드는 그 당시의 여성을 어린 시기부터 결혼을 한 후에도 안식처로 옮길 때까지 감금상태에 놓여 있었다고 서술하고 있다.[32] 당시의 여성에 대한 여러 서술에서 알 수 있듯이, 구한말의 여성들은 거의 집 안에서 주로 생활하였으며, 그들의 지위란 매우 보잘것없고 단지 남성을 위한 존재에 불과했다. 이러한 문화 속에서 여성을 교육하여 남녀평등을 주장하고 여권신장에 기여한 선교사들의 여학교 설립은 그야말로 문화의 변혁이라고 볼 수 있다.

1885년 6월 내한한 여선교사 스크랜톤은 선교사업의 중요한 한 분야로 여학교를 세울 것을 결심하고 1886년 5월경에 이화학당을 설립하게 된다. 이화학당의 교육목적은 한국인을 보다 나은 한국인으로 만들고 그리스도와 그의 교훈을 통하여 완전무결한 한국을 만드는 것이었다. 교육내용은 서구학문, 기독교 정신, 한국 전통문화 등으로 구성되어 있었으며, 수예나 바느질 등 한국의 전통문화를 보존하고 개발함으로써 민족의식을 고취시켰다.

또한 우리나라 여성들에게 이름을 지어 주어 여성으로서의 정체성을 함양하는 데 중요한 역할을 하였다. 1909년 민적법民籍法이 생기기 전까지는 여성들에게 이름이 없었기 때문에 당시 1880년대에는 여성에게 이름이 없었다. 이러한 상황에서 여학생들이 학교에 들어갈 때 이름이 없어 학교에서는 이들을 위해 이름 짓는 일부터 해야 했다. 스크랜톤 부인은 학교를 차려 놓고 근 1년 만에 찾아오는 여자아이들이 이름이 없는 것을 보고 고민하다가 "입학순서대로 '퍼스트', '세컨드', '써드'로 이름을 지어 주었다. 이것도 열 명이 넘고 보니 말이 길어져 더 이상 붙일 수가 없었다. 하는 수 없이 기독교의 세례 이름인 마리아, 루시아, 수산나, 발바라 등으로 이름을 지어 주었다."고 서술하고 있다.[33] 현재 경기여고의 전신인 한성여자고등보통학교의 초창기 교사인 어윤석은 "많은 여학생은 입학과 더불어 이름을 얻었으며, 이름 짓는 일은 교장이 해야 할 가장 힘든 일 가운데 하나였다."고 회고하고 있다.[34] 이처럼 여학교의 설립은 여성교육의 초석을 놓는 계기가 되어 오랜 세월 억눌려 온 여성사회에 커다란 영향을 미쳐 안방에 갇혀 있던 여성을 바깥사회로 인도하는 역할을 하였을 뿐만 아니라 여성으로서의 정체성을 가질 수 있도록 하였으며, 남녀가 평등하다고 하는 의식을 갖게 하였다.[35]

이화학당의 설립에 이어 1894년에 정의여학교1894, 정신여학교와 일신여학교1895, 숭현여학교1896, 영화여학교1897, 배화여학교1898, 숭의여학교, 누씨여학교, 정명여학교1903, 호수돈여학교, 진성여학교1904, 보성여학교1906, 수피아여학교, 신명여학교, 기전여학교1907 등이 설립되어 우리나라의 여성교육에 기여하였다.

3) 한글교육에 미친 영향

(1) 성경번역 및 보급을 통한 한글의 재발견

우리나라의 선교사역은 다른 나라와는 달리 매우 독특한 성격을 지니고 있다. 선교사들이 이 땅에 첫발을 내딛기 전에 번역된 성경을 보급하는 매서인賣書人들을 통하여 이미 한국 민족에게 전도의 기회가 주어졌으며, 이 땅에 발을 처음 내딛은 선교사들이 이 땅의 글로 된 성경을 들고 들어올 수 있었다. 그 이유는 기독교에 입교한 이응찬을 비롯한 그의 몇몇 친구들이 만주와 일본을 중심으로 성경번역사업을 시작하였으며, 박영효의 비공식 수행원으로 일본에 건너간 이수정이 성경번역사업을 수행하여 1884년 한문에 토를 단「현토한한신약성경」懸吐漢韓新約聖經을 인쇄, 출판36하였기 때문이다. 이렇게 한국에 선교사가 도착하기 전에 성경번역사업이 이루어졌으며, 초기 선교사들이 입국할 때 한글로 된 성경을 가지고 들어올 수 있었다. 그래서 한국 교회는 국어로 된 성경을 공부하고 성경을 기초로 하는 성경 중심의 교회로 성장하게 되었다. 이것은 세계선교역사에 있어서 처음 있는 일이었다. 이와 같이 성경이 한글로 번역된 것은 선교와 기독교 교육을 위해 매우 중요한 토대가 되었다.

기독교의 전파를 위해서는 성경을 보급하는 일이 매우 중요하였으므로 선교사들은 기독교 학교와 교회에서 성경번역과 한글 가르치기에 심혈을 기울였다. 따라서 한국 기독교인들의 한글연구는 매우 자연스러운 일이었다. 한글전용과 성경번역으로 한글의 재발견을 위해 노력하였으며, 아울러 국문 자체에 대한 과학적 연구와 한글서적의 더 많은 보급을 위해 애썼다. 이를 위한 기독교인 한글학자들의 공헌에 대해 최현배는 우리 한글의 중흥조인 한 훤샘 주시경 스승도 기독교에서 세운 교육기관 배재학당에서 공부하다 우리말과 글의 가치를 깨닫고 한글연구를 위해 평생 전력하였으며, 한글운동의 앞잡이가 되었다고 회고하고 있다.[37] 또한 이윤재, 김윤경, 정태진, 정인승, 장지영, 최현배 같은 한글학자 및 운동가들도 다 기독교 학교에서 공부하였거나 그곳에서 학생들을 가르치면서 한글을 사랑하고 연구하며 전하였다. 이윤재는 교회의 장로로서 한글운동에 최대의 열정을 기울여 '한글장로'라는 별명까지 얻었다. 이처럼 기독교의 전파와 한글보급의 관계 속에서 한글의 가치를 깨닫고 한글을 연구한 근대학자의 출현은 기독교 학교의 한글연구와 관련된 대표적인 공헌이라고 할 수 있다.

(2) 개화운동의 주역

기독교는 말씀의 진리를 가르치기 위하여 성경을 보급하여야 했고 성경과 전도문서의 보급을 위해서는 한글을 가르치는 일이 매우 중요하였다. 따라서 개화기의 한국 교회와 기독교 학교에서는 한글보급을 위해 최선의 노력을 기울였다. 그 결과 기독교 학교의 교육은 한문 위주에서 한글 위주로 바뀌었고 유교의 교육내용을 탈피하여 세계의 역사, 지리, 과학 등 오늘날 일반적으로 가르치는 근대교육의 내용들이 그 당시에 한글로 교육되었다.

또한 개화 서민계층의 주요 구성원이 기독교 신자 및 기독교 학교 학생들이었기 때문에 성경번역사업이 독서 대중을 창조해 내는 역할을 하였으며, 이것은 개화기 문학창작 공간의 체질변화에 커다란 역할을 하였다. 즉 창작층의 창작열뿐만 아니라 독자층의 저변 확대를 초래하였다. 아울러 성경번역 이후 한국어 연구를 위한 많은 국문법 서적들이 출간되었다. 따라서 성경번역의 역사는 한국 근대문화와 한국문학의 기틀을 마련하였다고 볼 수 있다. 한글로의 성경번역의 중요성에 대해 이광수는 다음과 같이 언급하고 있다. "아마 조선글과 조선말이 진정한 의미로 고상한 사상을 담는 그릇이 됨은 성경의 번역이 시초일 것이요, 만일 후일에 조선 문학이 건설된다 하면, 그 문학사의 제일면第一面에는 신구약의 번역이 기록될 것이외다."[38]

4) 사회교육에 미친 영향

(1) 구습타파

개화기 사람들은 일반적으로 모든 일에 미신적인 태도를 가지고 있었다. 인간이 당하는 죽음, 질병, 고통, 괴로움, 슬픔, 아이들의 실종 등의 일이 귀신을 노엽게 했기 때문에 일어난 것이라고 생각하였다. 이런 생각은 사회 저변과 수많은 민담에 고질적으로 팽배해 있었다. 예를 들면, 배재학당 설립을 위해 땅을 팔 때 일꾼들은 땅 속에 유령과 귀신들이 숨어 있다고 생각하여 그 유령과 귀신들에 대한 두려움으로 매우 떨었으며, 옛날 사람의 이름이 적혀 있는 지석誌石의 근처를 지날 때 사람들은 그 지석에 귀신이 있다고 믿었기 때문에 두려움에 떨었다. 이러한 미신적인 태도는 기독교 학교에서 학생들을 가르쳤던 선교사들의 태도로 인해 달라졌다.

개화기 기독교 학교에서 교사들이 지대한 관심을 가지고 변화시키려 했던 구습 가운데 또 다른 하나는 조혼제도早婚制度였다. 그 당시 결혼제도는 부모가 정해 주는 얼굴도 모르는 사람에게 일찍 혼인하는 제도였다. 조혼제도의 폐단에 대하여 《대한그리스도인회보》에서는 다음과 같이 지적하고 있다.[39]

> 우리나라에서 혼인하는 데 큰 폐단이 두 가지 있으니, 첫째는 일찍 혼인하는 것이라…둘째 폐단은 혼인을 부모가 정해 주는 것이라…서로가 만난 후에 합당치

아니한즉 잔약한 여인은 여간 불합리하더라도 그 남편을 따라가지만 사나이 놈은…그 아내를 욱닥이며 두드리며 사불여의, 즉 본처를 내어쫓고 첩을 얻는다, 심지어 살육이 난다, 자수하는 폐단이 종종 있어 온 집안이 화합치 못하고….

조혼뿐 아니라 당사자의 의사보다는 부모의 의사에 의해 좌우되는 결혼제도의 모순도 지적되었다.[40] 또한 선교사들은 여학생들이 일찍 결혼하거나 혹은 기독교인이 아닌 사람과 결혼하여 기독교 교육과 그리스도인의 삶을 포기하는 것을 염려하여 조혼에 대한 반대와 비기독교인과의 결혼을 반대하였다. 선교사들은 이러한 결혼풍습의 비합리성을 시정하고 여학생들이 기독교인과의 결혼을 통해 기독교 교육과 그리스도인의 삶을 잘 영위할 수 있도록 하기 위해 서양의 결혼풍습을 소개하였다. 이 서양의 결혼풍습에 대한 교육은 기독교 학교에서 이루어졌으며, 기독교 학교 학생은 이 새로운 방식으로 모본을 보여 주었고 여러 모순을 지니고 있던 조선의 결혼제도는 기독교식으로 점차 변모하게 되었다.[41]

또한 근대화를 위한 계몽과 사회교육을 가능하게 한 것은 대중매체의 도구인 신문발행이었다. 《조선그리스도인회보》에서는 "개명의 긴요한 것…누구든지 좋은 서책과 좋은 신문을 많이 만들면 이는 그 나라로 개명케 하는 사람이니라…대한국이 삼 년 이후로 각 학교를 점점 설치하고 각 항 신문을 산출하니 대한국도 일로조차 개명될 듯"이라고 보도하여 신문의 중요성을 전파하여 사회교육에 앞장섰다. 배재학교의 협성회 회원들은 한국의 개명을 선도하기 위하여 협성회 회보를 간행하여 거리에서 판매함으로 사회 전반에 대한 국민들의 관심과 계몽을 불러일으키는 데 중요한 역할을 하였다.

(2) 민족교육

일제의 침략에 항거하여 한민족이 전개한 민족운동은 크게 두 가지 관점에서 살펴볼 수 있다.[42] 하나는 의병활동으로 직접 무기를 들고 일제와 투쟁하는 독립투쟁이었고, 또 다른 하나는 일본과 대등한 입장에 있으면 자연히 일본의 지배에서 벗어날 수 있으며, 그러기 위해서는 실력을 길러야 한다는 애국계몽운동이었다. 애국계몽운동은 한민족을 깨우치고 가르쳐서 투철한 국가관과 민족관을 갖게 하는 것이었다. 이를 위해서는 모든 국민을 무지로부터 벗어나게 해야 하며, 이는 근대학문을 보급시킴으로 가능하다는 교육구국운동이었다.

교육구국운동은 기독교 학교의 교육과정을 통해 실현되었다고 볼 수 있다. 물론 선교사들이 세운 기독교 학교의 설립목적은 선교에 있음은 두말할 필요가 없었다. 아펜젤러가 세운 배재학당의 설립목적은 기독교적인 신앙생활을 하는 데 있었고, 언더우드가 세운 경신학교의 설립목적은 목회자 양성이었으며, 스크랜톤이 세운 이화학당의 설립목적은 전도자 양성에 있었다.[43] 이러한 기독교 학교의 설립목적인 선교를 보다 성공적으로 이루기 위해서는 '개화'라고 하는 방편이 필요했고 이러한 필요는 국어, 역사, 지리, 윤리 등의 기독교 학교의 교육과정을 통해 충족되었다. 기독교 학교의 이러한 교육내용은 한편으로는 유교적 구습과 봉건의식 그리고 무지로부터의 해방을 원하고, 다른 한편으로는 서양문물의 신지식과 과학적 지식을 필요로 하는 한국의 개화인사들의 필요를 충족시키기에 충분하였다. 다시 말하면, 개화인사들에게 있어서 기독교 학교는 개화를 위한 수단이 되었고 기독교 학교에서는 선교의 목적을 위해 개화가 필요했던 것이다. 이러한 점은 《조선그리스도인회보》[44]에 "우리 교회는 나라를 위하고 백성을 위하는 도라…인민을 위하여 교회를 각 처에 설립하는 것이니…차차 우리 교회가 흥왕하여서 조선이 속히 개화에 진보가 되기를 간절히 바라노라." 하는 내용이나 《대한그리스도인회보》[45]에 "개화하는 데는 인재를 교육하는 것이 긴요한 일이요 교육하는 데 하나님의 도를 흥왕케 하는 것이 긴요한 일로 우리는 아노라."고 서술하는 내용을 통해 알 수 있다.

특히 기독교 학교의 교육에서는 국어교육이 강조되었다. 그 이유는 성경을 보급하기 위한 필요 때문이기도 했지만, 국어는 한 나라의 교육에서 학생들의 민족정신을 배양하는 데 직접 기여하는 과목[46]이었기 때문이다. 이러한 사실은 일본의 식민지 하에 있을 때 일본이 한국인의 민족정신을 없애기 위해 학교에서 한국어와 한글을 쓰지 못하게 하고 이름도 일본식으로 지어 주도록 했던 사실이 증명해 준다. 따라서 선교사들은 당시 한국의 특수한 역사적 상황에서 국어가 학생들의 민족정신을 형성하는 데 중요한 과목이라는 점을 감안하여 국어교육에 중점을 두었고, 그 결과 기독교 학교에 다니던 학생들의 가슴 속에 민족 주체성에 대한 각성과 민족주의 이념을 확립하는 데 공헌하였다.

또한 기독교 학교는 절망과 좌절감에 빠져 있는 한민족에게 하나님의 도움으로 국권회복의 날이 올 것을 강조하면서 절망과 좌절감으로부터 위안과 소망을 안겨 주었다. 이렇듯 기독교 학교는 좌절감에 빠져 있는 한민족의 구국운동의 정신적 지주 역할을 하였다. 이러한 사실은 일본인들이 기독교 학교를 일망타진하기 위해 고심했던 사실에서 알 수 있다.

4. 기독교 학교의 교육사적 의의

이상의 기독교 학교의 설립과 역할을 통해 다음과 같은 기독교 학교의 교육사적 의의를 찾아볼 수 있다.

첫째, 우리나라의 전통적 교육제도에서는 양반 중심적, 남성 중심적인 특징으로 인해 평민이나 천민 그리고 여성에게는 교육의 기회가 거의 없었다. 따라서 전 국민을 교육의 대상으로 하는 국민교육제도, 즉 공교육제도는 없었다. 그러나 기독교의 자유와 평등사상을 기반으로 하는 기독교 학교의 설립은 봉건사회의 신분질서를 무너뜨리고 문벌의 타파, 남녀평등의식 등의 시민의식의 성장을 초래하였고 한민족 교육의 공교육화_{대중교육화}에 커다란 영향을 미쳤다. 이러한 사실은 1895년 고종으로 하여금 국민교육의 필요성을 느끼고 평등교육원칙에 입각한 새로운 교육제도로의 개혁을 구상하여 '교육입국조서'를 내리게 한 사실을 통해 알 수 있다. 이것은 또한 전통사회의 구교육에서 신교육으로의 전환을 의미하며, 우리나라 교육의 근대화의 발전을 위한 기여를 의미하기도 한다.

둘째, 선교사들의 여학교 설립은 여성에게 교육의 기회를 제공함으로써 여성의 정체성 확립과 남녀평등의식 그리고 여권신장을 가져왔다. 이것은 사회에서의 여성의 위치를 새롭게 하였으며, 사회와 국가를 위해 헌신할 수 있는 여성 애국지사와 인재양성에 공헌하였다.

셋째, 교회에서의 유치원과 초등학교 그리고 중등학교의 설립은 구한말 우리나라 국민을 위한 근대식 교육의 제공을 가능하게 하였고 이것은 당시 우리나라 국민의 전반적인 삶의 부분에서의 근대화를 가져오는 데 크게 기여하였다.

넷째, 중등학교의 설립은 몇 년 후 중등학교를 졸업한 학생들을 위해 고등교육을 필요로 하게 되었고 이 필요를 충족시키기 위해 선교사들에 의해 세워진 근대식 대학들은 우리나라 고등교육의 초석을 마련하는 계기가 되었다.

다섯째, 성경번역과 한글보급으로 인해 한글이 재발견되었으며, 한글에 의한 교육은 당시 학생들로 하여금 우리글에 대한 존중과 한민족으로서의 자부심을 갖게 하였다. 또한 한글연구와 한국어 연구를 위해 출판된 많은 국문법 책의 출간은 근대학자와 문학가들의 배출을 가능하게 하였으며, 이것은 한국 근대문화와 한국문학의 기틀을 마련하는 계기가 되었다. 이처럼 기독교의 전파와 한글보급과의 관계 속에서 한글을 연구한 근대학자의 출현은 기독교 학교의 한글연구와 관련된 대표적인 공헌 가운데 하나라고 볼 수 있다. 또한 순수하게 한글로 된 언론출판을 통해 국민의식을 계몽하고 근대적 과학지식보급에 공헌하였다.

여섯째, 구한말 투철한 국가관과 민족관을 가져야 할 필요가 있었던 한민족에게 필요한 것은 무엇보다도 이를 충족시키기 위한 근대학문의 보급이었다. 이때 기독교 학교는 국어, 세계사, 지리, 윤리 등의 교육과정을 통해 교육함으로써 이상의 요구를 충족시켜 한민족을 위한 교육구국운동에 기여하였다. 특히 민족정신을 배양하는 데 직접 기여한 과목인 국어교육을 통해 당시 학생들의 가슴속에 민족 주체성에 대한 각성과 민족주의 이념을 확립하는 데 도움을 주었다.

이상의 기독교 학교의 교육사적 의의를 통해 우리나라 교육에 있어서 개화기의 기독교 학교의 설립이 한국 교육사에서 매우 중요한 위치를 차지함을 살펴보았다. 기독교가 기독교 학교 설립을 통해 한국의 공교육화를 가능하게 하는 길을 열었으며, 여성교육을 위한 초석 마련, 근대적 의미에서의 고등교육의 초석 마련, 한글연구와 보급을 통한 근대학자와 문학가들의 배출과 이로 인한 한국 근대문화와 한국문학의 기틀 마련, 순수하게 한글로 된 언론출판을 통한 국민의식의 계몽과 근대적 과학지식의 보급, 국어교육을 통한 민족정신의 배양 등을 가져왔다. 집을 지을 때 기초를 튼튼히 세우는 일이 매우 중요하듯이 교육에 있어서도 기초를 세우는 일은 매우 중요한 일이다. 기독교 학교의 교육사적 의의는 우리나라 교육이 근대화되고 발전하기 위한 여러 방면에서의 기초를 제공하였음은 물론 구국운동의 본산지 역할을 수행함으로써 오늘의 한국이 존재할 수 있고 이로 인해 교육의 발전을 위한 기초를 마련하였다는 데 교육적 의의가 크다. 이러한 점은 기독교가 한국 교육의 발전에 끼친 지대한 영향이라고 볼 수 있다.

정희영 鄭熙英

총신대학교 기독교교육과 졸업, 동대학원 석사.
이화여자대학교 유아교육 석사, 영국 에버딘대학교 철학 박사.
1983-현재 총신대학교 유아교육과 교수.
총신대학교부속유치원장.
기독교학문학회 회장.
기독교유아교육학회 부회장.
미국 칼빈대학교 초청교수 역임.
총신대학교 교육대학원장, 사회복지대학원장, 상담대학원장 2007-2008.
저서: 『기독교유아교육론』, 교육과학사, 2004.
　　　『기독교 세계관으로 본 근현대 교육사조』, 그리심, 2010.
　　　『유아교육과정』, 공저, 학지사, 2008.
　　　『기독교부모교육의 이론과 실제』, 공저, 창지사, 2009 외 다수.

미주

1) 오천석,『한국신교육사』, (현대교육총서출판사, 1964), pp.3-4.
2) 백낙준,『한국개신교사』, (연세대학교출판부, 1973), p.61.
3) 채기은,『한국교회사』, (서울: 예수교문서선교회, 1977), p.40.
4) 손인수,『한국개화교육연구』, (일지사, 1980), p.15.
5) 기존의 안정된 피라미드형의 사회구조는 소수의 지배계급인 양반과 다수의 피지배계급인 상민과 천민의 구조 속에서 가능하였다. 그러나 유교의 원리를 열심히 공부하여 과거에 합격함으로써 양반관료가 된 많은 상민에 의해 그 구조가 무너지게 되었다. 이러한 현상은 신분사회체제의 유지와 지배계급 지향이라는 조선조의 교육목적에서 기인하게 되는 것이며, 교육목적을 성공적으로 수행할수록 오히려 원래의 목적으로부터 멀어지는 사회구조의 불균형을 초래하는 모순을 낳게 된다.
6) 김인회, "기독교 100년과 한국교육",「기독교사상」, 제29권 제5호, (대한기독교서회, 1984), pp.24-5.
7) 민경배,『한국기독교회사』, (대한기독교서회, 1973), p.107.
8)『새문안교회 85년사』, (새문안교회당회, 1973), p.29.
9) 서명원,『한국교회성장사』, 이승억 옮김, (기독교서회, 1968), p.29.
10) 민경배(1973), op. cit., p.102.
11) Ibid., p.123.
12) 이선희, "한국기독교유아교육사",「한국기독교교육사」, (대한기독교교육협회, 1973), pp.169-72.
13) Ibid.
14) 허경,「개화기 초등학교 설립현황 및 교육실태 분석」, 이화여자대학교 석사학위논문, 1995, p.22.
15) 손인수(1980), op. cit., p.78.
16) 김정효·이성은·정희숙·이해지·허선영,『한국 근대 초등교육의 성립』, (교육과학사, 2005), p.16.
17) 손인수(1980), op. cit., p.58.

18) 김폴린, 『한국 기독교 교육의 역사』, (대한기독교서회, 1992), pp.19-20.
19) Ibid., p.30.
20) 손인수(1980), op. cit., pp.72-3.
21) 최명인, "근대학교의 성립", 「한국교육사」, (교육출판사, 1972), p.200.
22) 손인수, 『한국근대교육사』, (연세대학교출판부, 1973), p.79; 최명인, "근대학교의 성립", p.200.
23) 손인수의 "선교사의 내한과 미션학교의 설립"(「한국개화교육연구」)에 1909년의 장로교 노회와 감리교파대회 보고에 의하면 1910년 2월 현재 기독교 계통의 학교는 장로교가 605교, 감리교가 200교에 이르고 있으며, 성공회나 천주교 및 안식교 등에서 설립한 학교들을 합하면 기독교 학교가 무려 950여 교에 달하고 있다(79). 『배재팔십년사』에는 1910년 5월 현재 전국적으로 인가된 학교의 수가 2,250교이며, 이중 기독교 학교는 826교라 기록되어 있다. 이봉구, "기독교학교교육사", 「한국기독교교육사」, (대한기독교교육협회, 1973), p.69.
24) 손인수(1973), op. cit., pp.74-6.
25) 한용진, "기독교계 학교에 의한 근대 한국 고등교육 고찰", 「교육문제연구」, 제6집, 1994, p.184.
26) 『배재백년사』, 1989, p.64.
27) 『숭전대학교 80년사』, 1979, p.57.
28) 한용진, "기독교계 학교에 의한 근대 한국 고등교육 고찰", 「교육문제연구」, 제6집, 1994, p.190.
29) 『연세대학교사』, 1971, p.1335.
30) 손인수(1980), op. cit., pp.129-30.
31) Ibid., p.131.
32) H. G. Underwood, 『한국개신교수용사』, 이광린 옮김, (일조각, 1993), p.47.

33) 김경자, 「초기 한국교회의 여성교육에 관한 연구(1885-1910)」, 장로회신학대학원 석사학위논문, 1980, pp.60-1.
34) Ibid.
35) 한국기독교문화연구소, 『한국교회와 신학의 과제』, (연세대학교출판부, 1985), p.190.
36) 김연희, 「기독교학교가 한국개화기 교육에 미친 영향」, 합동신학대학원대학교 석사학위논문, 1999, p.65.
37) Ibid., p.66.
38) 민경배, 『교회와 민족』, (대한기독교출판사, 1981), pp.241-42 재인용.
39) 《대한그리스도인회보》, 3권 16호, 1899.4.19.
40) 《그리스도신문》, 5권 32호, 1901.8.8.
41) 이만열, 『한국기독교문화운동사』, (대한기독교출판사, 1987), pp.67-70.
42) 고려대학교민족문화연구소, 『한국현대문화사대계(7)』, (고려대학교민족문화연구소출판부, 1982), p.74.
43) 김기민·유재봉, 「개화기 기독교학교의 교육사적 의의」, 창원대학교논문집, 제13권, 제1호. p.24.
44) 《조선그리스도인회보》, 1897, 6, 2.
45) 《대한그리스도인회보》, 1899, 4, 12.
46) 한규원, 「개화기 기독교학교의 교과활동에 나타난 민족교육」, 우석대학교 논문집 17, 1995, p.111.

06.
한국 지성 사회에서 기독교 세계관 운동[1]

1980년대 초반에 시작된 한국의 기독교 세계관 운동은 한국 사회에 어떤 영향을 미쳤을까? 기독교 세계관 운동은 일종의 학문운동으로 시작되었기 때문에 초기에는 한국 사회에 직접 영향을 미치는 바가 미미했다. 하지만 시간이 지나면서 기독교 세계관 운동이 갖는 사회적 함의는 다양한 형태의 사회적 운동으로 나타나기 시작했다. 이 장에서는 먼저 유럽에서 시작된 기독교 세계관 운동의 배경과 더불어 캐나다와 미국을 거쳐 한국에 도입된 기독교 세계관 운동이 기독교계는 물론 한국 사회에 미친 영향을 역사적 관점에서 살펴보고자 한다.

1. 기독교 세계관 운동의 시작

16세기 종교개혁 이후 기독교계에는 수많은 신학과 사상, 운동들이 일어났다. 그중에서도 기독교를 하나의 세계관으로 이해하게 된 것은 근대교회사의 가장 중요한 현상 중 하나라고 볼 수 있다. 기독교 세계관의 근본 사상은 제네바의 종교개혁자 칼빈 John Calvin, 1509-1564의 사상에 근거하고 있지만, 현대적 의미의 기독교 세계관의 기초는 스코틀랜드 장로교 신학자 오르James Orr, 1844-1913와 네덜란드의 신칼빈주의 신학자이면서 정치가였던 아브라함 카이퍼Abraham Kuyper, 1837-1920 등에 의해 놓였다고 할 수 있다. 이들은 칼빈의 사상에 처음으로 세계관이란 단어를 도입했다.[2]

이들이 살고 있던 19세기 유럽은 계몽주의 사상이 사회 전 영역에 퍼지고 있었고 이는 여러 방면에서 기독교 신앙과 충돌하고 있었다. 계몽주의 사상에 기초한 반기독교적인 현대주의가 유행함에 따라 기독교는 종래와는 달리 총체적인 변증의 필요성을 절감하게 되었다. 이러한 시대적 배경 속에서 "사물에 대한 총체적인 기독교적 관점을 드러내고 변호하는 것"이 중요한 과제로 떠오르게 되었고 이것이 기독교 세계관의 출발점이 되었다.[3] 카이퍼는 근대주의 세계관을 과학적 세계관, 이성절대주의, 인문정신, 세속주의, 진보주의 역사관, 자유주의 신학으로 규정하였다. 그리고 이에 대항하여 살아가는 삶이란 교회만이 아니라 자신들이 살아가는 모든 영역에서 예수 그리스도의 주권을 인정하는 삶임을 강조했다.[4]

이후 이들의 사상은 북미주로 건너가 여러 학자들을 통해 더욱 발전하였다. 대표적으로 북미주에서 오르의 세계관적 연구를 이어받은 학자로는 고든 클락Gordon H. Clark, 1902-1986, 칼 헨리Carl F. H. Henry, 1913-2003 등을 들 수 있다. 클락은 오르의 사상과 같은 맥락에서 "기독교는 만물의 통합적 관점이다."라는 점을 강조하면서 세계관으로서의 기독교를 분명하게 제시하였고, 기독교 세계관이 전문 신학자들과 복음주의 대중들에게 널리 퍼지게 하는 데 기여하였다. 그는 현대문화 속에서 급속도로 퍼지고 있는 이교화異教化를 대항하기 위해서는 기독교를 완전한 세계관과 인생관으로 제시하는 것이 필요함을 역설하였다.

클락과 헨리를 통해 북미주에 도입된 기독교 세계관은 쉐퍼Francis A Schaeffer, 1912-1984를 거치면서 좀 더 일반인들의 실제적 삶의 영역으로 확장되었다.[5] 특히 세계관 분야의 학자와 운동가의 중간에 위치한 쉐퍼는 대중들을 위한 많은 저술들을 통해 기독교 세계관적 영성의 개념을 확립했으며, 이는 사이어James W. Sire, 미들톤Richard Middleton, 왈쉬Brian Walsh, 월터스Al Wolters 등의 대중적 세계관 서적을 출간하는 디딤돌이 되었다. 그리고 이러한 북미주 학자들의 저술은 한국의 기독교 세계관 운동이 시작되는 데 직접적인 방아쇠를 당겼다.

한국에서의 기독교 세계관 운동은 한국 교회의 근본적인 병폐가 신앙과 삶이 일치하지 않는 잘못된 이원론이라는 자각에서 시작되었다.[6] 그리스도인의 삶에서 이원론이 문제가 되는 것은 삶의 영역 중 어떤 한 부분에서만 하나님에 대한 순종과 구속의 삶이 관련되어 있고 다른 영역은 하나님 나라와 무관한 것으로 여기는 것이었다.[7] 삶의 어떤 한 부분에서만 하나님께 순종하는 것은 온전한 그리스도인의 삶이라고 할 수 없다. 그래서 신앙과 삶의 괴리로 고민하는 한국 교회에 기독교 세계관은 이원론의 극복을 해결책으로 내어놓았고, 이것이 기독 청년들의 갈증을 해결해 주면서 기독교 세계관 운동이 시작되었다고 할 수 있다.[8] 그러므로 기독교 세계관 운동은 처음부터 이론적 측면과 실천적 측면 모두에 대한 관심에서 시작되었다.[9]

필자는 한국에서 전개된 지난 30여 년의 기독교 세계관 운동을 크게 태동기1981 이전 → 확산기1981-1997 → 제도화기1997-2009 → 성숙기2009-현재의 네 단계로 나누어 살펴보고자 한다. 일단의 사람들이 목적의식을 가지고 기존의 사회구조와 제도를 변화시키기 위해 단체를 만드는 것을 '운동'의 시작이라고 본다면, 한국에서의 기독교 세계관 운동은 기독교 세계관의 필요성을 절감하고 이를 위해 구체적인 단체를 결성했던 1981년을 출발점으로 보고, 그 이전을 태동기라고 보는 것이 적절할 것이다.[10]

2. 태동기 1981년 이전: 시대적 필요

기독교 세계관 운동이 한국에서 시작하게 된 이유를 알아볼 때 빠져서는 안 되는 것이 바로 격동하는 1970년대 한국의 상황이다.

첫째는 정치적 상황이다. 1970년대는 국내적으로 독재정부의 시대였고, 국외적으로 인권운동이 활발한 시대였다. 국내적으로 박정희는 1961년 5월 16일 쿠데타로 장면 정권을 붕괴시킨 후 1979년까지 약 18년 동안 정권을 유지하면서 세 번의 계엄령, 세 번의 위수령, 아홉 차례의 긴급조치를 통해 통치기간의 절반 이상이 비상조치 상태에 있었다. 특히 1971년에 시작된 유신체제는 대통령의 권한을 거의 무제한적으로 확대시켜 국민의 기본권을 제약했고 국회의원과 대학교수들에게까지 고문과 구타 등 가혹행위를 가했다. 이때 대부분의 지식인들, 종교인들은 긴 양심의 동면을 하고 있었다.

둘째는 경제적 상황이었다. 한국은 한국전쟁 직후 세계 최빈국 중의 하나였다. 하지만 박정희 정권의 경제개발계획이 시작되면서 1962년에 1인당 GNP가 82불이었던 것이[11] 1979년에는 1,640불에 이르게 되었고[12] 후진국에서 개발도상국의 대열에 들어서게 되었다. 박정희 정권 하에서 경제성장은 모든 가치를 압도하였고[13] 법과 윤리에 선행하는 보편적 가치로서 추앙받았다. 하지만 수단과 방법, 동기와 과정을 배제한 성장지상주의는 노동자들의 노동환경과 경제에 대한 부도덕성이라는 많은 문제점을 낳았다. 이는 여러 사건으로 드러났다. 경제성장을 빌미로 정경유착이 본격화되면서 부패와 경제적 양극화가 가속화되었고[14] 윤리적 기초가 없는 부는 과소비와 사치, 향락과 퇴폐 같은 현상을 초래하였다.

셋째는 종교적 요인이었다. 이 시기의 경제성장 이데올로기는 교회까지 영향을 미쳐서 교회의 외적 성장이 교회의 지상목표가 되는 현상을 초래했다.[15] 어떤 면에서 1970년대 한국 사회는 사회적 모순에 대한 해답을 찾기 위해 몸부림치고 있었지만 정작 사회에 답을 주어야 할 교회 지도자들은 정교분리의 원칙을 고수하고 있었다. 물론 1972년 10월 유신이 선포되자 민주화를 위한 기독교인들의 저항이 있었고 민중신학을 탄생시키는 등 독재와 인권침해에 저항하였으나 그런 사람들은 소수에 불과했다.[16] 대부분의 교회들은 침묵하거나 유신정권에 동조했다.[17] 복음이 전해지던 구한말과 일제시대에는 우리 민족의 등불이요 희망이었던 교회가 1970년대의 현실 앞에서는 고개를 숙인 것이다.

교회가 사회적인 이슈에 대해서 침묵하였으나 전도에는 온 힘을 기울여 교세의 큰 확장을 이룬 것도 바로 이 시기였다. 한국 교회는 1973년 빌리 그래함Billy Graham 전도대회와 '엑스플로 74', '77 민족복음화 성회' 등을 통해 많은 새신자들을 낳았는데, 두 집회를 통해서 결신한 숫자만도 35만명에 이르렀다.[18] 하지만 이런 급격한 부흥에는 어두운 면도 있었다. 물질주의가 교회에까지 들어와 거액의 헌금이 예배당 신축으로 이어졌으며, 이것이 곧 교회의 발전과 목회의 성공으로 이어지는 분위기가 만들어졌다.[19] 또한 물질적 축복이 다른 축복들을 압도하면서 번영신학, 기복신앙이 점점 더 큰 힘을 얻었다.[20] 교회는 커지고 신자들은 많아졌지만 그리스도인들은 사회와 담을 쌓고 자신들의 영적 성장에만 집중하고 있었다. 이런 상황에서 새로운 해답을 찾고자 하는 청년 지식인들의 목은 타들어 가고 있었다.

이때 국제 복음주의 진영이 중심이 되어 개최한 제1차 로잔회의는 그나마 이들에게 위로가 되었다. 로잔언약은 1974년 7월 16일부터 25일까지 스위스 로잔에서 개최된 세계 복음화 국제회의에서 발표된 복음주의 선언이다. 로잔언약은 교회의 사명과 그리스도인의 소명에 대한 새로운 관점을 제시했다. 교회의 사명은 성도 자신이 각기 다른 소명인 직업을 통하여 세상으로 부르심을 받았고 세상을 향한 하나님의 관심과 역사에 참여하도록 보내심을 받았다는 사실을 인식시켜야 하는 것이며, 일주일간 세상에 흩어져 있는 평신도들에게 사회 주변에서 일어나는 일에 대해서 신앙 양심으로 늘 깨어 있도록 가르쳐야 한다는 것이었다.[21] 또한 "무슨 일을 하든지 마음을 다하여 주께 하듯 하고 사람에게 하듯 하지 말라 이는 기업의 상을 주께 받을 줄 아나니 너희는 주 그리스도를 섬기느니라."라는 골로새서 3장 23-24절 말씀과 교회는 성도들에게 세상의 빛과 소금의 삶마 5:13-16을 살아야 한다고 강조하는 로잔언약의 '선교를 위한 사회참여 정신'은 기독교 세계관이 지향하는 바와 같은 맥락이라고 할 수 있다.[22]

로잔언약과 더불어 1970년대 후반에 시작된 세계관 관련 도서들의 번역과 보급은 한국 세계관 운동을 태동시키는 중요한 역할을 담당했다. 기독교 세계관 관련 도서와 논문들을 한국에 보급하는 데는 미국인 자비량 선교사 원이삼Wesley Wentworth 선교사의 공헌이 절대적이었다. 원 선교사를 통해 보급된 책과 논문들은 번역되지 않은 영어 자료들을 읽을 수 있는 대학원생들과 젊은 교수들을 끌어들이기 시작했다. 이들은 원 선교사를 통해 구한 자료들을 중심으로 기독교 세계관 연구회를 인도하면서 책을 번역하였다.[23] 이들이 공부했던 저자들은 카이퍼, 도예베르트Hermann Dooyeweerd, 바빙크Herman Bavinck, 볼렌호벤D. H. Th. Vollenhoven 등 화란 개혁주의 학자들과 이들의 영향을 받은 미국의 쉐퍼, 사이어, 캐나다의 왈쉬, 미들톤, 월터스 등이었다. 이들이 공부했던 책들은 1980년대에 번역, 출간되어 한국에서 본격적인 세계관 운동이 확산되는 데 기여했다.

3. 확산기 1981-1997: 세계관 운동 단체와 기관의 등장

한국에서의 세계관 운동은 원서들을 접할 수 있었던 대학원 학생들과 젊은 교수들이 중심이 된 연구회를 통해 시작되었다고 할 수 있다.[24] 연구회를 시작했던 단체는 크게 기독교대학설립동역회(동역회)와 기독교학문연구회(기학연)를 들 수 있다. 구체적인 단체의 이름을 가지고 연구회를 시작한 것은 동역회가 먼저지만1981 비슷한 시기에 기학연(이 명칭은 1984년에 등장)도 세계관 연구회를 시작하였다. 동역회는 주로 KAIST 교회 멤버들이 주축이 되었기 때문에 이공계 배경을 가진 사람들이 많았고, 기학연은 인문, 사회 계통의 학생들이 주축을 이루고 있었다.[25]

비록 세계관 운동 단체는 아니었으나 세계관 관련 문서를 번역, 출간하는 데 앞장섰던 한국기독학생회출판부(IVP)도 기독교 세계관이 확산되는 데 큰 역할을 하였다. IVP는 한국인이 쓴 첫 기독교 세계관 문헌이라고 할 수 있는 송인규의 『죄 많은 이 세상으로 충분한가?』라는 책을 비롯하여 사이어의 『기독교 세계관과 현대사상』Universe next door: a basic worldview catalog, 월터스의 『창조 타락 구속』Creation regained: biblical basics for a reformational worldview 등 여러 세계관 서적들을 출간하여 기독교 세계관 운동을 대중화하는 데 기여했다.[26] 기독교 세계관 운동이 대중화되면서 1980년대 중반부터는 다양한 세계관 실천운동 단체들이 등장하기 시작했다.

1) 기독교대학설립동역회

여러 단체들 중 역시 가장 먼저 언급해야 할 단체로서는 한국 기독교 세계관 운동의 모체가 되었던 기독교대학설립동역회를 들 수 있다. 동역회의 시작은 1981년 3월 28일, KAIST 교회의 신입생 환영 주말수련회였다고 할 수 있다. 일산 아멘기도원에서 1박 2일로 모인 이 주말 수련회에는 10여 명의 리더들과 신입생들이 참가하였다.[27] 참가자들은 함께 기도하면서 하나님께서 자신들을 엄청난 특혜집단이었던 KAIST에 보내 주신 목적이 무엇인지를 심각하게 논의하였다. 한 가지 분명한 것은 한국의 과학과 기술 발전만을 위한 것은 아니라는 것이었다. 이때 자연스럽게 한국에 기독교 세계관에 근거한 좋은 기독교 대학을 세우자는 비전이 나누어졌고 함께 기도회를 했다.

이렇게 비전을 나누기는 했지만, 그 후 세계관 관련 문헌들을 읽으면서 연구회를 하는 것 외에 뚜렷한 외형적인 활동은 없었다. 그 이듬해에는 기독교대학설립동역회라는 길고 어색한 이름도 만들었지만 교회 멤버들이 모두 석·박사과정에서 연구에 전념해야 하는 상황에서는 연구회와 비전 캐스팅을 하는 것 이상의 활동을 하지 못했다. 그러다가 1983년, 필자가 학위를 마치고 경북대 교수로 부임하면서 기독교 대학 설립을 위한 안내서도 만들고 1984년 중반에는 조촐하지만 월보 《기독교대학》을 발행하며, 기학연과 공동으로 제1회 연합 집담회를 개최하기도 했다. 1986년에는 처음으로 동역회 실행위원회가 조직되어 필자가 대표에 해당하는 기획을 맡았으며, 1990년에는 이사회가 조직되어 초대 이사장으로 예수원 대천덕Reuben Archer Torrey 신부가, 2대 기획담당으로 조성표 교수가 일을 맡아 동역회 조직이 점차 체계화되었다.[28]

1988년 동역회는 기독교대학설립동역회출판부CUP를 시작했고, 1989년 기독교적 학문연구를 진작하기 위한 통합연구학회를 창립하고, 학회지 《통합연구》를 창간하였다.[29] 《통합연구》는 학술진흥재단으로부터 1991-1992년 동안 학술지 발간지원을 받기도 하였다. 1993년 7월 15일 동역회는 기독학술교육동역회로 명칭을 변경하여 교육부 산하의 사단법인 등록을 하고, 1997년에는 동역회의 이름을 DEWDisciples with Evangelical Worldview로 결정하였다. 그해 말 DEW는 필자 부부를 캐나다에 파견하여 밴쿠버기독교세계관대학원Vancouver Institute for Evangelical Worldview, VIEW을 시작하게 하였다. 2000년대에 접어들면서 DEW는 기독교 세계관 아카데미 2002, 기세이적 사역2003, 목회자들을 위한 기독교 세계관 연구 모임인 목회자 포럼2006 등을 개최하면서 그 활동 범위를 넓혀 갔다.[30]

동역회 멤버들의 활동은 동역회에만 국한되지 않았으며, 국내외에서 다양한 교육사역에 참여하였다. 이들 중 일부는 연변과학기술대학, 한동대학교 설립에 참여하였으며, 원동연 박사는 몽골국제대학MIU 설립에 참여하였고, 효성가톨릭대학에 재직하던 조상국 교수는 블라디보스톡대학을 설립하는 데 앞장섰다.

2) 기독교학문연구회

기학연은 1980년대 초부터 기독교적 관점에서 각자의 관심 분야를 조망해 보려는 사람들이 주축이 되어 만든 단체였다. 이들을 중심으로 몇 개의 스터디 그룹들이 1984년 8월 15, 16일 역곡에 있는 '새 소망 소년의 집'에서 연합집회를 가졌고, 이 자리에서 '기독교학문연구회'기학연를 결성하면서 시작되었다.[31]

기학연은 1985년 계간지 《새로운 지성》을 발간하였고, 10여 년이 지난 1996년에는 학술지 「신앙과 학문」을 창간하였다.[32] 기학연은 여러 외국 학자들의 세미나들을 한국에서 개최하여 기독교 세계관의 학문적 교류를 위해 애썼다. 1995년에는 총신대 신학대학원에 '기독교 세계관과 현대문화'라는 강의를 개설하였고, 2000년에는 기독교학문연구소를 시작하였다. 2009년에는 학술지 「신앙과 학문」이 학술진흥재단 등재지로 승격되어 기독교 세계관 관점의 논문이 일반 학계에서 업적으로 인정되는 중요한 계기를 마련하였다.[33]

기학연의 초기활동은 집담회였다. 1984년 8월의 첫 번째 집담회를 시작으로 매년 여름과 겨울에 한차례씩 열렸다.[34] 대부분의 집담회는 주제를 정해 전체 발표회를 가진 후에 분과 별 발표회를 갖는 형식으로 진행되었는데, 문화, 과학, 노동, 정치, 통일, 환경, 기업 윤리 등 다양한 분야를 망라하였다. 기학연은 집담회를 통해 얻어진 연구 성과들에 대한 보급을 위해 《새로운 지성》과 《기독교 학문 연구회 소식지》에 개인 논문, 서평 등을 실었고 몇몇 단행본들을 IVP 등을 통해 출판하였다. 또한 이러한 집담회의 전공 별 분과 모임에서 다양한 학회들이 분파되어 나갔는데, 기독교 철학회, 기독경영연구원 등을 들 수 있다.

3) 한국 라브리 공동체

한국 라브리는 한국 기독교 세계관 운동 단체 중에서 별도로 살펴봐야 한다. 1990년에 처음 시작된 한국 라브리의 모태인 국제 라브리는 20세기 후반 세계관 운동의 진원지 중의 하나로서 1955년에 쉐퍼가 시작하였다. 그는 유럽 교회를 텅 비게 만든 근본적인 원인을 사상이 신학을 지배하고 이성이 신앙을 이끄는 진리관의 변화라고 보았다.[35] 그래서 이를 위해 스위스 제네바 인근에 라브리 공동체를 설립하고 학자, 예술인, 종교인, 엔지니어 등 각계의 지성인들은 물론 히피족, 마약환자, 동성애자들에게까지 공동체를 개방하여 2차 대전 이후 영적 공황 상태에 빠진 유럽 사회에 성경적인 대안을 제시했다.[36]

한국 라브리는 1990년 당시 국제 라브리 회장 리트케르크W. Rietkerk가 방한하여 성인경 목사 등을 국제 라브리 간사로 임명하면서 세계에서 일곱 번째 지부로 발족됐다. 한국 라브리는 '성경적인 기독교는 종교 이념이 아니라 죄인을 위한 구원의 복음이며, 만물의 존재양식에 부합하는 진리'라는 쉐퍼의 신학사상에 근거해서 세 가지 목적을 제시했다.[37] 첫째, 영적 실체는 일상생활의 전 영역에서 순간순간 나타나야 한다. 둘째, 성경적인 세계관은 모든 인간의 지식과 상관성을 가진다. 셋째, 사회적인 윤리, 즉 사랑과 공의는 공동체 안에서 실천되어야 한다.[38] 이런 목적을 가지고 한국 라브리는 고민하는 한국 기독 청년들에게 기독교 세계관적 관점을 제시하고 있다.

4) 기독교윤리실천운동

동역회와 기학연, 한국 라브리가 직접적인 세계관 연구 단체들이었다면, 그 후에 일어난 관련 단체들은 세계관 실천 단체들이었다고 할 수 있다. 기독교 세계관의 실천적 모델로 볼 수 있는 대표적인 단체는 기독교윤리실천운동(기윤실)이라고 할 수 있다. 기윤실은 서울대 관악캠퍼스에 매주 목요일 점심시간에 모여 성경공부를 하던 서울대 기독교수 성경공부 모임이 중심이 되어 1987년 봄에 처음으로 구상되었다.[39] 그리고 그해 11월 2일에 발기총회를 하고[40] 12월 중순에 이만열, 김인수, 손봉호, 원호택 등 38명의 기독교인들이 발기인이 되어 정식으로 발족했다.

기윤실은 민주주의와 사회평등 같은 사회 이상을 달성하기 위해 그리스도인이 반드시 갖추어야 할 것은 개개인의 도덕적인 삶과 윤리적 모범이라고 생각하고 '기독교적 윤리를 실천하자'는 목표를 가지고 시작되었다. 기윤실의 발족은 1980년대를 지내면서 활성화된 한국의 시민운동에 보수주의 진영의 개신교인들이 처음으로 참여하는 기회가 되었다는 데 의의가 있었다.[41] 기윤실은 그동안 교회가 관심을 갖지 못했던 경제정의, 환경문제, 통일논의, 교육과 여성문제, 언론, 낙태, 정치계와 교계의 공명선거실천, 교회세습반대, 탈북자문제, 근래에 와서는 한국기독교단체총연합회 해체운동 등에 대한 성경적 관점을 제시했고 전국적인 연락망과 조직을 가진 개신교계의 중요한 사회운동 기반세력의 역할을 감당했다.

기윤실은 대학교수, 목회자, 신학자, 변호사, 교사 등 한국 사회의 지식층에 의해서 시작된 시민운동이다. 시민운동단체는 많지만 기독교라는 이름을 표방하고 기독교 세계관적 관점에서 시민운동을 하는 단체는 별로 없었던 당시의 현실을 생각한다면, 기윤실은 한국 기독교 세계관 운동의 큰 획을 긋는 실천운동이라고 할 수 있으며, 특히 비非 성직자들이 중심이 된 단체이기에 기독교 세계관 운동의 모범이라고 할 수 있다.

5) 대학과 전문단체들

1990년대로 들어서면서 기독교 세계관 운동은 문화선교라는 형태로 나타나기 시작했다. 문화선교단체에는 대형교회들이 기독교적 대중문화 활동에 관심을 가짐으로 만들어진 문화사역팀들과, 문화 전문단체가 있었다. 먼저 대형교회들의 문화사역을 알아보면, 창천교회의 '문화쉼터', 영락교회의 '문화사역팀' 그리고 새벽교회의 '문화교실' 등이 대표적이라고 할 수 있지만, 대형교회들은 교회성장의 한 방편으로 문화선교를 표방했기 때문에 오래 지속되지 못했다.

문화 전문단체들로는 한남대나 숭실대와 같은 기독교 대학에서 부속기관으로 만든 기독교 문화연구소가 있고 1990년대 초반 문화에 대한 한국 교회의 대변인 역할을 했던 '낮은 울타리'를 들 수 있다. 기독교 문화연구소들은 기독교 대학의 부속기관이기 때문에 전반적인 문화에 대한 비평과 비판보다는 학술연구방향으로 활동범위가 다소 좁은 편이지만, 직접적인 캠퍼스사역은 대중문화의 중심에 서 있는 대학생들에게 조금이나마 영향력을 줄 수 있는 사역이라고 할 수 있다.

대학을 중심으로 한 세계관 운동의 또 다른 모습은 한동대에서 찾아 볼 수 있다. 한동대는 1995년 김영길 총장을 중심으로 기존의 기독교 대학들과는 차별화된 교육정책과 보다 선명한 기독교적 목표로 설립된 학교이다. 한동대는 기독교 정신을 바탕으로 한 지도자를 양성한다는 목표를 가지고 시작하였으며,[42] 기독교 지도자 양성의 핵심이 바로 기독교 세계관적 연구와 교육이라고 보았다. 그리고 기독교 세계관적 통찰만이 기독교 대학의 정체성을 유지할 수 있는 유일한 길이라고 보았다.[43] 그래서 학부의 교양학점 60학점 중 신앙과 세계관 영역에 9학점을 배정하여 기독교 신앙에 대한 역사적이고 현실적인 안목을 가르치고 있다.

반면에 신상언이 중심이 되어 1989년에 시작된 '낮은 울타리'는 월간지 《낮은 울타리》를 통해 한국 교회에 상당한 영향을 끼쳤다. '낮은 울타리'는 뉴에이지운동과[44] 뉴에이지적 영화 비판, 대중음악, 단전호흡, 요가, 수지침, 태교음악, 명상, 정신집중훈련, 일간지와 주간지에 실리는 오늘의 운세에 대한 비판을 통해 대중문화에 대한 기독교인들의 경각심을 일깨웠다.[45] 하지만 재정난과 더불어 대중문화에 대한 지나친 비판은 새로운 이원론을 조장할 수 있다는 비판에 직면하면서 퇴조했다.

6) 직장사역과 비즈니스 선교

기독교 세계관 운동을 실천하는 마지막 영역은 역시 모든 사람들의 삶의 중심인 직장이라고 할 수 있다. 직장에서의 삶과 신앙인으로서의 삶을 다르게 생각하는 이원론적인 사고는 기독교 세계관 운동의 대표적인 타깃이라고 할 수 있다.[46] 그동안 직장에서의 기독교 세계관 실천이라면 대표적으로 직장사역과 비즈니스 선교를 들 수 있다.

직장 신우회 모임을 가장 먼저 실시한 예는 1956년 영화 상영관인 단성사를 경영하면서 주일예배를 드리지 못하는 종업원들을 위해 평일 아침에 가까운 교회에서 예배를 드리게 했던 벽산그룹이었다.[47] 이어 1975년 한국은행도 평일에 직장 신우회 모임을, 1976년 현대건설이 현대크리스천모임을, 1979년에는 국회직원 신우회인 국회기도회, 행정부의 과학기술처 신우회 등을 계기로 정부종합청사의 각 부처에도 신우회 모임이 확산되기 시작했다.[48] 이후 1981년 서울지역 기독교직장선교협의회가 창립되었고 본격적인 직장선교가 시작되었다.[49]

그러니 신우회는 기독교 세계관적 관점에서 일하는 훈련을 할 수 없었기 때문에 한계가 있었다.[50] 그래서 설립된 것이 직장사역연구소였다. 1993년 방선기 박사를 중심으로 설립된 직장사역연구소는 그 취지를 "기독 직장인들과 기업인들에게 성경적 이념에 근거한 기독교 직업관과 경영관을 가르치며, 직업의 현장에서 하나님의 나라를 이루어 나갈 일터 선교사를 세워 이 땅의 일터 문화를 고양시키기 위해서"라고 밝히고 있다.[51] 이후 2003년 9월 사목들을 기업에 파송하는 CS 네트워크가 시작되었고, 2005년 9월에는 직장사역훈련센터가 설립되어 직장사역을 교회와 신학교에 적용하는 세미나와 학교사역을 연계하였으며, 2007년 12월에 세 기관이 연합하여 직장사역연합이 결성되었다.[52] 직장사역연구소는 한국 교회에 직장선교라는 것이 이론에만 그치지 않고 기독교 세계관적 관점으로 실천해야 할 필요성을 인식시켜 줌으로써 기독교 세계관 운동에 참여했다고 할 수 있다.[53]

지금까지 우리는 1981년 이래, 한국에서 기독교 세계관 운동을 주도한 몇몇 단체들이나 기관들을 살펴보았다. 물론 훨씬 더 많은 단체들이 기독교 세계관 운동에 참여했음은 말할 필요가 없다. 하지만 여기서는 지면의 제약으로 몇몇 대표적인 사역들만 소개했을 뿐이다. 1990년대 후반까지 확장되던 기독교 세계관 운동은 또 한차례의 중요한 도약기를 맞게 되는데, 이것이 바로 밴쿠버기독교세계관대학원VIEW의 설립을 통한 제도화기라고 할 수 있다.

4. 제도화기 1997-2009: VIEW 설립

1997년에 설립된 VIEW는 기독교 세계관으로 종합대학의 대학원 학위를 주는 프로그램을 시작하기 위해 DEW가 필자를 캐나다에 파견하면서 시작되었다고 할 수 있다. 당시 DEW는 국내외적으로 많은 대학들이 기독교 대학으로 시작하였지만 기독교적 정체성을 상실해 가고 있는 가장 근본적인 이유는 각 전공 학문에 대한 기독교적 조망, 즉 기독교 세계관적 학문연구에 대한 준비가 없었기 때문이라는 결론을 내렸다.[54] 따라서 좋은 기독교 대학이 세워지려면 먼저 기독교 세계관을 연구하고 훈련하는 소규모 대학원 겸 연구소를 설립하는 것이 필요하다고 생각하게 되었다.

1) 꿈의 시작

그러나 단설 대학원일지라도 현실적으로 한국에서 대학원을 설립하는 일은 쉽지 않았다.[55] 그래서 DEW는 한국에서 기독교 대학을 세우기 위한 첫 단계로서 기독교적 세계관과 학문연구를 훈련할 수 있는 소규모 대학원 겸 연구소를 설립하기로 임명하였다. 하지만 이때까지만 해도 국내도 아닌 해외에 기독교 세계관 대학원을 시작한다는 것은 하나의 꿈이었다. 하지만 외국이라면 영어권이어야 할 것이고 기독교적 자원이 풍부한 기독교 문화권이어야 한다는 쪽으로 가닥을 잡았다. 또한 한국에서 직항로가 있어서 접근이 용이하고 사람들이 방문하고 싶어 하는 곳을 염두에 두었다.[56] 그러다 보니 북미주 대도시들이 주요 후보지였고 최종적으로 캐나다 밴쿠버가 결정되었다. 일단 밴쿠버로 후보지를 선정한 후에 동역할 수 있는 학교들을 물색했을 때 접촉한 기관이 바로 Trinity Western 대학TWU의 캐나다연합신학대학원ACTS Seminaries이었다.[57] 당시 ACTS는 세 개의 캐나다 복음주의 교단 신학교들이 컨소시엄을 형성하여 만든 연합신학교였다. 현재는 다섯 개

세계관 대학원을 시작하는 도시로 캐나다 밴쿠버가 결정되고 그곳 TWU의 ACTS 신학교가 DEW 프로젝트에 적극적인 반응을 보이자 DEW는 1997년 11월, 필자를 밴쿠버로 파송하였다. IMF 사태 등으로 우여곡절이 있었으나, 1998년 11월 3일 드디어 VIEW는 ACTS와 기독교세계관 문학석사MACS 과정을 개설한다는 데 합의하고 두툼한 협정서에 사인을 했다.[58] 그리고 1999년 여름학기에 총 34명의 지원자들 중 26명이 실제로 학생비자를 받아서 입학하였고 이어 VIEW의 역사적인 첫 강

의가 태평양 건너 캐나다에서 시작되었다.[59] 이로써 VIEW는 캐나다 유일의 명문 기독교 종합대학인 TWU의 신학대학원인 ACTS 신대원을 통해 기독교 세계관 대학원 프로그램을 시작하게 되었다.

VIEW 프로그램은 기독교 세계관 분야에서 북미신학교협의회ATS로부터 학위를 인정받는 유일한 프로그램이며, 기독교 역사상 종합대학의 우산 아래서 개설된 첫 기독교 세계관 분야의 대학원 학위과정이라고 할 수 있다. 현재 VIEW는 MACS 과정54학점과 기독교 세계관 디플로마 Diploma 과정29학점 등 2개의 대학원 프로그램을 운영하고 있다.[60]

2) 꿈의 열매

이제 VIEW는 ACTS와 MACS 과정 개설에 합의한 날을 기준으로 설립 13주년을 지났다. 2012년 4월 졸업생들까지 포함하여 그동안 총 122명의 졸업생을 배출했고 VIEW에서 한 학기 이상 공부한 동문들도 300명을 넘었다. 지금 이들은 국내외에 흩어져 기독교 세계관 운동은 물론 현실 속에서 기독교 세계관적 삶과 사역을 위해 노력하고 있다. 유경상 대표가 이끌고 있는 '크리스천 씽킹 운동', 최현일 원장이 이끌고 있는 안양샘여성병원 사역, 울산 다운공동체교회 박종국 목사의 세계관적 목회, 노량진 강남교회 김정일 목사가 이끌고 있는 '기독교세계관학교',[61] 밴쿠버에서 초등학교 어린이들을 대상으로 황준연 목사가 진행하고 있는 기독교세계관학교[62] 등은 많은 VIEW 졸업생들의 사역들 중 일부일 뿐이다.

이외에도 VIEW의 재학생이었던 이돈승 집사의 제안으로 시작된 청소년 세계관 캠프가 씨앗이 되어 지금까지 서산 꿈의학교60명,[63] 논산 벨국제아카데미80명[64] 학생들의 세계관 캠프가 지금도 밴쿠버에서 진행되고 있다.[65] 흥미롭게도 2011년 1월에는 기독교 세계관 운동이 VIEW 동문에 의해 처음으로 해외에서도 시작되었다. 박영신 사장이 상하이에서 진행하고 있는 지도자 훈련프로그램20명은 중국인 사역자들을 기독교 세계관으로 가르치고 세우기 위해 1년 커리큘럼으로 진행되고 있다. 머지않아 기독교 세계관으로 훈련된 이들이 중국 교회의 지도자가 되리라 믿는다.[66]

위에서 언급한 사역들은 기독교 세계관 운동의 제도화가 맺은 일부 열매에 불과하다. 이외에도 많은 VIEW 동문들은 민들레 홀씨처럼 곳곳에 퍼져 하나님 나라의 전위가 되고 있다. 이들의 사역하는 모습은 다양하지만 하나같이 자신들이 먼저 삶의 현장에서 말씀을 실천하며, 그러한 삶을 주변에 확산시키기 위해 헌신하고 있다.

5. 성숙기 2009-현재: 통합과 협력

VIEW의 설립은 세계관 운동의 물꼬를 트는 듯 했으나 정작 한국 내에서의 기독교 세계관 운동의 대외적인 영향력은 연륜에 비해 크지 않았다. 한국 기독교 세계관 운동의 원조라고 할 수 있는 DEW와 기학연의 사역도 사역들의 종류는 많아졌지만 생각보다 제대로 열매를 맺는 경우는 많지 않았다. 특히 교회의 지원과 참여를 이끌어 내는 데는 두 단체 모두 한계가 있었다. 그러면서도 두 단체의 사역의 종류가 많아지면서 중복되는 사역들이 점점 많아지게 되었다.

1) 통합의 당위성

동역회와 기학연은 창립된 이래 오랜 세월을 다른 단체로 때로는 협력하면서, 때로는 경쟁하면서 지내왔지만 두 단체가 성숙해 가면서 서로에게 부족한 부분들을 상대 단체가 갖고 있음을 직시할 수 있는 안목이 생기게 되었다. 이렇게 해서 기학연 대표 김승욱 교수와 DEW 대표 조성표 교수 간에 통합논의가 이루어지게 되었다. 한국 기독교 세계관 운동을 선도하여 온 두 단체가 통합함으로써 대표적인 기독교 세계관 운동 및 연구, 교육 단체로 성장하자는 데는 누구도 이견이 없었다.[67] 통합에 대한 배경은 이를 위해 두 단체 간에 오갔던 문건들을 살펴보면 네 가지로 요약할 수 있다.[68]

첫째, 목표와 성격이 동일하기 때문이다. 두 단체는 출발부터 그 목표가 동일하였다. 다만 DEW가 기독교 대학설립에 보다 구체적인 비전을 가지고 있었던 것이 다르다. 그런데 DEW가 밴쿠버에 VIEW를 설립함으로써 한국에서는 세계관 운동에 집중하여 기학연과 활동이 유사해졌다. 둘째, 한국 사회에서 기독교 학문활동의 대표성 확보를 위하여 동일한 목표와 성격을 가진 두 단체가 존재함으로써 교계에서 혼동을 유발하고 있다. 이 두 단체가 통합하여 한국 사회에서 기독지성의 대표적인 단체로 성장할 필요가 있다. 셋째, 두 단체가 통합함으로써 규모의 경제를 달성할 수 있기 때문이다. 두 단체가 모두 기본 행정비가 중복적으로 지출되기 때문에 비용의 낭비가 많다. 이러한 중복 지출을 줄이고 그 시간과 인력으로 보다 다양한 사업을 벌일 수 있다. 넷째, 시너지 효과를 높일 수 있기 때문이다. DEW는 사단법인으로 등록되어 출판사를 운영하고 있었고 기학연은 학술진흥재단에 등재된 학술지를 보유하고 있었기 때문에 통합은 서로의 약점을 보완할 수 있다.

2) 통합과 확장되는 지평

통합에 대한 당위성이 두 단체의 지도자들 사이에 공유되면서 통합에 대한 논의는 급물살을 타게 되었다. 먼저 두 단체의 통합을 위해 2008년 12월 통합추진위원회를 발족하게 되었고 본격적인 추진은 2009년도에 시작하였다. 당년 5월 24일 기학연 김승욱 교수가 통합추진을 제의했고 7월 23일 DEW 실행위원인 한윤식 교수, 김건주 목사, 최현일 원장 등 3인이 중심이 되어 통합에 대한 다른 실행위원들의 의견을 수렴했다.

통합에 대한 분위기가 무르익어 가면서 드디어 2009년 8월 6-7일 양일간 DEW, 기학연 두 단체 주요 지도자들이 한국에서의 기독교 세계관 운동 30년을 회고하고 앞으로의 과제를 점검하는 워크숍을 대전 인근에 있는 작은 수양관에서 개최하였다. 이때 양측에서 19명이 참여했는데, 여기서 통합에 대한 심도 있는 논의가 이루어졌고 어느 정도 의견의 일치가 이루어졌다. 이어 DEW에서는 8월 20일 캐나다 밴쿠버 VIEW 국제센터 View Global Centre에서 양인평 이사장, 양승훈 원장, 전광식 교수, 조성표 실행위원장 등이 모여 통합에 대한 심도 있는 논의를 했다. 이때의 논의사항을 중심으로 통합안건을 10월 10일에 DEW 이사회에 상정했고 이사회에서는 만장일치로 통합안을 가결하였다.[69] 일단 DEW 이사회에서 통합이 가결되자 이미 지도자들의 동의가 이루어져 있었던 기학연에서는 별문제가 없었다. 그래서 11월 28일 제1회 통합총회를 개최하고 정관 및 이사회를 확정이사장: 손봉호함으로 역사적인 (사)기독교세계관학술동역회이하 세계관동역회가 출범하였다.[70] DEW와 기학연의 통합으로 이제 한국 기독교 세계관 운동은 새로운 지평을 열어 가고 있다. 세계관동역회는 세계관 운동을 연구, 교육, 운동이라는 세 영역으로 나누어 출발하였다.

첫째, 성경적 원리에 입각하여 제 학문을 검토, 비판하고 기독교적 학문의 이론적 틀을 정립하여 기독교 세계관에 기초한 기독교 학문을 연구하여 기독교계의 두뇌역할을 감당한다.[71] 또한 연구발표의 장을 마련하기 위해 연 2회의 학술대회를 개최하고 한국연구재단 등재 학술지 「신앙과 학문」을 발행한다.[72] 나아가 국제적으로 기독교 세계관 분야의 연구결과를 담아낼 수 있는 《아태통합연구》Asia-Pacific Journal of Integrative Studies: APJIS 창간을 준비하고 있다. 둘째, 교육기관을 설립하거나 기존의 기독교육기관과 협력하여 기독교 학문을 가르쳐 전인적 기독인재를 양성한다. 이를 위해서는 VIEW와 같이 기독교 세계관을 가르칠 수 있는 대학원 과정을 국내에 설립, 운영하고 나아가 다른 단체들과 협력하여 제3세계 국가에도 기독교 세계관 대학원 설립을 지원한다. 셋째, 기독교 학문에 기초한 기독교적 대안을 출판, 언론, 교회협력 등을 통해 사회에 알리고 참다운 이웃사랑을 실천한다.[73] 이를 위해 CUP를 통하여 기독교 세계관 관련 도서를 출판, 보급한다.

세계관동역회의 출범은 한국 기독교 세계관 운동은 물론 한국 교회와 한국 사회에서도 한 획을 그은 일이라고 할 수 있다. 그동안 DEW는 하드웨어인 기독교 대학 설립에 역점을 두고 활동해 온 반면, 기학연은 소프트웨어인 기독교 학자 양성 및 학문연구에 매진해 왔기 때문에 두 단체의 통합은 연합된 기독 지성으로 한국에서의 새로운 기독교 세계관 운동의 시대를 열어 갈 수 있는 토대가 되었다고 할 수 있다. 이제 통합된 세계관동역회를 중심으로 기독교 세계관적 학문연구가 이루어지고 이를 기초로 기독교 세계관에 기초한 교육기관이 세워지며, 나아가 이렇게 훈련된 전인적 기독교 지도자들이 국가와 사회, 나아가 전 지구촌 구석구석에 하나님 나라를 확장하는 꿈을 꿀 수 있게 되었다.

6. 맺는말

지금까지 지난 30여 년간 한국에서의 기독교 세계관 운동을 중심으로 기독교가 한국 교회와 사회에 어떤 영향을 미쳤는지를 간략히 살펴보았다. 이 장에서는 주로 DEW, 기학연, VIEW 중심의 기술이었지만 그 외 크고 작은 운동이나 단체가 있었음은 물론이다. 다만 직접적으로 세계관 운동을 위해 설립된 단체를 중심으로 살펴본 것이다.

지금까지의 논의를 살펴보면, 첫째, 기독교 세계관 운동은 1980년대

한국 교회에서 그리스도인의 신앙과 삶의 괴리라는 이원론적 행습에 대한 문제의식에서 시작되었다. 하지만 곧 이 운동은 그리스도인들의 학교, 직장, 가정 그리고 교회에서 어떻게 살아가야 하는가의 문제로까지 확장되었고 이는 양적으로 부흥하는 한국 교회의 사회적 책임에 대한 성경적, 이론적 기초를 제공하였다. 둘째, 기독교 세계관 운동은 신학으로 편중되었던 기독교 학문을 인문학, 사회과학, 과학, 공학과 같이 다양한 분야로 확장할 수 있게 하였다. 모든 학문 분야에 대한 기독교적 조망이 가능하고 또한 가능해야 한다는 기독교 세계관적 접근은 학문하는 사람들의 소명을 확장하는 데 기여했다. 한국에서 기독교 세계관은 주로 학문을 연구하는 학자와 학생에 의해서 시작되었기 때문에 처음에는 기독교 세계관 운동이 교회와 연계되기보다는 교회 밖의 단체를 중심으로 전개되었다. 하지만 교회의 외형은 커지는데 사회적 책임감은 부족하다는 비판이 제기되면서 기독교 세계관 운동은 교회의 주변 운동이 아니라, 중심 운동으로 전환되고 있다. 기독교 세계관 운동의 차원에서 보면 잘못된 성속의 이원론을 타파하고 모든 영역에서 그리스도의 주 되심을 인정하자는 운동이 사회적으로는 교회가 건강한 사회적 책임을 감당하자는 운동으로 나타나고 있기 때문이다.

양승훈 梁承勳, Paul Seung-Hun Yang
경북대 사대 물리교육과 학사. KAIST 물리학과 이학 석사/박사.
University of Wisconsin-Madison 과학사학과 문학 석사. Wheaton College 대학원 신학과 문학 석사.
1983-1997 경북대학교 사범대학 교수, 1997-현재 밴쿠버기독교세계관대학원 원장.
2010-현재 쥬빌리채플 창립/설교목사, 2007-현재 '창조론 오픈포럼' 공동 대표/편집장.
2012-현재 《Asia-Pacific Journal of Integrative Studies》 창간 편집인.
저서: 『과학사와 과학교육』, 공저, 민음사, 1995; 『물리학과 역사』, 청문각, 1996; 『창조론 대강좌』, CUP, 1996; 『과학자와 물리교육』, 크리, 1997; 『기독교사 핸드북』, CUP, 1997; 『상실의 기쁨』, CUP, 1998; 『세상에서 가장 작은 부엌』, 예영, 1999; 『하늘나라 철밥통』, ESP, 2003; 『기독교 세계관으로 들여다본 세상』, 낮은울타리, 2001; 『기독교 세계관 렌즈로 세상 읽기』, 바울, 2003; 『물에 빠져 죽은 오리』, 죠이선교회, 2006; 『창조와 격변』, 예영, 2006; 『그리스도인으로 공부를 한다는 것은』, CUP, 2009; 『기독학자, 학문의 제사장』, CUP, 2009; 『앞으로만 가는 차』, SFC, 2009; 『프라이드를 탄 돈키호테』, SFC, 2009; 『창조론 탐구학습』, 공저, 좋은교사/좋은씨앗, 2010; 『다중격변 창조론』, SFC, 2010; 『생명의 기원과 외계생명체』, SFC, 2011; 『창조와 진화』, SFC, 2012; 『헌신과 광기』, 예영, 2012 외 10권의 저서와 다수 논문.

미주

1) 이 글은 필자의 지도로 이재열 목사가 작성하여 캐나다연합신학대학원 ACTS Seminaries에 제출한 기독교 세계관 문학 석사과정 학위논문인 「한국에서의 기독교 세계관—한국에서의 기독교 세계관 운동을 반성하며」에 기초하고 있다.
2) James Orr의 강의록은 *The Christian View of God and the World*란 제목으로 출판되었다. 오르의 강의집은 홈페이지에서 볼 수 있다. http://www.ccel.org/ccel/orr/view.toc.thml. (Accessed on 07 March 2011).
3) David K. Naugle, *Worldview: The History of a Concept* (Grand Rapids, MI: William B. Eerdmans Publishing Company, 2002). p.13.
4) 신국원, "개혁주의 기독교 세계관의 역사와 전망", 「총신대논총 24권」 (총신대학교, 2004), p.141.
5) 그는 "개인적 차원에서 온전한 삶을 살지 않으면, 기독교 세계관이 일련의 죽은 관념이나 인지적 체계에 불과하게 될 것이다."라고 말하면서 세계관적 삶의 원동력은 '영성'임을 강조했다. Nancy R. Pearcey, 『완전한 진리』 *Total Truth*, (서울: 복있는사람, 2007), p.653.
6) 양승훈, 『기독교적 세계관』 (대구: CUP, 1999), p.19.
7) J. Richard Middleton & Brian J. Walsh, 『그리스도인의 비전』, 황영철 옮김 (서울: IVP, 1987), p.117.
8) 신국원, 『신국원의 문화 이야기』 (서울: IVP, 2002), p.131.
9) 김종철, "실천을 통해 본 기독교 세계관의 메커니즘", 「신앙과 학문 9권」 1호 (서울: 기독교학문연구회, 2004), p.163.
10) 양희송, "한국의 '기독교 세계관 운동' 비판적 성찰과 역동적 혁신을 위하여-기독교 세계관 수용과 확산 과정을 중심으로-", 「신앙과 학문」 8(2) (서울: 기독교학문연구회, 2003), p.41.
11) http://100.naver.com/100.nhn?docid=731488(Accessed on 14 March 2011)
12) http://local.segye.com/articles/view.asp?aid=20110206000818&cid=6108000000000 (Accessed on 14 March 2011)

13) 조창연, "한국 사회의 변화에 따른 개신교의 변화와 그 이념적 분화",「신학과 실천 9권」하권 (안양: 한국실천신학회, 2009), p.273.
14) 장준오, "정경유착부패의 실태와 개선방안",「형사정책연구」(한국형사정책연구원, 2002), p.99.
15) 이영훈, "한국 교회의 부흥과 교회성장",「성령과 신학 21호」(한세대학교 영산신학연구소, 2004), p.206.
16) 조병호,『한국 기독청년 학생운동 100년사 산책』(서울: 땅에쓰신글씨, 2005), p.76.
17) 이만열, "한국 기독교와 민족운동",「한국 기독교와 역사 18호」(한국기독교역사연구소, 2003), p.33.
18) 통계에 따르면 1970년에 320만 명 정도의 개신교인 수가 1970년대 말 500만 명이 되었고 교회 수도 1만 3천 개에서 1만 8천 개로 늘었으며, 여의도 순복음교회는 10만 교인을 기록하여 단일교회 세계 최대교회가 되었다. 김승태, "해방 후 한국교회의 발자취",「한국기독교의 역사적 반성」(서울: 다산글방, 1994), p.278.
19) 이승구,『한국 교회가 나아갈 길』(서울: SFC출판부, 2007), p.105.
20) 이영훈, "한국 교회의 부흥과 교회성장",「성령과 신학 21호」(한세대학교 영산신학연구소, 2005), p.204.
21) 이승구,『한국 교회가 나아갈 길』, p.251.
22) http://www.cwmpcts.org/main/cwm-resources/study/mission-theology/20mission-theology/05.htm (Accessed on 07 March 2011).
23) 양희송,「신앙과 학문」, p.41.
24)「신앙과 학문」, p.41.
25) http://www.dew21.org/ (Accessed on 07 March 2011)
26) http://www.IVP.co.kr (Accessed on 07 March 2011)
27) "기독교 세계관 학술동역회 사역계획 보고", p.8.
28) 방선기,『아직도 계속되는 꿈』(서울: CUP, 2002), p.1.

29) "기독교 세계관 학술동역회 사역계획 보고", p.8.
30) 양승훈, 『새로운 대학』 (대구: CUP, 1993), p.122.
31) "기독교 학문연구회 약사", p.1.
32) "DEW와 기학연 통합 논의", p.9.
33) http://www.dew21.org/subpage/csak/info_03.asp (Accessed on 19 March 2011)
34) "기독교 학문연구회 약사", p.3.
35) 성인경 엮음, 『프랜시스 쉐퍼 읽기』 (서울: 예영커뮤니케이션, 1997), p.94
36) 『프랜시스 쉐퍼 읽기』, p.128.
37) http://www.labri.kr/intro/about (Accessed on 16 March 2011).
38) http://www.labri.kr/intro/about (Accessed on 14 March 2011).
39) 손봉호, 『기독교윤리실천운동의 시작』 (기윤실 소개 브로서, 1994), p.1.
40) 이원석, "기윤실의 대중문화 논쟁", 《문화과학 겨울호》 (문화과학사, 2008), p.341.
41) 조창연, "한국 사회의 변화에 따른 개신교의 변화와 그 이념적 분화", 「신학과 실천 9권」, 하권 (안양: 한국실천신학회, 2009), p.260.
42) 김수홍, 「한동대학교 학생들의 교육적 경험과 그 영향요인에 관한 질적 연구」, (고려대학교 대학원 석사학위 청구논문, 2011), p.124.
43) 한윤식, "기독교 대학으로서의 한동대학교, 그 가능성과 구현 방안", 《통합연구 16권》 2호 (통합연구학회, 2002), p.235.
44) 이원석, "기윤실의 대중문화 논쟁", p.356.
45) 신상언, "뉴에이지 운동은 과연 교회에 영적인 위기를 줄 만한 정도인가?", 《활천 10월호》 (활천사, 1992), p.19.
46) 천영섭, 「직장선교 활성화를 위한 교회의 역할에 대한 연구」 (총신대학 선교대학원 석사학위 청구논문, 2006), p.3.
47) 박홍일, 『직장선교와 삶의 현장』 (서울: 크리스찬서적, 2000), p.147.
48) 천영섭, "직장선교 활성화를 위한 교회의 역할에 대한 연구," p.35.
49) 박홍일, 『직장선교와 삶의 현장』, p.148.

50) 도전욱,「공동체CELL로서의 일터교회에 관한 목회적용 가능성 연구」(총신대학교 선교대학원 석사학위 청구논문, 2009), p.50.
51) http://www.bmi.or.kr/ (Accessed 07 March 2011)
52) http://www.bmi.or.kr/ (Accessed 17 March 2011)
53) 「공동체CELL로서의 일터교회에 관한 목회적용 가능성 연구」, p.81.
54) 방선기,「아직도 계속되는 꿈」, p.48.
55) 양승훈,『물에 빠져 죽은 오리』(서울: 죠이선교회, 2006), p.109.
56) 한동균,『토지를 중심으로 본 성경적 경제학』(대구: CUP, 2002), p.60.
57)『물에 빠져 죽은 오리』, p.113.
58) 양승훈 동역서신(1999년 5월 28일)
59)『물에 빠져 죽은 오리』, p.133.
60) http://acts.twu.ca/programs/program-pages/kmacs-default.html (Accessed on 14 March 2011)
61) http://www.knpc.or.kr/2008web/index.asp (Accessed on 11 March 2011)
62) http://cafe.daum.net/Godkingdom (Accessed on 14 March 2011)
63) http://www.dreamschool.or.kr/ (Accessed on 09 March 2011)
64) http://bellschool.or.kr/_new/index.php (Accessed on 09 March 2011)
65) 양승훈 동역서신 (2007년 6월 26일)
66) 양승훈 동역서신 (2011년 2월 5일)
67) "DEW와 기학연 통합 논의", p.1.
68) "DEW와 기학연 통합 논의", p.1.
69) "DEW와 기학연 통합 논의", p.4.
70) http://worldview.or.kr/subpage/csak/info_03.asp (Accessed on 07 March 2011)
71) "DEW와 기학연 통합 논의", p.4.
72) "기독교세계관학술동역회 사역계획 보고", p.3.
73) "기독교세계관학술동역회 사역계획 보고", p.3.

07. 한국 의료의 발전과 기독교

대한민국은 한 국가나 사회가 새로운 세계관을 능동적으로 수용함으로써 어떻게 그리고 얼마나 빨리 극적인 변화를 가져올 수 있는지를 관찰하는 데 매우 흥미로운 나라이다. 한국은 5,000년의 긴 역사를 가진 나라이면서도 지난 100여 년을 통해 일본 제국주의의 희생양이 되기도 하고 한국전쟁을 겪으면서 지구 상 가장 피폐한 나라로 전락하였다. 그러나 최근 수십 년의 짧은 기간에 괄목할 만한 경제발전을 이룩하였다. 세계 여러 나라로부터 원조를 받아야 했던 나라가 불과 60년 만에 원조를 제공하는 나라로 성장하게 된 것이다. 따라서 이렇게 극도의 가난에서 부강한 나라로의 전환이 아주 짧은 시간에 일어났기 때문에 그 변화의 역사를 한눈에 관찰할 수 있는 독특한 나라로서 관심의 대상이 된다.

여기에 변화의 동인을 제공한 것은 세계관의 도입과 그에 따른 능동적 변화가 일정 부분 중요한 역할을 했음은 주지의 사실이다. 당시 조선은 유교적, 불교적, 무속적이고 정령숭배적 세계관이 뒤섞여 다분히 운명론적이었다. 이처럼 외부세계의 변화를 읽지 못하던 조선 땅에 새로운 세계관으로 도전을 준 것은 기독교의 전래이다. 능동적이고 도전적이며, 폭넓은 세상에 노출되어 발전된 문물을 적극적으로 수용하는 역할을 하는 데 기독교의 세계관은 결정적 역할을 했다.

기독교 전래는 대부분의 나라에서 기존 세계관과의 충돌로 인한 저항을 동반한다. 그런데 여러 나라의 예를 보아 알 수 있듯이 이 저항의 빗장을 열고 만남의 가교 역할을 했던 것은 의료인 경우가 많다. 사실 1925년 당시에는 세계적으로 2,000명이 넘는 기독교 의료 선교사들이 활동을 하면서 기독교 복음의 문을 여는 데 결정적인 역할을 하였다. 인도에 의과대학을 세운 스커더Ida Scudder, 브라운Ethis Brown, 방글라데시의 입국 비자 001번이었던 올슨Viggo Olsen, "중국의 문을 수술 메스로 열었다."고 말한 파커Peter Parker 그리고 아프리카의 콩고에서 50년을 봉사한 베커Carl Becker 나, 랑바렌의 슈바이처Albert Schweitzer 등 수많은 이름을 열거할 수 있다.

이들은 예수의 공생애 3년 동안의 삶으로 요약할 수 있는 "가르치고교육, Teaching, 전파하고전도, Preaching, 병 고치는치유 Healing"마 4:23 모범을 따르는 자들이었다. 특히 인간은 하나님의 형상Imago Dei이라는 의료 선교사들의 신학적 인간 이해는 치유사역의 근거로 작용하였다. 이것이 인간의 보편적 존엄성의 근거가 되었고 기독교 의료 선교사들은 당시 양반과 천민의 차별이 심하던 조선 사회에서 의료를 통해 이를 실천해 나갔다. 질병으로 고통받는 인간을 치유하는 의료는 긍휼사역의 하나로서 복음을 직접 전하지 못하던 선교 초기에 새로운 신앙과 세계관에 대한 적개심을 완화시키고 자연스럽게 이를 도입하고 정착시키는 가교 역할을 하였다.

한국도 예외는 아니었다. 처음 기독교 선교가 시작될 당시에는 직접적인 기독교 선교는 금지되었으나 의료와 교육 분야에 대해서는 수용적이었다. 특히 알렌H. N. Allen은 미국 북장로교 소속의 선교사였으나 구한말에 갑신정변이 일어나 칼에 맞아 쓰러진 왕비의 친척 민영익을 정성스럽게 치료하여 회복시킨 것을 계기로 서양의술에 대한 신뢰를 얻게 되었다.

이를 계기로 고종 황제의 시의로서 활약하였고 환자들을 정성껏 돌보는 의사로서 정부의 신임을 얻게 되었다. 이를 시발점으로 조선 땅에도 의료를 통한 복음전파의 문이 열리게 되었다.

1. 급변하는 한국 사회에서 의료의 발전과 기독교

이렇게 문이 열리기 시작한 기독교 선교사들의 의료는 일제 강점기와 한국전쟁을 지나와야 했던 한국 역사에서 정부의 의료보다도 더 중요한 역할을 감당하였다. 특히 서양의학이 처음 도입되던 대한제국 말에는 관립의료가 큰 기능을 하지 못하였다. 일제 치하에서 총독부의 의료는 식민지배를 위해 한국에 거주하는 일본인을 위한 의료였을 뿐 아니라, 러시아와의 전쟁을 수행하기 위한 발판의 하나였기 때문에 한국인을 위한 의료가 제대로 제공될 수 없었다.

이러한 시대적 배경 속에서 기독교 의료 선교사들에 의해 도입된 서양의료는 비중이 커질 수밖에 없었다. 버림받은 환자들을 돌보는 일은 물론, 예방사업이나 의학의 연구와 교육, 보건정책 등 한 나라의 의학발전에 세계 유래가 없는 기여를 하게 되었던 것이다. 흥미로운 것은 한국 사회가 매우 빠른 성장을 하였기 때문에 시대마다 의료적 필요와 내용도 빠르게 변화하였는데, 이 변화를 한눈에 볼 수 있을 만큼 짧은 역사 흐름 속에서 관찰할 수 있다는 점이다.

1) 조선말, 대한제국의 의료 현실 1884-1910

조선말기를 지배하던 세계관은 유교, 불교, 샤머니즘의 혼합이었다. 이와 같은 세계관은 일상생활뿐 아니라 질병을 이해하고 치료하는 데 중요한 믿음으로 드러났다. 즉 질병을 악령 때문이라고 믿거나 병의 원인에 대한 권선징악적 믿음이 편만해 있었고 윤회설에 대한 믿음이 당시 환자들의 대화 속에 드러나 있다. 1898년부터 전주에서 진료를 했던 잉골드M. Ingold의 일기에는 이런 기록들이 생생하게 기록되어 있다.

> 11월15일: 영양부족으로 심하게 쇠약한 어린아이가 여기 있는데, 사람들은 말하기를 "이 아이가 태어난 지 21일이 되기 전에 그 마을의 이웃들이 개를 죽였기 때문이다."
> 12월12일: 병들어 죽어 가는 한 여자를 데리고 왔는데, 그 집 귀신을 노하게 해서 그렇게 되었다는 것이다.
> 1월2일: 한 어린아이가 머리에 상처가 생겨서 약을 발라 주기 위해 머리털을 좀 발라 주었더니 그 어머니가 집에 가져가려고 머리털을 조심스럽게 전부 다 주워 모으는 것이었다. 만약 머리털을 버리면 그 아이가 죽어서 뱀이 된다고 무서워하였다.
> 1월12일: 한 여자아이가 자기의 병에 대해 아주 작은 소리로 속삭이는 것이었다. "크게 이야기하세요."라고 말했더니 그 여자는 병 귀신이 자기 말을 들으면 나빠진다고 두려워하였다.
> 3월22일: 악한 마음을 갖게 되면 두통과 여드름이 생긴다고 한다.
> 일자 미상: 한 여자가 귀신을 모시고 있는 이웃집에 대해 이야기하기를 그 집에는 열 자녀가 있었는데, 병이 나게 하는 귀신들을 잡아서 내쫓지 못했기 때문에 여덟 자녀가 죽었다는 것이다. 드디어 그들은 귀신들을 잡아서 병에 집어넣어 묻었다. 그래서 다른 두 아이들을 구할 수 있었고 그 후 아프지도 않았다.[1]

이런 혼합된 세계관의 틀과 아직 전통적인 의학이 과학의 틀 안에서 발전하지 못했던 당시로서는 새로운 의료의 도입 없이 질병으로부터 스스로를 보호하려는 노력은 한계를 드러낼 수밖에 없었다. 이때 새로운 전기를 제공한 것은 서양 선교사들의 내한이었다.

이들이 도착했던 시기는 조선말기 1876년에 병자수호조약을 계기로 문호를 개방한 후 일제에 의해 강점되었던 때였다. 정치적, 역사적 소용돌이 속에 이들이 내한하면서 대한제국의 의료에도 큰 변화가 일어나 서양식 의료기관이 설립되기 시작하였다. 여기에는 세 부류의 병원이 있었다. 첫째는 일본이 한국 침략을 지원하기 위해 우리나라에 주둔하고 있는 일본 군경이나 자국 국민들의 의료문제해결을 주목적으로 하는 병원이었다. 둘째는 대한제국시대의 근대적인 제도개혁과정에서 설립된 관립의료기관 그리고 마지막으로 서양 선교사들에 의해 설립된 병원들이다.

일본이 설립한 병원들은 1876년에 병자수호조약이 맺어지면서 1877년의 부산에 제생병원이 설립되고 그 이래로 여러 지역에 다양한 명칭의 병원들이 설립되었다. 1910년 전후로 여러 지역에 설립되거나 그 후 개명한 병원들 중 일부는 해방 후에 도립병원으로 명맥을 이어 가기도 했다. 그러나 이 병원들은 설립목적에 따라 일본의 대륙침략과정에 병참병원역할을 해 왔기 때문에 진정한 우리나라 근대병원의 효시로 볼 수 없다.

관립병원은 1899년 한의를 기반으로 한 내부병원이 그 시작이다. 1905년에는 적십자병원이 설립되었으나, 1907년 대한의원이 설립되면서 흡수되었다. 대한의원은 광제원과 관립의학교 그리고 적십자병원을 통합하여 발족한 관립의료기관으로 한의는 배제된 상태였으며, 진료과를 분화하여 종합병원의 틀을 갖추었다. 대한의원은 1910년 국권피탈 후 조선총독부병원이 되었다. 그 외 전염병 전문병원인 순화원1909, 국권피탈 이후 조선총독부의 주도로 10개의 자혜의원이 설립되었으며, 후자는 도립병원으로 전환되기도 했다. 그러나 일제 치하의 의료는 독자적인 발전을 기대할 만큼 자율적인 동력이 없었다.

이 시기에 '이웃을 사랑하라.'는 기독교 정신을 가지고 복음을 전하기 위해 입국한 서양 선교사들의 기여는 서양의료의 도입에서부터 그 후 우리나라 의료를 발전시키는 데 있어서 질적으로나 양적으로 매우 중요한 기틀이 되었다. 이들이 대면하게 된 당시의 조선은 ① 문호를 개방하는 데 저항이 심하였고, ② 양반과 천민의 신분이 존재했으며, ③ 여성은 사회적으로 차별을 받았고, ④ 의료는 한의학에 전적으로 의존하고 있었던 시대였다.

(1) 최초의 서양식 병원, 광혜원

알렌이 황실로부터 신임을 얻은 것을 계기로 외세에 문호를 개방하지 않던 조선이 의료부터 문을 여는 변화를 가져왔다. 황실은 1885년 4월 10일에 광혜원廣惠院, House of Extended Grace을 설립하였고 2주 만에 제중원濟衆院, House of Universal Helpfulness으로 개칭하면서 일반 백성들도 이용할 수 있도록 하였다. 제중원은 미 북장로교 선교부에서 의료 책임자를 제공하고 조선정부가 건물과 설비, 경상비를 부담하여 설립된 최초의 근대식 병원이라 할 수 있다. 제중원은 초기 선교사들에게 구심점 역할을 하였는데, 1885년에 미국 북감리교 소속의 의사 스크랜톤William B. Scaranton이나 미국 북장로교 소속의 의사 헤론John Heron 그리고 1886년에는 최초의 여성 의료인인 엘러즈A. Ellers 등의 활동기반이 되었다. 제중원은 이름을 바꿔 가며, 일반 백성들을 진료하려는 의지를 보였으나 궁궐과 외국 공관이 많은 정동에서 국립병원으로 시작하여 왕실을 중심으로 한 의료를 수행하는 한계를 가지고 있었다. 환자가 많아지자 이를 감당할 수 없어져 1887년에는 더 넓은 지역인 구리개현재 을지로2가로 이전하였고 후에 언더우드와 결혼한 홀턴Lillias S. Horton이 부인병실을 개설하였다.

제중원은 캐나다 토론토 의과대학의 유능한 교수였던 에비슨O. R. Avison이 내한하면서 큰 변화를 겪게 되었다. 당시 제중원은 정부 지원금을 중간 관리들이 착복하여 국립병원의 기능을 다하지 못하고 있었다. 매우 비효율적인 상태에서 정부관리들과 갈등이 깊어지자, 에비슨은 이런 이유를 들어 사임을 하려고 했다. 그러나 자신이 인사권을 가지고 병원의 재산권을 북장로교 선교회에 넘기며, 북장로교는 병원 개조와 운영에 관한 비용을 감당하도록 하는 조건이 수용되면서 병원 운영에 일대 개혁이 시도되었다. 1894년에는 청일전쟁과 갑오경장의 영향으로 정부가 제중원에 재정지원을 할 수 없게 되자 북장로교가 제중원을 전적으로 관할하게 되었다.

에비슨은 건강 문제로 캐나다에 휴가를 가 있는 동안 40병상 규모 있는 병원을 구상하였다. 그는 이와 같은 병원 하나를 운영하는 것이 7개의 작은 진료소보다 더 많은 일을 할 수 있다고 생각했다. 이 계획에 건축비 1만 달러를 기증한 사람이 바로 세브란스L. H. Severance였다. 그는 그 후로도 수만 달러에 이르는 당시로서는 엄청난 금액의 재정 지원을 계속하였고 의사 선교사의 생활비를 지원하였다. 그뿐 아니라 그의 후손들도 일제 시대의 탄압으로 선교사들이 활동을 할 수 없을 때까지 병원증축과 운영에 필요한 자금을 후원하였다. 오늘날 2,000병상에 이르는 대규모 의과대학병원인 세브란스병원은 지금까지도 그의 이름을 기념하고 있다.

그 이후 전국 곳곳에 크지는 않지만 많은 진료소들이 세워졌는데, 이 진료소들은 규모가 커지면서 상당수가 오늘날까지 남아 의료와 교육, 연구 등을 이어 가며 기독교 정신을 구현하고 있다. 예를 들면, 전주 예수병원1898, 대구 동산병원1899, 광주 기독병원1905, 안동 성소병원1909 등이다.

(2) 최초의 민간병원, 시의원

알렌의 요청으로 내한한 감리교 의료 선교사 스크랜톤은 처음에는 제중원에서 알렌과 함께 일했다. 그러나 알렌의 정책과 달리 스크랜톤은 민중과 빈민층 진료를 위한 새 건물을 마련하여 진료소를 시작하였다. 이 진료소에 고종 황제는 시병원施病院, Universal Relief Hospital이라는 이름을 지어 주었다. 시병원은 제중원과는 달리 가난하고 버림받은 환자들을 위한 진료에 주력하였고 당시에 유행하던 콜레라와 같은 전염병 환자도 감당하였다. 이를 시작으로 스크랜톤은 정동을 떠나 아예 민중이 있는 남대문 근처의 상동으로 병원을 옮겨 1885년 한 해에만 5천 5백 명의 환자를 치료하였다.

심지어는 집에서 쫓겨났거나 노동력이 없어 버림받은 환자들의 생활비를 감당하기도 했다. 1888년에는 성 밖에 버려진 사람들을 구제하기 위한 구제소를 상동과 아현동에 설치하기도 했으나 재정상의 이유로 오래 유지되지 못하고 1890년에 문을 닫았다. 그러나 그 후로도 스크랜톤은 서울과 지방 도처에 병원과 진료소를 세우고 복음전파활동이 제한되었던 당시에 치유사역을 통한 복음증거를 계속하였다. 그 뒤를 이어 맥길W. Mcgill, 홀W. J. Hall, 부스테드J. B. Busteed, 여의사 커틀러M. Cutler 등이 빈민을 위한 의료사역을 이어 갔다.

언더우드H. G. Underwood도 서울 지역의 전염병으로 수많은 사람들이 외곽에 움막을 짓고 환자촌을 이루고 사는 처참한 모습을 목도하고 오닐 진료소O'Neil Dispensary, 1893를 짓고 부인인 릴리아스Lillias S. Undrewood가 진료를 시작했다. 이와 같이 초기 의료 선교사들은 "내 이웃을 내 몸같이 사랑하라."는 기독교 정신으로 한국 정부나 관립의료가 다가가지 못했던 영역의 환자들에 이르기까지 자기희생과 헌신을 몸소 실천하였다.

(3) 최초의 부인병원, 보구녀관

당시의 유교적 전통에서는 여자들이 외국인 남자에게 진료를 받는 것에 대한 거부반응이 있었다. 첫 여의사 선교사였던 엘러즈와 그 뒤를 이은 홀턴이 제중원의 부인부를 맡아 주로 왕녀와 왕실의 부인들을 진료하였다. 그러나 왕실이나 상류층이 아닌 평민 여자들과 어린이의 진료를 위해 감리교 선교부에 부인병원 설립기금과 여의사 파견을 요청하였다. 1887년 10월 31일에 입국한 하워드M. Howard는 이화학당 구내에서 시작하여 정동에 부인전문병원을 세우게 되는데, 명성황후는 이를 보구녀관保救女館이라 명명하였다. 1890년 10월 4일에 내원한 셔우드Rosetta Sherwood는 그 다음날부터 진료를 시작하여 이 일을 승계하였고 3년 동안에 14,000명을 진료했으며, 대부분 환자의 집을 직접 왕진하였다. 정동에 있던 이 부인병원은 동대문에 세워진 분원1892과 합하여 5년 동안 여의사로 일하다가 순직한 해리스L. Harris를 기념하여 릴리안 헤리스 기념병원이라 부르게 되었다. 1930년 이래로 '동대문 부인병원'으로 알려져 오다가 이화여자대학교 의과대학의 부속병원이 되었다.

미국 남장로교의 선교지였던 전주에서는 약방을 운영했던 해리슨W. B. Harrison의 뒤를 이어 잉골드가 여성과 어린이를 위한 진료소를 개설1898했는데, 이것이 오늘날의 예수병원으로 발전하여 호남지방을 중심으로 광범위한 의료를 제공하고 교육병원의 역할을 감당하였다.

초기의 의료에서 여인들을 위한 진료에 적지 않은 수의 여의사와 간호사 선교사들의 헌신은 의료적인 측면에서도 지대한 공헌을 했지만, 더 나아가 기독교와 서양인에 대한 당시 사람들의 편견을 제거하는 데 큰 역할을 감당하였다.

(4) 의학교육의 도입, 제중원의학교

당시 전통적인 의료체세에서 공식화된 서양의학교육의 체계는 관립의학교로 시작하였으며, 후에 대한의원 부속의학교로 이어졌다. 그러나 양적으로나 질적으로 부족한 의학교육의 영역을 채워 준 것은 기독교 선교사들이었다. 초창기 기독교 병원들은 서양의학을 기반으로 하는 의학교육을 시작하게 되는데, 그 대표적인 시발점이 알렌이다. 그는 1885년 조선 정부에 병원건립안을 제출하면서 병원건립의 목적 중 하나로 조선의 젊은이들에게 서양의학을 교육하겠다는 목표를 포함하였다. 그는 고종의 후원으로 1886년 3월 29일에 제중원에 부속된 의학교를 설립하여 전국에서 공개 모집한 학생들을 입학시험을 거쳐 16명을 선발하였다. 그리고 그들에게 영어교육을 시킨 후에 12명을 본과에 진학시켜 의학을 가르치기 시작하였다. 비록 초기 교육이었지만 학교운영규칙을 만들고 학생들에게 학비나 기숙사비를 관비로 대신하여 받지 않고, 교육 후에는 관리로 임명받도록 하는 등 철저한 제반 준비를 하였다.

제중원에서 이루어진 초기 의학교육은 토론토의대 교수였던 에비슨의 내한으로 더욱 구체화되고 체계화되었다. 1899년 제중원의학교가 정식 설립되었고 에비슨의 주도 아래 웰스J. H. Wells, 샤록스J. W. Sharrocks, 허스트J. W. Hirst 등이 함께 일했다. 이때 한국에서 처음으로 서양의 의학교육 교과서인 그레이Gray 해부학이 번역되고 화학, 생리학, 약물학, 위생학 등의 교과서가 편찬되었으며, 한국에 서양의학교육을 도입함으로써 의학 발전에 지대한 공헌을 하게 되었다. 또 한국기독교의료선교사협회The Korean Medical Mission Society, 1907와 한국간호사협회The Graduate Nurses' Association of Korea가 조직되어 연합의료사업을 수행하는 데 역할을 하였다. 한국기독교의료 선교사협회는 영국성공회, 북감리회, 남감리회의 선교사들이 북장로회가 운영하던 세브란스에서 가르칠 수 있는 길을 열어 줌으로써 제중원의학교가 연합의학교로서 효율적인 교육을 할 수 있도록 하였다.

이렇게 해서 1908년 김필순, 김희양, 박서양, 신창희, 주현칙, 홍석후, 홍종은의 졸업생 7명이 역사상 처음으로 대한민국 정부로부터 의술개업 인허장을 받게 되었다. 졸업생을 배출하는 데 이렇게 오랜 시간이 걸린 것은 대단히 엄격한 교육과 졸업시험을 시행하고 독립된 의사로서 진료를 할 수 있는 충분한 자격을 갖추도록 했기 때문이었다. 에비슨은 이들 졸업생들에게 1년 동안 각 과를 돌며 배우도록 인턴제도를 시행하였다. 이밖에도 이화학당에서는 홀R. Hall이 여학생 5명에게 의학교육을 시행하고 대구 제중원에서도 의사 선교사였던 존슨W. Johnson이 의학교육을 수행한 기록을 볼 수 있다.

한편 처음으로 해외유학을 통해 의학교육을 받을 수 있는 기회의 문을 열어 주기도 했다. 셔우드는 여성을 위한 의료사업은 여성의 힘으로 해야 한나는 의지로 한국인 여성을 교육하기에 이른다. 그 첫 열매가 박에스더인데, 그녀는 1900년에 볼티모어 여자의과대학을 졸업하고 한국에 돌아와 로제타 홀을 도와 정동부인병원에서 일했다.

(5) 기독교 의료선교가 한국 의료에 미친 영향

이 시기를 요약한다면 아마도 초기 우리나라 의료에서 가장 중요한 역할을 감당한 에비슨 스스로가 말한 초기 의료 선교가 남긴 공헌을 인용한 것으로 대신할 수 있을 것이다.[2] 즉 ① 콜레라나 각종 전염병이 발병했을 때 의료 선교사들의 시약, 시료, 종두 등 예방과 치료활동을 통해 병이 미신이나 악신에 결과가 아니라는 점을 보여 줌으로써 인간을 미신적 공포에서 해방시킨 점, ② 종두의 보급에 의한 어린이 사망률의 급격한 감소현상, ③ 이웃을 돕는 사랑의 정신을 구현함으로써 구제사업을 실천할 수 있는 힘을 제공한 점, ④ 예방, 시약, 치료, 공중위생 및 보건증진 등 각종 의료활동을 통해 기독교 신앙이 전파되고 수용된 점, ⑤ 의학교재의 번역 및 의료관게 저술을 통해 한국에서의 과학교육 혹은 의학교육에 영향을 준 점 등을 들 수 있다.

2) 일제 강점기: 빈민과 평민을 위한 의료

일본은 한국을 침략하여 1910년 강제 합병하기 전까지 그 전초작업을 꾸준히 진행하면서 발생하는 한국 민병들의 저항과 그 사상자들로 인해 전국 각지에 자혜의원을 설립한다. 국권피탈 후에도 자혜의원은 부분적으로 독일의학의 도움을 받아 과학회를 꾀하던 일본의학이 기반이 되었으며, 이후 명칭에 변화가 있었지만 계속적으로 유지되었다. 또 한국인들의 환심을 사기 위해 부산의 제생병원이나 원산의 생생의원 등에서 한국인에게 진료를 개방하여 회유적인 제스처를 쓰기도 했지만 실제로 한국인을 진료한 실적은 미미했다. 국권피탈 이전부터 한국 정부와 일제가 세운 의료기관들은 한국인 직원의 수도 적었을 뿐 아니라 일본인을 위한 식민지로서의 성격을 강화해 나갔을 뿐 아니라 일제가 한국의 보건정책과 정부의료기관을 접수해 나갔다.

〈표 1〉을 보면, 이 시기 서양 선교사들이 전국 곳곳에 수많은 병원을 세워 우리나라의 의료를 실질적으로 주도하고 1886년부터 1910년 사이에 전국 15개 도시에 병의원을 설립한 것을 볼 수 있다. 일부는 문을 닫았지만 상당수는 오늘날까지도 각 지역의 중요한 기독병원의 모체가 되었다.

교단	선교 병원 설립 현황
북장로교	강계, 선천, 평양, 재령, 서울, 청주, 안동, 대구, 부산
남장로교	군산, 전주, 목포, 광주, 순천
캐나다 장로교	회령*, 성진, 함흥, 원산*
호주장로교	진주, 통영*
북감리교	영변, 평양, 해주, 원주, 공주
남감리교	원산, 송도, 춘천
감리교 여선교회	평양, 서울
성공회	제물포, 인천
안식교	순안

〈표 1 1913년까지 선교병원진료소포함 설립 현황〉[3]
*진료소만 있는 곳

특이한 점은 1893년 선교사를 파송한 6개 교단이 선교부 간의 협조와 조정을 위해 예양협정禮讓協定을 맺고 교단 별로 선교지를 분할하였다는 점이다. 이로써 내한한 선교사들이 서울에만 집중되지 않고 교단에 따라 지역을 분할하여 제한된 자원이 중복되지 않도록 효율적으로 전국적인 의료사업을 진행하였다.

이런 기독교 선교사들의 의료사역은 긍휼사역을 넘어 한국인 스스로 이끌어 갈 수 있도록 의료인 양성에 심혈을 기울인 점에서 돋보인다고 할 수 있다. 즉 일제의 핍박 아래 놓여 있던 상황에서도 한국인 스스로 의료문제를 해결해 나갈 수 있도록 돕기 위해 의학교육의 끈을 놓지 않고 후일에 서양의학의 교육기관으로 성장하도록 가교역할을 한 교육훈련시설을 많이 운영하였다.

일제 말까지 공립의학교육기관이 1899년 관립의학교로 세워져 1926년 경성의학전문학교, 1923년 대구동인의원의학강습소로 시작되어 1933년 대구의학전문학교 그리고 뒤늦게 1944년 광주의학전문학교 등 3곳이 있던 반면, 기독교 선교병원을 기반으로 한 의과대학은 1899년에 시작된 제중원의학교가 1907년에 세브란스의학교가 된 것을 비롯하여, 1928년 경성여자의학강습소로 시작하여 1938년에 경성여자의학전문학교로 개칭하여 발전하였고 광복 직후인 1945년에 이화여자대학교에 행림원 의과부가 출범하였다. 이때까지 6개의 의과개학 중 3곳이 기독교 선교병원을 중심으로 운영되고 있어서 양적으로나 질적으로 의학교육에 중요한 역할을 감당하고 있었다. 이는 중국선교사였던 네비우스Nevius에 의해 제창되었기 때문에 네비우스 원칙이라고 알려진 삼자三自: 自傳 self propagation, 自治self government, 自給 self support원칙을 한국 선교사들이 수용하여 의료에도 가급적 빨리 한국인 스스로 의료를 책임지고 나갈 수 있도록 이양하기 위한 교육 훈련에도 역점을 두었다.

이 시기에 대표적인 소외 환자는 한센병 환자들이었다. 일제는 소록도에 이 환자들을 강제수용하고 강제 정관수술을 감행하는 등 비인간적인 관리를 하였다. 강제수용방식의 소록도와 달리 여수 애양원과 대구 애락원, 부산 상애원 등 서구 선교사들이 세운 요양시설은 한센인들의 자발성을 존중하고 인격적인 처우를 한 탓에 선교사들은 이곳에 들어오려는 한센인들의 입원 압력에 시달릴 정도였다고 한다. 환자들도 신앙 공동체로 운영되었다.

소외된 환자 중에는 사망선고로 이해되던 결핵환자도 있었다. 이를 위한 요양병원들도 서양 선교사들에 의해 세워졌다. 최초의 결핵요양원인 구세요양원은 홀Sherwood Hall에 의해 1928년 해주에 설립되었다. 그는 결핵협회The Tuberculosis Association를 조직하고 결핵에 대한 사회적 인식을 깨우치고 치료에 십시일반+匙一飯의 도움을 주기 위한 목적으로 크리스마스 씰을 제정하여 결핵예방과 치료에 기여하였다. 그 외에도 의료사업과 함께 고아사업이나 맹인교육사업도 시행하여 당시 천대받고 버림받은 자들을 위한 긍휼사업이 의료와 함께 이루어졌다.

곳곳에 세워진 진료소에서는 선교사들이 쉴 틈 없이 진료에 몰두하여 자신의 건강을 돌보지 못하고 과로로 쓰러지거나 풍토병에 걸려 목숨을 잃기도 했다. 병을 얻어 귀국하였으나 이 때문에 숨진 의료 선교사들도 적지 않았다. 이들의 헌신적인 긍휼사역과 희생은 한국인들이 기독교를 수용하는 데 있어서 결정적인 지렛대 역할을 하였다.

물론 의료가 긍휼사역의 측면이 강하기 때문에 수혜자와의 일체감을 쉽게 이룰 수 있는 측면이 있었지만 한국의 경우 정치적인 차원의 일체감을 더해 주는 특징을 보이기도 했다. 비록 기독교 선교병원은 알렌이 민영익을 치료함으로써 정착 당시에 황실의 신뢰를 얻어 순조로운 출발을 하였지만 일제의 박해 속에서 일제와 손잡기보다는 평민들이나 빈민들의 의료적 필요를 우선순위에 두었을 뿐 아니라 정치적으로 일제의 식민정책에 대해 수용적이지 않았다. 일제가 세운 병원이나 국권피탈 후 총독부 산하의 병원이 일본의 식민지배와 침략전쟁을 지원했던 반면, 기독교 선교병원들은 오히려 한국의 독립운동을 비호하는 장소로 인식하게 되었고 선교부의 재산몰수와 선교사들을 추방하는 과정 등에서 한국인들과의 일체감을 유지할 수 있었다. 애양원에서 나환자를 돌보던 윌슨R. M. Wilson은 일제의 압력에도 불구하고 자신의 집을 병원 안으로 옮기기까지 하면서 병원을 사수하였고 선교사 추방과 재산몰수라는 일제의 폭거에 저항하였다. 그러나 1940년에 이르러서는 일제의 탄압으로 160명의 선교사들이 추방되면서 당시의 의료의 가장 중요한 축이 무력화되는 시대를 맞이해야 했다.[4]

3) 해방과 한국전쟁 이후 폐허시기

광복 후 의료 선교사들의 재입국은 황폐화된 기독교 선교 병원의 복원과 더불어 전쟁으로 인한 보건의료적인 절박한 필요를 제공하는 동안 서양의료의 정착을 더욱 적극적으로 주도하는 계기가 되었다.

해방 후 5년 만에 발발한 1950년의 한국전쟁은 일제에 착취되고 남은 것이 별로 없었던 한국을 마지막까지 초토화시켰다. 미군정이 시작되자 의료인 선교사들을 중심으로 미국식 의료의 도입이 가속화되었다. 전국 각지에 세워져 있었던 기독교 병원들은 한국전쟁 후의 손실된 의료시설의 복구와 더불어 전상자를 치료하는 데 중심역할을 감당하였다. 사실상 1950-1960년대는 국립이나 시도립 공공의료시설의 빈약함을 선교병원이 대신하고 있었다.

광복 후 군정 당시 서해안을 통해 중국에서 들어온 콜레라가 대량으로 발생하는 등 전염병이나 심각한 공중보건과 같은 제반 의료적인 문제들이 맥아더 장군을 당혹케 했다. 맥아더 장군은 이 문제를 해결하기 위해 여수에 애양원을 설립하여 나환자를 돌보다가 일제에 의해 추방된 의사 윌슨에게 도움을 요청하기도 했다. 윌슨은 소아과 의사였던 자신의 아들J. Wilson과 함께 전염병예방사업과 예방접종 등의 지역사회 보건사업에 많은 공헌을 하였다.

1960-1970년대에는 우리나라가 경제적 여력이 미치지 못하던 시대였다. 1967년에 전형적인 농촌을 조사한 기록에 의하면,

> 인구의 50% 이상이 18세 이하였고 가족 수는 평균 6.5명이었으며, 50% 이상의 여성들이 18세 이전에 결혼하였다. 연간 1인당 소득은 290달러였고 57% 이상이 배설물에 오염된 식수원을 사용하고 있었다. 95%가 개방된 옥외 변소를 사용하였고 35%는 하수시설이 되어 있지 않았다. 산모의 5.8% 만이 병원이나 진료소에서 분만하였고 심지어 15% 정도의 산모는 아이를 낳는 동안 아무 보살핌을 받지 못했다. 분만에 사용하는 탯줄을 자르는 데 사용하는 칼이나 가위가 소독이 되지 않아 신생아 파상풍의 발생이 잦았다.[5]

이러한 상황 속의 의료였기 때문에 정부가 주도해야 할 콜레라, 이질, 장티푸스 같은 급성전염병 외에도 만성적 문제인 결핵 퇴치, 한센병 극복, 기생충 박멸 사업, 예방접종이나 지역사회 보건사업 등의 의료사업들을 기독교 의료기관들이 시작하고 주도적으로 이끌어 갔다. 1958년부터 구바울P. S. Crane 선교사는 기생충 박멸 사업을 시작하여 대한민국 정부로부터 훈장을 받기도 하였다. 그 후 정부가 안정되어 감에 따라 아이디어를 제공하고 세계로부터 원조를 연결하고 정부와 협력하면서 정부 의료정책수립과 의료발전에 기여하였다.

이 시기의 의료에서 발견할 수 있는 특징 중 하나는 기독교적인 전인치유의 개념을 실행한 점이다. 토플S. Topple은 여수 애양원에서 나환자를

돌보았는데, 단순히 나환자를 위한 병원뿐만 아니라, 이동 진료를 통한 나병 발병의 예방과 조기검진 등을 함께 수행하였다. 그리고 진행된 환자들에게 재건수술과 교육을 통한 만성합병증 관리와 영구 불구의 예방을 위한 재활교육 그리고 재활할 수 있도록 직업재활교육을 함께 수행함으로써 기독교 박애정신과 더불어 전인을 돌보는 전형을 보여 주었다. 그 뒤를 이어 한국에 재활의학 수련을 통한 전문의 제도를 도입하고 정착시킨 것도 예수병원에서 봉사한 서요한J. Shaw에 의해 이루어졌다.

의학교육에도 더욱 구체적으로 크고 작은 기관들을 설립하였다. 1960년까지 한국에 있던 의과대학은 불과 8개뿐이었는데, 그중에 국립의과대학인 서울대, 경북대, 전남대, 부산대와 더불어 개신교에 기반을 둔 의과대학이 3곳, 가톨릭의과대학이 한 곳으로 기독교적 기반을 둔 의학교육이 질적으로는 물론 양적으로도 중요한 역할을 하였다. 더불어 인턴, 레지던트 수련을 위한 프로그램들이 정착을 하였는데, 기독교 선교 병원에서 일하는 선교사들의 수련 배경에 따라 서양식 수련의 제도 정착이 속도를 내던 시기였다. 그외에도 간호학 교육을 위해 지역 곳곳에 학교를 세우거나 기존의 학교를 발전시켜 가며 한국인 스스로 의료를 이어 갈 수 있는 틀을 만들어 주었다.

의료의 신기술 도입에서도 기독교 선교사들의 역할이 컸는데, 기존에 사용하던 쇠 파이프 형태의 내시경에서 파이버로 된 유연한 위장관 내시경 또는 기관지 내시경의 도입도 기독교 선교사들의 도움으로 해외에 연수를 다녀온 의료인들에 의해 소개되기 시작했다. 1950년대 말 이미 암 치료를 위한 방사선치료기술이 도입되었고 1960년대에 심장박동기 시술이 도입되는 등 서양의료의 신기술 도입에 중요한 역할을 감당하였다.

병원의 규모가 커 가면서 행정적인 관리의 필요에 직면하자 병원행정학을 전공한 선교사가 내한하여 장기간 병원 행정의 정착을 돕기도 하였다. 특이한 점은 아직 정부가 엄두를 내지 못하던 시절에 의료보험제도를 시행한 것이다. 전주의 예수병원에서 1967년에 시작된 의료보험은 비록 지역에 국한된 것이었지만 우리나라 정부가 의료보험제도를 시작하던 1977년까지 20만 명 이상의 가난한 사람들이 의료혜택을 누렸다. 한편 부산에서는 한국전쟁 발발로 월남한 장기려 박사는 기독교 복음의 정신을 기초하여 1951년 부산에 복음병원을 설립하였고 1968년에는 청십자 의료보험조합을 운영하였다.

4) 급속한 의료발전에서 기독교의 역할

한국전쟁 후 전상자 치료와 급성전염병에 대처하는 일이 출발점이었다면, 시간이 흐르면서 심각한 사회문제가 되고 있었던 만성적인 질환, 특히 결핵이나 한센병 같은 전염성 질환을 퇴치하려는 노력이 이어지게 된다. 경제적 발전이 이루어지기 전부터 지역사회 보건사업을 통한 건강 수준 증진노력, 예방접종을 통한 전염병 예방사업이 이어졌다. 경제 발전이 이루어지면서 고혈압, 당뇨병, 암 등의 만성질환에 대한 홍보와 조기발견을 통한 치명적 합병증의 예방이나 사망률 감소를 위한 의료 활동으로 옮겨져 가는 것을 볼 수 있다. 암에 대한 의료적, 사회적, 경제적 부담을 내다본 설대위D. J. Seel는 본인 스스로 종양외과 수련을 받고 우리나라에 두경부암학회를 설립하기도 하였고 암환자 수술과 방사선치료 등을 시작하였다. 또한 한국인 암발생 빈도를 알기 위해 1960년대에 이미 암 등록사업을 시작하였고 1970년대부터 암환자를 돕기 위한 기금을 마련하고 예방 캠페인을 체계화했다. 1980년대에는 암을 연구하기 위한 연구소를 세우기도 했다. 이와 같이 기독교 선교사들에 의해 제공된 의료는 능동적이든 피동적이든 시대 변화에 민감하게 변화해 왔다.

애양원의 경우, 한센병 환자를 위해 시작된 기관이었지만 한센병의 발병이 급격히 감소하자 소아마비 환자들의 걸음걸이를 돕기 위해 삼중 관절고정술Triple Arthrodesis을 시행하는 정형외과 수술을 하는 병원으로 전환하였다. 그러나 곧 우리나라에서 소아마비가 사라지자 고관절치환술 Total Hip Replacement로 그리고 무릎관절치환술을 시행하는 정형외과병원으로 전환하면서 기독 병원의 정신을 이어 가고 있다.

일부 전통 한의학 외에는 의료의 혜택을 받을 수 없던 때부터 빈민이나 평민을 위한 의료에서 시작하여 급성전염병, 만성전염병, 한국전의 전상자 치료를 위한 노력, 고혈압, 당뇨, 암과 같은 생활습관과 연관된 만성성인병 예방이나 조기발견을 위한 지역사회 보건사업, 암 진단과 치료, 의학연구기관의 설립 및 교육기관의 확대, 발전으로 이어지는 의료의 능동적 변화를 의료의 상황화Contextualization 또는 토착화Indigenization라고 표현할 수 있을 것이다.[6] 의료에 있어서의 상황화란 '당대의 총체적인 의료요구의 변화에 따른 의료내용의 변화'로 정의할 수 있다. 한국에서 기독교 의료의 역사는 이렇게 특징지어졌다고 할 수 있다. 즉 시대마다 변화하는 필요를 충족시키기 위해 당대의 현실에 가장 적절한 의료를 제공하려고 변천해 오면서 동시에 미래를 위한 의료교육을 제공했던 의료 역사의 중심에 기독교 의료가 있었던 것이다.

의학교육 분야에서도 구한말 시대부터 일제시기와 한국전쟁시기에 따른 교육내용의 변화를 통해 시대상황에 걸맞는 의학교육을 주도해 나갔다. 의과대학으로 발전한 몇몇 기독교 선교 병원들은 대규모 3차 의료기관의 면모를 가지게 되었다. 그중에는 제중원에서부터 시작하여 연세대학교 의과대학이 된 세브란스병원, 이화여자대학교 의과대학으로 발전한 행림원 의과부, 셔우드에 의해 시작된 경성여자의학전문학교에서 몇 단계를 거쳐 발전한 고려대학교 의과대학, 계명대학교 의과대학으로 발전한 대구동산병원 등이 있다. 해방 이후 의료에 비교적 소극적이던 가톨릭에서도 의과대학을 설립하고 전국에 병원을 설립하여 의학교육과 연구에 합류하였다.

이 시기 초중반까지 기독교는 의과대학교육과 더불어 발달한 서양의학을 배울 수 있는 기회를 제공하기 위해 해외연수의 다리역할을 했다. 일찍이 오긍선, 박에스더본명 김점동를 시작으로 해외연수의 길은 상당 부분 의료 선교사들의 도움에 의해 가능했다. 그러나 연수 후 한국에 돌아와 봉사하리라는 선교사들의 기대와는 달리 미국이 자국의 의료인력부족을 해외에서 받아들이기 시작하면서 미국에 정착해 버린 한국인 의사들이 많아 인력의 해외유출이 개발도상국의 의료를 터덕거리게 하였는데, 이러한 사실은 선교학자 케인J. H. Kane이 선교학 교과서에 13,000명의 의사가 있는 한국에서 2,000명의 의사가 미국으로 이주, 정착했다는 사실을 언급하며, 선교지에서의 고급인력의 유출brain drain에 대한 안타까움을 기록할 정도였다.[7]

1960년대에 들어와서는 선교 병원들의 지도력 이양을 위해 의료 선교사들은 '스스로 자리에서 물러나 일한다.'는 목표를 두고 일하였다. 1996-1970년대에 이르러서는 교단 별로 조금씩 차이가 있지만 일부를 제외하고는 한국 의료인들에게 지도력이 넘어가게 되었다. 1980년까지의 우리나라 의료에서 기독교 의료기관은 의료의 수준 면에서 한국 의료를 이끄는 역할을 감당하였다.

기독 병원은 해외로부터의 의료 원조가 사라지면서 동시에 정부 주도의 전 국민의료보험이 시행되었을 때 경영이 어려워지기도 했다. 일찍이 전인적 접근을 위해서 원목실과 사회사업과를 두면서 비교적 인적자원을 풍부하게 운영하였으나, 외부의 도움 없이 정부의 낮은 의료보험 수가정책과 강경한 노동조합의 등장, 한국인에게 운영권이 넘어가면서 벌어진 재산권 분쟁 등으로 기독 병원은 위기의 시기를 보냈다.

1990년대에 이르러 한국이 매우 빠른 경제발전을 이루면서 국립의과대학의 수뿐만 아니라 질적인 면에서 약진이 있었다. 더 나아가 재벌기업이 의료에 진출하여 의료를 시장경제논리로 재정의하면서 종전에 의료에 사용하기 어색한 표현들이 자연스럽게 자본주의적인 경쟁적 의료시장을 형성하였다. 의료를 서비스라는 차원에서 재개편하여 환자들에게 전보다 더 높은 수준의 의료를 제공한다는 긍정적인 변화를 유도하기도 했지만, 하나님의 형상으로서의 인격적인 존재인 인간에 대한 이해나 전인 개념이라는 기독교 정신이 추구하던 것과는 지나치게 생의학 모델에 기반을 둔 의료와 시장경제논리로 치닫는 의료 현실에 직면하고 있다.

이미 대형병원으로 자리매김한 세브란스병원을 필두로 기독교 병원들은 진료, 교육, 수련, 연구분야에서 선도적인 역할을 감당하고 있다. 그러나 이제 의학이나 의료가 기독교적인 가치를 반영하기보다는 고도로 발달한 생의학적 기술을 제공하는 것을 최고의 가치로 받아들이는 시대가 기독 병원들이 존재하고 있는 현주소이다. 기독교 병원이나 교육기관들은 이 두 가지 가치를 동시에 환자들에게 제공하는 한편, 두 가치를 실현할 수 있는 의료인을 교육해 내야 하는 의무가 있다. 이 현실적 도전을 인식하고 풀어 나가는 것이 오늘날 한국 기독교 의료기관이 안고 가야 할 숙제이기도 하다.

아마도 한국 기독교 의료의 가장 큰 변화는 과거에 받았던 의료의 빚을 갚는 일에 앞장 서 있다는 점이다. 이러한 변화는 기독교 의료기관의 공동체적 결단이든, 개인의 결단에 의해서든 근래 20-30여 년 사이의 큰 변화 중 하나이다. 이는 1979년부터 방글라데시에 내과의사 이용웅을 파견하여 현재는 병원과 간호학교를 운영하고 있는 한국기독교해외선교회 KOMMS에서 시작되었다. 그러나 불과 20년 사이에 해외의료활동이 보편화되어 많은 기독교 병원들이 해외 어려운 나라들에 병원이나 간호학교를 세우고 또 지역사회 보건사업 등을 진행하고 있다. 세브란스병원은 몽골에 연세친선병원을 운영하거나 제3세계 나라에 병원이나 진료소를 운영하는 등 많은 기독교 의료기관들이 이 일에 힘을 모으고 있고 최근 들어서 기독교 정신을 가진 한국인에 의해 새로 세워진 병원들도 이 일에 동참하고 있다. 또한 현지 의사들을 초청하여 교육기회를 제공하는 일에 선도적 역할을 하고 있다. 최근 들어 기독교인이 주축이 된 다양한 의료인들이 단기 의료봉사에 참여하고 있지만, 장기적인 헌신은 대부분 기독교인 개인에 의해 이루어지고 있다. 국내외 소외되고 버림 받은 사람들을 위한 선교단체나 정부 기구 또는 비정구비구NGO에서 초기 우리나라의 어려운 시절에 받았던 의료 혜택을 돌려주는 일에 기꺼이 자신의 생애를 바치려는 의료인들 대부분이 기독교인일 뿐 아니라, 국내외에서 활동 중인 국내 최초의 의료전문 NGO인 글로벌 케어Global Care를 비롯한 의료전문 NGO들도 대부분 기독교인들에 의해 설립되었다.

이 글에서 언급하지 않은 것 중에 기독교가 서양의료를 정착시키는 과정에서 우리나라 의료정책 결정과정에 어떤 영향을 미쳤는지에 대한 연구는 흥미로운 주제라 생각한다. 그중 한의학과의 관계 설정이라는 측면에 대해 서양의학의 도입 단계에서 기독교 의료가 어떤 역할을 했으며, 오늘날 한국 사회에 이원화된 의료체계가 고착되는 데 인과관계가 있는지에 대한 주제를 들 수 있다. 국가적으로 이원화된 의료체계를 가진 나라는 흔하지 않을뿐더러, 그로 인한 정책혼선과 불필요한 자원의 허비, 양자 간에 심한 갈등을 겪고 있다. 더불어 의약분업이 되지 않은 상태에서 서양의료가 정착되어 의료업계의 극심한 갈등과 전 국민적인 불편을 겪었던 과정에는 부분적으로나마 어떤 인과관계를 유추할 만한 기독교 의료인들의 영향력이 있었는지에 대한 연구도 한국 의료사에서 의미 있는 주제가 될 수 있을 것이다.

2. 맺는말

지금까지 살펴본 것처럼 한국의 격변의 역사 속에서 의료의 근대화에 가장 중요한 역할을 한 것은 기독교 의료 선교사들이었다. 이들의 광범위한 영향을 요약하여 결론을 내리려 한다.

① **의료의 토대가 된 정신**: 기독교는 그 대상인 인간을 하나님의 형상으로 인식하고 예수가 공생애 3년 동안 행한 세 가지 일 중 하나인 치유 사역을 본받아 기독교적 사랑의 토대 위에 기독교 인도주의를 펼치는 긍휼사역으로서 의료를 도입하고 세워 나갔다.

② **의료의 대상**: 기독교 의료는 기득권자의 편보다는 천대 속에서 의료 혜택을 받지 못하는 빈민과 여성 및 유아를 위해 의료를 수행했고 일제와 한국전쟁을 겪는 동안 한국민의 아픔을 함께하며 감싸 주었다.

③ **의료의 시대적 요구에 따른 상황화**: 기독교 의료는 시대의 절박한 필요를 채우기 위해 당대의 의료적 상황에 민감하게 반응하고 능동적으로 변화하여 급변하는 한국 사회의 의료를 선도하였다.

④ **자립을 목표로 한 의료교육**: 기독교는 서양의학의 도입을 주도했을 뿐 아니라 한국의 의료문제를 한국인 스스로 해 나갈 수 있도록 해야 한다는 목표를 가지고 후진양성, 더 나아가 유학을 주선하는 노력을 했으며, 오늘날까지 질적으로나 양적으로 귀중한 역할을 감당하고 있는 기독교 의료교육기관으로 자리매김하였다.

⑤ **세계화와 한국 기독 의료인의 역할**: 오늘날 세계화의 시대에 이르러서는 세계 어려운 나라들을 위해 과거 외국 기독교 헌신자들로부터 받았던 과학화된 의료를 빚진 마음으로 감당하려는 다양한 형태의 노력이 이어지고 있다. 이를 위해 한국 의료 역사에서 배울 수 있는 바 체계적이고 협력적인 모델을 만들어 제한된 의료 인력과 자원을 사용함에 있어서 효율성의 극대화를 도모해야 할 것이다.

⑥ **현실과 전망**: 생물학적 인간론에 근거한 생의학 모델Biomedical Model의 의료와 의학교육에 주력하는 동안 하나님의 형상으로서의 고귀한 인간관이나 전인 개념과 같은 기독교 정신을 의료 자체에 나타낼 수 있는 차별화된 의료를 수행하는 데 한계를 드러내고 있다. 따라서 기독교적 의료는 전인을 품는 데 태생적 한계를 가진 생의학 모델의 틀을 뛰어넘어 전인 치유의 의료를 지향하여 의료의 본질을 회복하기 위해 최선의 노력을 다해야 할 것이다.

김민철
전북대학교 의과대학 및 동대학원 의학 박사.
캐나다 Associated Canadian Theological School 및 전주대학교 신학대학원 신학 석사.
한일장신대학교 명예 사회복지학 박사.
안양샘병원 통합암병원장, 한국누가회(CMF) 이사장.
VIEW(Vancouver Institute of Evangelical Worlview) 대학원 객원교수(생명윤리).
2004-2010 전주예수병원장. 2000-2004 SIM Nigeria 의료 선교사.
저서.「의료, 세계관이 결정한다」, CMP.
역서.「상처받은 세상 상처받은 치유자들」, IVP.
「의료의 성경적 접근」 등.

미주

1) Ingold, *Mattie*, 일기장에서 발췌, 1903. Nov 15-1905. Mar 28.
2) D. R. Avison, *History of Medical Work*, pp.41-3; 이상규,『의료선교는 어떻게 시작되었을까?』(서울: 한국누가회출판부, 2000), p.63에서 재인용.
3) *The Christian Movement in Japan, Korea and Formosa*, 1914;『의료선교는 어떻게 시작되었을까?』, p.48에서 재인용.
4) 이만열,『한국기독교의료사』(아카넷, 2003), p.862.
5) D. J. Seel, *Challenge and Crisis in Missionary Medicine* (Pasadena: William Carey Library, 1979), pp.98-9.
6) 김민철,「선교의료의 상황화에 대한 연구」, 신학석사학위 논문, 2008.2
7) J. H. Kane, *Understanding Christian Missions* (Grand Rapids: Baker, 1978), p.312.

08.
일제 식민지 지배 시기 한국 장로교회의 농촌 경제살리기운동

이 글을 통하여 우리는 한국韓國이 일본제국日本帝國의 식민통치를 받던 기간에1910-1945 장로교회長老敎會, presbyterian church가 경제적으로 궁핍한 농촌을 살리기 위하여 어떤 일을 했는지 살펴보고자 한다. 이와 함께 우리는 장로교회가 사회 속에서 공적 책임公的 責任을 어떻게 수행했는지 살펴보고자 한다. 이를 통하여, 한국 기독교의 120여 년 역사 속에서 형성된 교회의 사회적 공공성公共性도 알아보고자 한다.

1. 1920-1930년대 농촌 경제의 실상

일본제국이 한국을 식민지로 지배하던 시기에 한국 농촌은 토지조사사업1910-1917으로 말미암아 커다란 변화를 겪었다. 토지조사사업은 토지의 소유권을 조사하고 토지에 대한 등기제도를 실시했는데, 이 사업은 개인이 토지를 사적으로 소유하게 하는 근대적인 토지소유제를 확립시켰다. 그런데 조사과정에서 농민들이 조상대대로 가지고 있던 경작권耕作權은[1] 아무런 보상도 없이 토지소유권에서 배제되었다. 또한 그때부터 지주 중심의 토지소유제가 강화되고 토지는 사고파는 상품이 되었다. 이에 따라 농경지는 농사를 짓지 않는 도시인이나 일본인의 소유로 넘어가는 일이 빈번했다.² 토지조사사업은 농촌 중간계층을 몰락시켜 그 결과 중소中小지주와 자작농민自作農民이 크게 줄어들면서 남의 땅을 빌어서 농사짓는 소작농이나 농업 임금노동자가 급격히 생겨났다.³

농촌의 중간계층이 몰락하고 소작농이 늘어나면서 나타난 현상 가운데 하나는 경작권을 빼앗긴 소작인들 사이에 생존을 위한 경쟁이 치열해지면서 소작 조건이 악화된 것이다. 농사지을 토지는 적고 소작농민의 수는 많아졌기 때문에 지주가 소작인을 자기 마음대로 해고하거나 고용했다. 그래서 소작농민의 부채가 늘고 농촌에 빈민 수가 증가했다. 이것은 이농離農과 화전민火田民의 증가로 이어졌다. 농가의 부채는 자작농민이 소작농민으로 떨어지는 지름길이었고 소작농민이 궁핍하게 되면서 지주와 마찰을 일으켰다. 1920년대에는 한국에 천재지변홍수, 가뭄, 서리 등이 잦아서 어려운 농민을 더욱더 어렵게 했다.

1930년대에 일제는 식민지 조선을 군사병참기지로 활용했다. 일제는 전 세계를 강타한 대공황을 맞아 자본축적의 과잉이 빚은 위기를 중국 대륙을 침략함으로써 타개하려 했다. 그리하여 만주사변1931과 중일전쟁1937을 일으켰으며, 이 전쟁을 수행하기 위해 한반도에 군수사업과 관련된 중화학공업과 광산업을 일으켰다. 이에 많은 농민들이 농촌을 떠나 건설 노동자나 공장 노동자로 흡수되었다. 또한 새로 점령한 만주를 개발하기 위하여 농민들을 만주로 이주시키는 이민정책을 폈다.

한국의 남쪽 지역인 경상북도慶尙北道 안동安東의 농촌도 전국의 다른 지역과 마찬가지로 농촌의 중간계층이 빠른 속도로 몰락하여 소작농민이 크게 늘어나고 임금 노동자로 전락하는 농민이 많았다.⁴ 1920년대 중반부터 약 10년 동안《조선일보》에 보도된 이 지역 농촌의 황폐화에 관련된 기사記事를 정리해 보면,[5] ① 지주와 소작농민 사이의 대립과 갈등이 자주 소작쟁의로 발전되었고, ② 이 소작쟁의와 농민운동을 청년운동가 출신의 공산주의자들이 주도했고, ③ 천재지변가뭄, 벌레피해 등으로 말미암아 농민들의 피해가 아주 심했다. 1925년 이래로 해마다 거듭된 천재지변은 특히 1928년에 벌레피해와 가뭄으로 농촌의 경제를 극도로 악화시켰고 농민들이 농촌을 떠나 유리방황하는 사태가 줄을 이었다. 1929년 가을에는 전국적으로 농사의 소출이 형편없이 적었는데, 경상남도慶尙南道 마산馬山 수출 항구를 통해 수출된 쌀이 지난해에 비해 겨우 6할 정도였다.[6] 게다가 1929년 세계 대공황의 여파로 한국에서도 농산물가격이 크게 떨어졌고 1930년에 일시적으로 대풍작을 이루었으나 농민들은 생산비조차 건지지 못했다. 1931년에 또 한차례 전국적으로 가뭄이 왔다. 장마 끝에 찾아온 가뭄은 추수를 눈앞에 둔 들판에 심각한 피해를 입혔다. 농민들의 부채는 더욱 늘어났고 농촌을 떠나는 이농현상도 늘어났다.

상황이 이렇게 되자 전국 농민들의 불만이 높아져 갔다. 많은 농민들이 토지혁명을 표방하는 적색농민조합赤色(共産主義)農民組合에 가담했다.[7] 이러한 농민들의 움직임에 대응하는 일제는 농민구제사업을 실시했다. 이 사업은 농촌진흥책 가운데 하나로서 1931년부터 1934년까지 경북의 17개 군 가운데 31개 면에서 사방공사와 토목공사를 실시했지만, 노동력 착취로 인식한 농민들은 그 불만의 강도를 더욱더 높였다.

2. 국제적 공조 작업으로 진행된 농촌실태 조사

경제적으로 도탄에 빠진 농촌 현실에 관하여 가장 먼저 체계적으로 조사한 단체는 기독교청년연합회基督敎靑年聯合會, YMCA로, 1923년 겨울에 YMCA의 총무 신흥우 목사가 농촌조사를 시작했다. 그리고 1925년부터는 미국의 농촌전문가들과 함께 본격적으로 농촌조사를 실시했다.[8] 1926년에는 제2차 농촌 조사를 실시했는데, 미국에서 파송된 농업경제학자 브룬너E. de S. Brunner가 약 두 달 동안 한국에 머물면서 조사를 지휘했다. YMCA는 농촌조사를 하면서 농촌운동도 병행했는데, 이 운동을 체계적으로 추진하기 위해서 1926년 봄에 '농촌사업협의회'를 만들었다.[9] 이때부터 3년 동안 YMCA는 농촌계몽을 중심으로 문맹퇴치, 농사개량다수확 농사법, 과수재배, 축산, 협동조합운동을 추진했다.

YMCA의 농촌조사는 이렇게 한국과 미국이 함께 협력하여 국제적인 공조共助로 추진되었다. 미국의 YMCA는 예루살렘에서 개최되는 국제선교협의회國際宣敎協議會, International Missionary Conference를 준비하는 차원에서 한국의 농촌을 조사한 것인데,[10] 1926년에 브룬너와 하경덕河敬德 HA, Kyoungdeuk이 작성한 한국농촌실태에 관한 보고서인 「한국농촌」Rural Korea a Preliminary Survey of Economic Social and Religious Conditions이 예루살렘 국제선교협의회에 보고되었다. 1928년 4월 예루살렘에서 국제선교협의회가 열리자, 한국 교회의 대표단은 '조선예수교연합공의회'朝鮮耶蘇敎聯合公議會, NCCK의 이름으로 국제선교협의회에 참석했다. 이 협의회에서 채택된 브룬너의 보고서는 전 세계 기독교로 하여금 한국의 농촌경제의 실태를 파악하게 했으며, 국제사회에 한국 농촌의 경제를 한시바삐 살려 내야 한다는 시급함을 인식시켰다.[11]

3. 한국 장로교회의 농촌운동

한국의 장로교회는 1928년 9월 제17회 총회總會, General Assembly에서 총회 안에 농촌부를 설치했다.[12] 장로교 총회는 1920년대 중반부터 시작된 농촌 교회의 침체와 위기현상교인감소, 재정위기을 심각하게 인식하고 있던 차에 예루살렘에서 개최된 국제선교협의회의 보고서로 자극을 받아 농촌부를 설치하게 되었다. 장로교회의 농촌운동은 YMCA가 실시했던 농촌조사와 농촌운동을 기반으로 여러 기독교 기관들과 협력하여 추진되었다. 1929년에 국내 여러 기독교 단체와 주한 외국인(미국, 캐나다, 호주, 영국 등 선교부와 연합하여 '농촌사업협동위원회'를 조직했다. 이 위원회는 농촌의 경제를 살리기 위한 기독교 최대의 연합기구였으며,[13] 주로 '농촌 지도자 강습회'와 '농사강습회'를 개최했다. 1930년 1월부터 3월까지 농사강습회를 전국 21개 도시를 돌면서 정기적으로 개최했는데, 이 강습회에 등록한 사람 수가 4,280명이었고 야간 신앙집회에는 평균 4만여 명이 참석했다. 농촌사업협동위원회는 기독교의 여러 교단과 단체가 협력하여 농촌의 경제 살리기 운동을 실천했다.

장로교회는 농촌운동을 '농민 계몽'과 '농사 개량' 그리고 '농촌 지도자 양성'에 초점을 맞추었다. 교단 총회의 농촌부는 농업전문기술자를 초빙하여 농사강습회를 개최하고 숭실대학교 안에 농업학교를 설립하였다. 또 농촌운동을 모범적으로 잘하는 농촌을 격려하고 농민들이 잡지를 통해 선진 농사기술을 익히도록 정기간행물 《농민생활》農民生活을 발간했다. 그 무엇보다도 몰락한 농촌의 경제를 일으키는 것이 장로교회가 농촌운동에서 기대하는 중요한 목적이었다. 심각한 농민들의 부채야말로 우선적으로 해결해야 할 것으로 보았기 때문이다. 그래서 1929년 제18회 총회에서는 농촌운동을 확산하기 위하여 10월 셋째주일을 농촌주일로 지키도록 결의하고 이날에 전국 교회가 헌금하여 총회 농촌부로 보내게 했다.[14]

1933년에는 농촌 지도자 배민수BAE Minsu 목사의 지도력으로 농촌운동을 새롭게 시작했다. 그는 '실천적 기독교'를 제창하면서 농촌 지도자 훈련, 농민교육, 농사기술에 관한 도서출판 등을 기획하였다.[15] 그는 전국 곳곳에 모범농촌을 건설해서 '예수촌'을 만들고 이 땅에 '기독교 왕국'을 건설하려는 뜻을 품었다.[16] 이를 위하여 그는 가장 먼저 농민들의 낡은 구습을 타파하고 나쁜 생활습관을 개혁해야 한다고 보았다. 예컨대 관혼상제 간소화, 금연금주, 도박금지, 여성의 권리신장과 남녀평등, 위생, 협동심, 미신타파고사, 굿, 경읽기, 조상숭배 등과 같은 의식개혁과 더불어 농사개량으로 농촌경제의 향상을 도모하고자 했다. 그가 궁극적으로 구상한 사회개혁은 한국을 일제의 식민지배에서 독립시키는 것이었다. 그는 "농촌의 경제를 살리면 나라의 독립은 필연적으로 따라오게 마련"이라는 확신을 가졌다.[17]

4. 고등농사학원: 농촌 지도자 양성

1932년 7월에 장로교 총회는 '고등농사학원'高等農事學院을 설립하고 농촌 지도자를 양성하고자 했다. 이 학원은 농사강습회의 후신後身으로 시작된 농민교육기관이었다. 농촌운동을 멀리 내다본 총회는 '재능과 열의가 있는 청년을 덴마크식 고등교육으로 농촌 지도자로 양성'한다는 목적으로 고등농사학원을 설립하고 농촌 지도자를 길러 내어 농촌을 변혁시키려는 목적을 가졌다.

고등농사학원의 강의는 해마다 여름 두 달 동안 3년에 걸쳐 평양 숭실전문대학 농과 강습소에서 진행되었다. 수업의 분량이 이전의 농사강습회보다 최소한 3배 이상 많았다. 가르친 과목을 살펴보면,[18] 1933년 여름에는 '병충학·토양학·과수학·농업경제학·비료학·식물병리학·양계학·소채학·작물학·체조·음악·실습·기도회·강화회'를 가르쳤다. 1934년 여름에는 위의 과목 외에 '협동조합강사: 유재기·농촌복음강사: 배민수'이 추가되었다. 이때 눈에 띄는 점은 강병주 목사의 아들 강신명KANG Sinmyung이 음악과 체육을 가르친 것이다. 1935년 여름에는 교과과목 가운데서 '성경'이 가장 먼저였고 '실습과 견학'이란 과목이 새로 추가되었다. 이렇게 고등농사학원의 교과과정을 들여다 보면, 당장 농사에 필요한 농사개량을 가르치면서 이와 나란히 장차 농촌 지도자가 갖추어야 할 성경 중심의 신앙교육과 음악과 체육과 같은 교양교육도 실시한 것을 알 수 있다.

5. 경상북도 장로교회의 농촌 경제살리기 운동

한국 장로교단 중에서 농촌운동을 가장 활발하게 추진한 경상북도 북부지역의 농촌운동을 자세히 소개하고자 한다. 이 지역의 장로교회는 농촌운동의 우선적인 목표를 '어려운 농촌경제를 살리는 데' 두었다.[19] 그런데 처음부터 이러한 목표를 달성하기에는 역량이 부족했다. 지역 교회의 농촌부는 '토지개량, 종자선택, 비료 제조법'을 장려했으나, 아직은 지역 교회가 농민에게 농사개량을 교육시킬 만한 역량을 갖추지 못했다. 그래서 다만 각 교회마다 농민잡지인《농민생활》을 한 부씩 정기 구독하여 교인들 스스로 농사개량에 관하여 공부하도록 하는 수준이었다. 이 지역의 장로교회老會, synode가 농촌부를 설치한 그 다음 해인 1929년에 자연재해로 인한 흉작이 몰아쳤다.[20] 해마다 반복해서 겪어 오던 자연재해지만 이 피해는 예년보다 훨씬 더 심했다. 교회는 '재해구제부'를 설치하고 총회의 허락을 얻어 7월 둘째 주일에 전국의 교회가 구제헌금을 해 주도록 호소했다. 이에 전국의 교회들이 거액의 헌금을 모아서 이 지역의 교회로 보냈다.

이 지역의 장로교회는 1929년부터 농원農園을 운영하여 농촌운동을 전개했다. 식량부족, 특히 춘궁기春窮期에 농사지어서 얻는 수입의 절대 부족과 소작농인 증가로 말미암은 농토의 부족과 농민이 농촌을 이탈하는 현상, 아이들이 전염병특히 온역에 걸려서 고생하는 현상을 진지하게 받아들인 지역 교회는 "경제적으로 궁핍한 농촌을 구제하고 다 죽게 된 농민들을 살려 내고자" 농원을 운영했다.[21] 농원은 농민들에게 필요한 농사안내서農書를 직접 써서 발간하였다. 이 책은 농촌계몽과 농사개량에 관하여 서술한 책으로, 총 다섯 권의 책을 발간하기로 하고 강병주KANG Byoungju 목사에게 이 일을 맡겼다. 그는 두 권의 농사안내서를 썼는데, 제1권이 『정조 14석 수확법』正租十四石收穫法, 제2권이 『소채3천원수확법』蔬菜三千圓收穫法이었다.[22] 제1권에서는 식량부족을 타개함과 동시에 경제적인 향상을 위해 쌀 생산량을 증대시키는 논 농사법에 관해서, 제2권에서는 채소농사에 관해서 썼다. 특히 채소농사는 적은 면적의 농토에서 많은 수익을 올릴 수 있을 뿐만이 아니라 큰 힘을 쓸 필요가 없는 농사이므로 여성들도 쉽게 손댈 수 있다는 이점利點을 강조했다. 이 지역 교회는 또한 '토지개량법', '종자선택방법', '비료제조법' 등에 관한 안내서를 인쇄해서 집집마다 돌렸다. 총회 농촌부가 발행하는 잡지《농민생활》도 구독하도록 독려했다. 노회는 각 교회에게 '농촌연구회'를 조직하게 하고 이 조직을 활용해서 책과 잡지를 구입하여 집집마다 나누어 주도록 했다. 또한 농촌연구회에게 그 마을의 농사상황에 관하여 연구하도록 했다.

앞서 살펴본 대로 1929년 12월부터 '농촌사업협동위원회'가 농사강습회를 시작했고, 이듬해 3월까지 전국 19개 지역을 돌면서 농사강습회를 개최했다.[23] 강습회의 핵심내용은 종자개량이었는데, 참석자 다수가 강습회에서 배운 대로 농사에 적용해 보고자 개량종자를 구입했다. 경상북도 지역의 교회도 농사강습회를 12월 중순에 2일 동안 열었다.[24] 강습회를 홍보하려는 차원에서 노회는 종자선택방법을 인쇄하여 각 교회에 나누어 주었다. 강습회는 제1부와 제2부로 나뉘어 진행되었는데, 제1부에서는 비료·토양·양봉·과수·야채·토양개량법·원예술과수원·농림·화원·채소농사·뽕나무밭·실내 화초배양을 가르쳤고, 제2부에서는 농장경영·축산가축병 치료·양과 염소·우육(牛肉)·양돈·양잠·양계·시장·농기구·양계·협동조합·가정·농장관리법 등을 가르쳤다. 강좌의 제목이 암시하듯이 쌀농사에 대한 과목이 매우 적었고 그 대신 채소·과수 등 상업 작물과 양계·양돈·양봉·양잠 등 농가 부업에 관한 과목이 많았다. 그만큼 농가 소득증대와 농촌 경제회복에 강습회를 집중시켰다. 그러나 한편으로는 교인들이 소득증대와 경제회복을 추구하다가 물질에 집착하여 신앙적 가치관이 흐려지지 않도록 경고했다.[25]

지역 교회는 1930년에 종자·비료·농기구를 공동으로 구입하였고 또한 각 교회로 하여금 쌀농사의 단위 생산량을 높이는 장려를 목적으로 '모범수도경작'模範水道競作을 실시하기로 했다. 그해의 '모범수도경작 실수(입)實收入 성적보고成績報告'가 아래와 같았다. 성적결과에 따라 농민 교인들에게 상금이 주어졌다.

氏名	郡	面	洞里	每株坪數	每株坪數	稼丈尺寸分	水稻稱名	稱坪		一反步實收高			
								斗量	소量		斗量		斤量
盧榮植	盜德	上全	華*	八五	一四	五.0.0	부곡량도	二升六合		石七八一二一○九八一一二一三六八	斗一八一四三五四一三六九三七	升	合	一二一八升一二兩
朴亨信	樂川	豊基	城內	六四	一二	五.0.0	同	二升八合	四升一兩				一三一二升八兩
趙貞錫	樂川	豊基	前邱	七三	二○	四.七.四	同	四升一勺	四升六兩				一九五○升
申炳均	安東	祿轉	新坪	七五	一六	五.二	同	三升三合五勺	六升八兩				一七七○升十五兩
李聖德	安東	綠轉	新坪	八○	..	五.二.九	同	三升	五升十四兩錢五分				一五七五升
崔聖淑	榮州	浮石	韶川	七二	一五	四.二.五	同	二升八合	五升四兩				一三五○升
禹洪九	奉化	祥雲	住谷	六四	一八	四.九.五	同	三升三合	四升八兩				一六八七升八兩
妻錫中[26]	榮州	平思	川本	五六	二○	四.九.五	同	四升一合	五升十兩				一九八○升
金寶成	榮州	豊基	西部	七二	一五	三.二.五	豊國	四升五合五勺	六升九兩五錢				二○四一升八兩
朴龍河	奉化	物野	梧麓	六四	一七	三.二.二	부곡량도	三升八合	六升十三兩二錢				一六八七升兩
妻弼永	英陽	首此	柱洞	一	一三	五.二.五	구미도	—	五升十兩				
金世榮	盈德	知此	落坪	七二	一一	四.七.六	一	二升八合九勺					

〈표1 耕作人氏名住所〉
출처: 「경안노회(慶安老會) 제18회 노회록」, 1930.12.16.

1931년도에는 지역 교회가 독자적으로 자체 농사강습회를 실시하여, 1월 말부터 2월 말까지 한 달 동안 여러 교회를 돌면서 며칠 동안 진행되었다. 그해 11월 말에 개최한 제2차 농사강습회는 농촌사업협동위원회가 주관했다. 이 강습회는 11월부터 이듬해1932 2월까지 전국 20개 지역을 돌면서 개최되었다.²⁷ 강습회의 참가자격은 제1회 농사강습회에 참석한 사람들로 제한되었다. 11월 30일-12월 5일까지 개최된 강습회에서는 축산, 소채재배법, 과수재배법, 비료와 토양, 감자재배법, 협동조합조직법, 시멘트 다루기 등의 과목이 교습되었다.

그런데 이때부터 전국 각 지역 노회의 농촌부도 경상북도의 교회처럼 독자적으로 농사강습회를 실시했다. 이에 따라 농촌사업협동위원회가 전국을 돌면서 주관해 온 농사강습회가 사라져 갔다. 이것은 장로교회의 농촌운동이 이제 각 지역의 교회 별로 자리를 잡았다는 표시였다. 경상북도의 교회는 이미 일 년 전에 한차례 지방농사강습회를 실시해 보았으므로 별반 어려움 없이 자체 농사강습회를 진행하였다.²⁸ 1932년 2월에 이 지역 교회의 농촌부는 지역 내 여러 교회에서 농사강습회를 개최했다. 또한 지역 교회는 농촌운동을 생활개선운동과 병행하였다. 예컨대 '간소한 관혼상제'를 실시하도록 강조했다.²⁹ 이것이야말로 유교의 관습이 깊이 박혀 있는 이 고장에서 하나의 생활혁신을 일으킨 운동이었다고 본다. 지역 교회의 농촌운동은 이렇게 '실천적 기독교'를 지향했다.

6. 농촌운동 중단과 폐지

1934년에 장로교회의 총회에서는 농촌운동을 반대하는 목소리가 공식회의에서 본격적으로 터져 나왔다.³⁰ 즉 교회는 영적 사업을 하는 곳이지 절대로 먹고사는 문제에 관여치 말아야 한다는 주장이었다. 이 논쟁이 농촌운동에 대한 찬반논쟁으로 확대되었고 점차 교단의 갈등으로 확산되었다. 평소에 농촌운동을 못마땅하게 바라보던 사람들은 이제 공개적으로 이 운동을 반대했다. 이들은 교회의 일차적인 과제가 신앙과 전도에 있다고 강조하면서 영靈과 육肉을 구분하고 성聖과 속俗을 엄격히 떼어 놓는 이분법적 논리를 펼쳤다. "신앙과 '밥'의 문제를 따로 구별하고 신앙과 농촌운동을 따로 떼어 놓고 신앙을 우선적으로 앞세워야 하며, …기도하여야 할 예배당에서 축산기술을 가르치고 있으면 교회도 망하고 농사도 아니 될 것이다."라고 주장했다.[31] 어떤 이는 "교회가 정치·경제·사회 등에 간여 말고 만민에게 영생하는 영의 양식을 먹여야 한다. 썩을 양식을 만들어 먹이기는 불가능한 일이다."고 강조했다.[32]

이에 맞서서 농촌운동을 찬성하는 자들이 반론을 펼쳤다. "예수는 사람의 영혼을 죄악 가운데서 구원하심에 역점을 두시고 물질적인 면에 관해서 말씀하신 일이 적었다. 그러나 '사람이 떡으로만 사는 것이 아니라.'고 하신 말씀은 떡도 있어야 사는 것으로 이해해야 한다."고 주장했다.[33] 그리고 그는 "국민의 8할 이상을 차지하는 이 나라의 농민들이 유리걸식해서 죽거나 해외로 떠나 버리면 현실적으로 도대체 누구에게 영적 사업을 할 수 있겠느냐?"고 반문했다.

그런데 그 무렵 일제의 조선총독부에서 '농촌진흥운동'을 시작하였다. 당국의 농촌진흥청은 전국의 농촌에 농사기술자를 파견하여 농사기술을 지도했고 금융기관을 통해 농사자금을 빌려 주었다. 일제 총독부가 추진하는 농촌진흥운동은 교회의 농촌운동과 성격이 비슷한데다가 훨씬 효과적으로 사업을 추진하였다. 그 여파로 교회의 농촌운동은 점차 위축되었고 교회의 농촌운동을 반대하는 교계 지도자들에게 농촌부를 폐지하자고 밀어붙일 수 있는 구실을 제공하였다. 결국 장로교 총회는 1937년에 농촌부 해산을 결의하였다.[34]

7. 맺는말

한국의 장로교회는 120여 년의 역사 속에서 거의 매(每) 시기마다 사회 속에서 '공적 책임'을 담당하고 교회의 공공성을 실천했다. 장로교회가 1920년대 말부터 실시한 농촌의 경제살리기운동도 그중의 하나이다. 그러나 교단의 총회에서 이 운동을 반대하는 인사들과 일제 총독부의 집요한 방해공작으로 인해 10년 동안 지속되다가 폐지되었다.

한국 기독교 초창기 역사를 되돌아보면, 기독교는 사회에서 학교와 병원을 설립하는 등 공적 책임을 실천하는 종교로 소개되었다. 이것은 당시의 정부가 요청한 부분이기도 했다. 서양문명을 소개하고 전수하는 기관으로 소개된 재한(在韓) 외국인 선교부는 신식학교(新式學校)를 세워서 신학문을 가르치며 인재를 양성했고 또 신식병원을 세워서 환자들을 치료했다. 당시 기독교는 '가르치고 치료하는 사회의 공적 기관'이라는 의식을 강하게 심어 주었다.

이러한 사실은 서양 기독교의 현실과 크게 대조되는 부분이었다. 근세 이래로 유럽에서는 교회가 사회의 공적 영역에서 위축되면서 전통 종교인 기독교의 사회적 영향력이 퇴조했는데, 19세기 말에 서양에서 들어온 한국의 기독교는 사람들에게 사회의 공적 책임을 실천하는 종교로 각인되었다. 이렇게 서양 기독교는 사회의 공적 영역에서 퇴조한 반면에, 한국 교회는 사회의 공적 영역으로 발을 들여놓았다.

교회의 공적 책임수행은 분명한 신앙고백 위에 기초해 있다.^{사 1:11-17} 교회의 공적 책임 실천은 곧 기독교인의 신앙적 실천이다. '생명, 소통, 정의와 평화'는 교회가 실천해야 할 사회적 공공성의 핵심 가치이다. 이 가치들은 기독교 신앙가치의 핵심인 동시에 사회구성원 모두에게 공유될 수 있는 보편적 가치이기도 하다. 교회에서는 예배 때마다 하나님의 말씀이 선포되는 가운데 교인들이 그 말씀을 새기고 자신의 삶을 깊이 반성하며 성찰하면서, 믿음으로 새로운 존재로 거듭나서 사회 속으로 들어가 하나님 나라를 위하여 '소금과 빛'으로 공적 책임을 수행하는 것이다.

임희국 林熙國

계명대학교 인문대학 독어독문학과.
장로회신학대학교 신학대학원 졸업, 동대학원 역사신학 석사.
스위스 바젤(Basel)대학교 신학부 박사 학위(Dr.theol), '블룸하르트(아들)연구'
현. 장로회신학대학교 교회사 교수.
    한국기독교교회협의회(NCCK) 신앙과직제위원회 및 일치위원회 위원.
    장로교회(예장) 총회 역사위원회 전문위원, 역사학회 회장.
    한국교회사학회 회장 역임.
저서. *Jesus ist Sieger!*, bei Christoph Fr. Blumhardt, Peter Lang, 1996.
    『선비목회자 봉경 이원영 연구』, 기독교문사, 2001.
    『김수만 장로 절면서 열 교회를 세우다』, 한들출판사, 2004.
    『16세기 종교개혁과 개혁교회의 유산』, 공저, 한국장로교출판사, 2003.
    그 외 다수의 단행본과 논문.

미주

1) 중세적 부분소유권으로서 도지권賭地權을 뜻한다.
2) 1918년 현재 총독부 소유지와 동양척식회사 소유지는 전체 경지면적의 4.2%였고 일본인 개인소유지는 전체의 7.5%였다. 1926년에는 일본인이 소유한 한국의 농토는 전국 12-20%에 이르렀고, 이들의 소유비율은 북한에서보다도 남한에서 훨씬 더 높았다. 심지어 남한의 익산에서는 일본인이 전체 농토의 68%를 소유하고 있었다. 이 통계는 미국인 브룬너콜럼비아대학교수, 농촌사회학가 한국농촌조사를 통해서 밝힌 것이다. E. S. Brunner, *The Rural Korea*, p.105 이하.『서울 YMCA 운동사 1903-1993』, 서울 YMCA 편 (서울: 종로출판사, 1993), p.281에서 재인용.
3) 조선총독부 농림국에서 발행한『조선의 소작에 관한 참고사항 적요』라는 자료에 보면, 1916년에 자작농 비율이 20.1%, 자소작농이 40.6%, 소작농이 36.8%, 지주가 2.5%였다. 16년이 지난 1932년에는 자작농 비율이 16.7%, 자소작농이 26%, 소작농이 54.2%, 지주가 3.7%로 변화되었다. 이 통계수치로 보아서 중간층이 감소하고 대신 지주와 소작농이 증가하는 현상이 일어났다. 강만길,『20세기 우리역사』(서울: 창작과비평사, 1999), p.69에서 재인용.
4) 김희곤,『안동의 독립운동사』(안동: 안동시청, 1999), p.269 이하. 김희곤은 안동지역 농촌 중간층의 몰락이 토지조사사업이 이루어진 1910년대부터 시작되었는지 혹은 산미증식계획이 실시된 1920년대부터 시작되었는지 분명히 쓰지 않았다. 참고로 안동은 다른 지역에 비해 일본인의 토지매입이 적었고 이 지역의 재지지주들이 대부분의 토지를 소유하고 있었다. 안동군 내 재지지주의 소작지 면적이 전 군내 소작지 면적의 86%를 차지했다.
5)《朝鮮日報》, 1924.7.23; 1929.12.20; 1930.1.3; 1934.3.8 등.
6)《朝鮮日報》, 1929.12.20.
7) 1930년 안동의 전체 인구인 약 154,000명 중에 95%가 농민이었다.
8) 미국 YMCA 국제 위원회는 농촌전문가F. M. Brockmann, B. P. Barnhardt, W. L.

Nash, G. A. Gregg를 파송해서 한국인 농촌전문가들과 함께 농촌조사를 실시하게 했다. 이 위원회는 5월에 쌀 전문가 에비슨G. W. Avison, 교육전문가 쉽F. T. Shipp을 파송했다. 그리고 1928년 10월에 축산 과수 양계 전문가 번스H. C. Bunce를, 1929년 3월에 농업행정전문가이자 YMCA 지도자 클라크F. C. Clark를 파송했다.
9) 이 협의회는 국제적인 팀으로 구성되었다. 한국 대표로 윤치호, 이상재, 신홍우, 구자옥, 홍병선이 참석했고, 외국에서 온 간사는 북미 및 캐나다 기독교청년연합회 극동담당 부총무인 브록크만F. S. Brockmann, 중국 남경대학 농과대학장 레이스너J. Reisner, 한국 YMCA 연맹대표인 리용D. W. Lyon 등이었고 이밖에도 외국인 기술자 2명이 있었다.
10) *Federal Council Executive Committee Report. The Minutes of the Presbyterian Church in the U.S.A., Korea Mission*, 1926, p.106. 미국 국제선교협의회IMC 회장 모트J. Mott의 제청에 따라 1925년 12월에 서울에서 '한국 기독교계 대표자 협의회'Conference of Representative Christian Leaders of Korea가 열렸다. 모트는 분명한 목적을 가지고 이 회의에 참석했는데, ① 1928년에 열리게 될 예루살렘 세계선교대회에 앞서 각국의 여론과 실정을 파악하고, ② 한국 교회가 IMC에 가맹하게 하는 것으로 한국 교회 대표 30명, 선교사 30명 도합 60명이 참석케 하는 것이었다. 이 회의에서 논의된 주요한 의제는 러시아 등지에서 들어온 좌익계열을 대변하는 프로문학과 신문, 잡지, 소책자 등이 교회를 공격해 오고 게다가 한국 경제상황의 어려움이 한국 교회를 더욱 어렵게 하기 때문에 한국의 현실과 전통에 알맞은 새로운 선교정책의 필요성이었다.
11) *The World Mission of Christianity: Messages and Recommendations of the Enlarged Meeting of the IMC held at Jerusalem, March 24-April 18, 1928* (New York: 419 Avenue, IMC, 1928) 참고.
12) 『朝鮮耶蘇敎長老會總會 第17回 會錄』(1928), p.39. 이 회의록에 따르면, 농촌부를 설치할 당시의 교세는 20개 노회, 3,658개 교회, 177,416명의 교인이었다. 김인수, 『한국 기독교회의 역사』(서울: 장로회신학대학교출판부, 1997), pp.457-63 참고.
13) 《基督申報》, 1929.9.18.
14) 「죠선예수교쟝로회총회 뎨19회 회의록」(1930), pp.39-40.

15) 배민수, "基督敎農村運動의 指導原理(2)", 《기독교보》(1936.1.21).
16) 배영, "농촌과 생명문화, 아버지의 초상", 배민수, 『배민수 자서전』, 박노원 옮김, (서울: 연세대학교출판부, 1999), pp.355-57.
17) 『배민수 자서전』, pp.256-60.
18) 《기독신보》(1934.6.20).
19) 《기독신보》(1928.12.32).
20) 「慶安老會 제17회 회록」(1930.6.12).
21) 「경안노회 제20회 회록」(1931) 참고.
22) 제3권에서 제5권까지는 발간되지 않았는데, 만일 그것이 발간되었더라면 아래와 같은 제목으로 출판되었을 것이다. 제3집 『改良麥作五倍增收法』, 제4집 『桑葉千貫收穫法』, 제5집 『요地十倍增收法』.
23) F. O. 클락, "조선농촌사업의 진전", 《기독신보》(1931.5.13).
24) 「경안노회 제16회 회록」(1929.12.17).
25) 《基督申報》(1929.9.4; 1929.11.20; 1930.3.26).
26) 이 이름표기를 姜(강)으로 고쳐야 할 것 같다.
27) 한규무는 이 농사강습회가 소작농이 아닌 지주나 자작농민을 교육대상으로 삼았다고 보았다. 이것은 또한 개신교 농촌운동의 성격과 동일한 맥락이라고 보았다. 한규무, 『일제 하 한국 기독교 농촌운동, 1925-1937』, (한국기독교역사연구소, 1997), p.139.
28) 「慶安老會 제22회 회록」(1932.12.20).
29) 「경안노회 제20회 회록」(1931.12.15).
30) 채정민, "조선교회의 당면한 책임", 「신앙생활」 제3권 7호 (1934.7), pp.7-9.
31) 김인서, "농촌부폐지론", 「신앙생활」 제4권 1호 (1935.1), p.1 이하.
32) 채정민, "농촌운동의 가부", 「신앙생활」 제5권 7호 (1936.7), pp.6-10.
33) 이훈구, "조선예수교와 농촌", 「종교시보」 제3호 (1933), pp.13-4.
34) 「조선예수교장로회총회 제26회 회의록」(1937).

09. 새마을운동의 발상과 기독교 정신

최근 한국은 세계적으로 괄목할 만한 발전을 거듭하여 세계적인 관심을 모으고 있다. 한국 사회 발전의 여러 요인 가운데 무엇보다도 중요한 것은 국민들의 발전에 대한 열망과 도전정신 그리고 불굴의 신념으로 노력하는 국민성의 발전적 변화라고 할 수 있다.

반만년 동안 지속되어 온 한국의 역사와 전통 속에서 종교가 국가 발전에 미치는 영향력은 절대적이었다고 할 수 있다. 첫째, 오랜 세월 동안 국교였던 불교는 정적이고 개인적인 자성과 선을 추구하면서 평화를 사랑하는 국민정신으로 나라와 사회와 함께 발전해 왔다. 둘째, 도덕적인 윤리를 중심으로 하는 유교는 수백 년 동안 국민정신에 유교사상으로 영향을 미쳐 왔다.

근대화에 이르러서 2차 대전 후 국교가 없어지고 신앙의 자유가 보장되면서 지금으로부터 약 100년 전에 들어온 기독교는 국민들로 하여금 도전정신과 개혁정신을 고취시켰고 국민들의 가치관을 적극적인 사고방식으로 전환시키는 데 크게 기여하면서 사회 발전에 절대적인 영향을 끼쳤다.

불과 60여 년 전에는 전 세계 190여 개국들 가운데 경제적 수준이 160위 아래였던 우리나라가 2011년도 G20 국가회의 의장국으로 지도적인 국가가 되었다. 또 부존자원이 거의 없는 우리나라가 2011년도에 세계에서 9번째로 무역 총액 1조 달러를 넘어섰다.

1960년대 우리나라는 세계 빈국 중의 빈국이었다. 최초의 실내운동 시설인 장충체육관을 건축할 때도 한국이 우러러보던 필리핀에 설계와 건축을 의뢰한 것이나, 준공식에 대통령과 국가 주요 인사들이 참석했던 것은 당시 우리나라의 경제 실상을 잘 말해 준다. 지금은 세계에서 가장 높은 건물들을 한국 기업이 시공하고 있고 IT 산업, 자동차 산업에서도 세계 정상급의 위치에 있다.

이러한 경제발전의 배경에는 한국 역사상 경제, 사회 그리고 국민정신개혁에 큰 변화를 가져왔던 새마을운동이 있었으며, 이 운동에 기독교 정신이 크게 기여했다고 말할 수 있다. 실제로 새마을운동을 주도적으로 추진했던 핵심 참모들이 기독교인들이었다. 대통령을 보좌하여 정책의 입안과 집행을 담당했던 핵심 참모들은 기독교 정신으로 국가를 부흥시킨 선진 복지국, 덴마크를 그 기본 모델로 하였다.

1. 새마을운동이 시작된 배경[1]

1) 태동기의 사회경제적 배경

8·15 해방 이후 우리 선배들은 이 나라를 어떻게 하면 부강한 나라로 만들 것인가를 고심했다. 특히 고 박정희朴正熙 전 대통령은 먼저 산업화를 이뤄야겠다고 판단했다. 그리하여 중농정책重農政策에서 탈피하여 공업발전전략을 중심으로 국가의 모든 정책을 세우고 추진하였다. 당분간 농업은 좀 제쳐 놓고 국가 경제적 기반을 닦는 것이 급선무란 뜻이었다. 물론

유럽이나 구미의 선진국에서는 농업기반산업이 발전한 뒤에 공업을 일으키는 산업화가 이루어졌고 우리도 원칙적으로 그래야 한다는 의견이 많이 있었다. 그러나 여러 학자들에게 자문한 결과, 공업화가 먼저 이루어져야 국부國富를 빨리 이룰 수 있다는 결론을 얻었기에 중공업정책重工業政策을 채택, 추진하게 되었다.

그런데 공업을 일으키려고 보니, 민족 자본이 형성된 것도 없고 축적된 기술이나, 지도자도 없었으며, 사람들도 의욕이 없어서 어떻게 해야 할지 모르는 상황이었다. 그래서 박정희 전 대통령은 제일 먼저 외국에서 자본과 기술을 도입하여 경제 발전의 문을 열기로 결정하였다. 우리나라의 값싼 인건비를 7년 내지 10년 동안 외국에 제공한 후에 그 기술을 배워와서 많은 공단을 세웠으며, 값싼 노동력으로 보세가공산업을 일으키는 데 성공하였다. 그러나 당시 우리나라에는 내수 시장이 조성되지 않았기 때문에 생산한 제품들을 다시 해외시장에 판매하는 형태였다.

이렇게 제1차, 제2차 경제개발 5개년 계획을 지속적으로 추진하여 공업화의 기반을 이루게 되었지만, 1970년대에 들어서서 농촌에 대한발大旱魃이라는 60년 만의 극심한 가뭄이 발생하였다. 모를 심어야 할 봄에 넉 달 동안 비가 오지 않자, 농촌사회는 참담할 정도로 희망이 없었다. 전국의 농촌에서 살려 달라는 비명소리가 나올 정도로 상황이 어려워지자, 국가의 지도자로서 이 문제를 외면할 수 없었다. 그래서 농촌개발에 정책적인 관심을 기울이기로 결단을 내리게 되었다.

2) 새마을운동의 시작

1972년 초 대한발을 계기로 박정희 전 대통령은 한국농촌개발에 적극적인 관심을 가지게 되었다. 그러나 농촌사회가 너무 빈곤에 허덕이고 의욕도 없이 어떻게 해야 할지 처방이 나오지 않는 막막한 상황이었다. 그래서 농민의 의식구조를 개혁하여 잘사는 나라로 만들기 위해 전문가로 팀을 구성하게 되었다. 이때 전문적으로 덴마크와 이스라엘에서 농촌발전에 대한 연구를 하고 귀국한 필자가 부름을 받게 되었다.

필자는 한국 농촌의 최하위 빈곤층에서 태어났지만, 유년시절부터 예수를 믿고 가난한 농촌을 선진국처럼 잘사는 농촌으로 만들겠다는 비전을 가지고 낮에는 일하고 밤에는 학교에서 공부하는 고학생으로 대학까지 마치게 되었다. 이러한 꿈은 덴마크와 이스라엘 정부의 초청으로 이루어지게 되어 두 나라에서 농촌사회 개발운동을 배우고 한국에 귀국하여 대학교 교수로 재직 중이었다.

초대 새마을운동 담당실의 첫 번째 활동은 대통령 비서실 전 비서관, 보좌관, 경호실 간부들에게 새마을운동의 발제 강연을 하여 대통령 측근 인사들의 공감대를 이루었고, 이어 대통령 주재 국무회의에서 각료들에 대한 교육을 실행하는 것이었다. 필자는 덴마크가 기독교 정신으로 국민의식 개혁운동에 성공했고, 이스라엘 역시 하나님을 믿는 유대교 정신으로 시온주의 운동을 통한 국민적 통합운동과 성서에 나오는 개척자 정신을 발휘한 것을 말하면서 무엇보다 중요한 것이 정신개혁운동이라는 점을 강조했다.

교육은 엄청난 반응을 일으켰다. 이후 전라남도 광주의 체육관에 전국지방장관회의에서 전국 시장, 군수 등 중앙과 지방의 지도자 2,000명에 대한 강의가 이루어졌다. 이 모임은 새마을운동의 기본정책이 세워지고 전국적인 붐을 일으켜 전국으로 확산되는 국민운동으로 발전하였다.

이때 제안한 새마을운동의 취지는 첫째로 국민들의 정신개혁운동이고 둘째는 농촌 또는 산업사회의 소득증대운동이었다. 이것을 양 축으로 삼고 주변환경 개선운동이 병행되었는데, 그것은 주거에 편리한 생활환경과 생산과 소득증대를 위한 산업환경을 포함한다. 이와 함께 국민들의 정서환경의 재조성, 즉 국민적 가치의 재정립을 불러올 문화환경까지 포함되는 내용이었다. 기독교 국가인 덴마크의 부흥 사례와 유대교 국가인 이스라엘의 성공 사례 그리고 유럽 선진국의 사례를 들면서 '우리도 할 수 있다!' '하면 된다!'는 국민적 신념을 심어 주는 데 크게 기여할 수 있었다.

2. 근면勤勉·자조自助·협동協同의 새마을 정신

1) 전통승화의 정신적 지주

이미 우리는 앞에서 새마을운동의 개념은 정신혁명으로서의 '이인'里仁화의 성격과 근대화산업화+과학화의 내용을 양적, 질적으로 조명하고 있음을 살펴보았다. 그러한 두 가지 본질을 아울러 펼칠 때에 곧 새마을운동의 지도이념이 나오게 마련이다. 박정희 대통령이 새마을운동의 지도이념으로서 근면·자조·협동을 제시하였을 때 그 지도이념 속에서 정신혁명으로서의 이인화와 산업혁명으로서의 근대화를 위한 이념이 동시적으로 포함되어 있었다.

한 나라가 근대화 작업에 성공하기 위해서는 과학화나 산업화에 못지않게 정신적인 혁명이 필요하다. 그래서 새마을운동은 전통주의의 정신적 미덕과 서양적인 근대국가의 장점을 접목시키려는 일대 창조운동이라고 볼 수 있다. 그래서 한국 민주주의民主主義의 창출과 한국적 자본주의의 독특한 창안의 근거를 새마을운동으로 이룩하자는 것이다. 여기서 전통주의적인 마을개념과 민주주의의 결합을 길게 설명할 수는 없지만, 전통적 윤리관인 두레와 향약의 정신과 근대 자본주의의 정신이 새마을운동의 지도이념 속에서 어떻게 만나는 것인가를 성찰할 필요가 있다.

근대 자본주의 정신이 가지고 있는 몇 가지 특징은 서구의 근대화를 성공으로 이끌었다. 첫째, 자본주의의 정신은 영리획득의 태도가 봉건시대의 것과 다름을 뜻한다. 즉 전통적으로 영리추구를 도덕적 악이라고 평가한 태도를 근대화의 정신은 타기한다. 그렇다고 서양 근대화의 정신이 절제 없는 무제한한 본능과 충동을 그대로 묵인하는 것이 아니다. 이와 반대로 근대화의 정신은 영리추구의 정신을 에토스ethos, 즉 직업윤리화한다. 프랭클린Franklin이 강조한 바와 같이 근면, 소박한 절제생활, 신중한 생활태도 등이 근대화와 자본주의화를 위한 경제적 윤리로 부각되고 있다. 둘째, 근대정신의 상징인 자본주의와 산업화는 합리적인 경제행위를 지속적으로 수행하는 대가로 영리추구가 정당화되는 까닭에 엄격한 규율과 훈련에 의한 경제행위가 요구된다. 그래서 '모험적冒險的 영리주의營利主義'와 '합리적合理的 자본주의資本主義'의 구별이 분명해진다. 셋째, 엄격한 규율 아래에 합리적으로 경제행위를 하려면 일반적으로 보편화되는 생활의 가치기준이 설정되어 있어야 한다. 즉 신분적 차별, 혈연, 지연의 차별에 따라 경제행위의 기준이 달라져서는 안 된다. 환언하면, 혈연, 지연, 학연에 따라 경제행위의 척도가 달라지고 경제윤리가 구별된다면, 합리적 생활윤리가 정착될 수 없으며 또 그것이 안 되면 근대화가 성공할 수 없다.

이른바 막스 베버가 잘 지적하였듯이 대내도덕對內道德: Binnenmoral과 대외도덕對外道德: Aubenmoral이 잘 분리되어야 한다. 혈연과 지연 아래서는 이해관계를 초월한 온정이 흐르지만 그것을 벗어나서는 혈연과 지연이 다른 집단에 대해서 사기, 절도를 감행함으로써 보편적인 경제윤리가 형성되지 않을 수 있다. 그렇게 되면 근대화의 정신이 성공을 기하기 어렵다. 그래서 근대화의 이상형은 신분의 고하를 막론하고 자기 일을 스스로 충실하게 처리하는 성실한 사람이 성공한다는 생활인으로 부각되기 마련이다.

물론 여기서 우리가 근대화의 상징으로서 자본주의 정신을 간략하게 살펴보았지만, 생활상의 복지와 후생을 도외시한 초기 자본주의를 비호하는 것은 결코 아니다. 오히려 우리가 새마을운동을 통하여 후생과 복지에 있어서 사회화를 실시하되 근대화의 원인동기 또는 성취동기를 자본주의 정신에서 배우자는 것이다. 그러므로 새마을운동을 통하여 이루어지는 근대화의 얼로서는 자본주의적 성취동기가 사회화와 복지화의 요구에 이율배반이 되는 것은 아니다. 오히려 새마을운동의 기본정신인 근면·자조·협동은 전통적인 이인정신의 생활화와 근대국가의 형성을 가속화시키기 위한 자본주의적 성취동기의 촉진과 이인정신에 바탕을 둔 사회화, 복지화의 정신기반의 구축에 있다.

전통적인 마을 개념의 이상인 이인이 유교적 패턴에 근거하는 성향이 짙기 때문에 막스 베버가 경고한 바와 같이 친족과 혈연 또는 지연 사이의 '대내도덕'과 그 범주를 벗어난 사람에게 적용되는 '대외도덕'을 구별하는 폐단이 짙을 위험성이 있다. 그래서 이른바 아는 사람들에 대한 인간관계와 잘 알지 못하는 사람들에 대한 인간관계의 질이 전혀 다르게 나타난다. 그런 성향은 사회를 객관적으로 규율화해야 하는 근대 시민국가의 형성에 큰 장애요인이 된다. 그러나 다른 한편으로 두레와 향약의 새로운 연장선상에서 해석되어야 하는 새마을운동은 두레의 공존이념이나 향약의 상부상조이념에서 도출되는 협동이념의 정신에 의하여 생활의 사회화와 복지화에 긍정적으로 크게 이바지할 수 있다.

그러므로 새마을운동의 기본정신인 근면·자조·협동은 전통적인 이인적 공동체관에서 볼 수 없는 자본주의적 성취동기를 촉발하고 또 전통적 공동체의 이상에 충실한 '대동적 협동'大同的 協同에 바탕을 둔 공영, 공존 그리고 공감적 화평의 문화를 성숙시키는 이념을 아울러 조명하고 있다 하겠다. 그래서 주로 근면과 자조는 근대화와 산업화를 위한 자본주의적 성취동기와 생활윤리를 상대적으로 진하게 노정하는 반면에, 협동은 이인적 공동체의 성숙을 위한 생활의 복지화와 후생화에 역점을 두고 있다.

2) 성취의욕의 확산논리[2]

빈곤과 패배, 의타와 퇴영과 무지에서 벗어나 근대국가의 실질을 갖추려면, 근면과 자조라는 자본주의적 성취동기가 없이는 결코 오랜 낡은 인습을 제거할 수 없다. 그런데 아무리 새마을운동의 지도이념이 전통적인 이인사회와 근대화사회를 양가적兩價的으로 조명한다 하여도, 그런 지도이념을 구현하기 위한 강력한 행동력에 축을 박은 새마을운동의 지도자들이 없다면, 이 운동은 성공할 수 없다. 즉 공동체를 자기적인 욕망의 아수라장으로 만들지 않으면서도 소득증대, 교육을 통한 무지의 탈피, 오랜 침체로 말미암아 생긴 농민들과 근로계층들의 사회적 푸대접으로부터 극복 그리고 사회적 불안정이 주는 생활의 불안을 씻어 내려는 헌신적인 행동인이 없으면, 지난 40년 동안의 새마을운동이 어려운 조건 속에서 성공을 거둘 수 없었을 것이다. 그런 점에서 근면·자조·협동의 새마을운동 기본정신이 '의리와 인정이 넘치는 이인사회'의 창조라는 전통적 가치관과 근대화운동에 필요한 가치관의 결합이라 할지라도 그런 지도이념이 이 땅의 정신적 토양에 뿌리박기 위하여 새마을 지도자들의 구국적인 헌신이 있어야 함은 두 말할 필요가 없다. 그러나 더 근원적으로 고찰되어야 할 것은 새마을 지도자를 통하여 나타나는 지도이념을 수용할 수 있는 민중적 바탕이 마련되어 있어야 했다.

그 바탕은 두 가지 각도에서 해석될 수 있다. 하나는 민중의 적극적 바탕이다. 민중심리의 바탕은 우리 민족의 오랜 문화적 전통 속에서 영글게 된 '어진 마음'의 이상理想이라고 볼 수 있는 '인정과 의리가 넘치는 사회'의 창조에 대한 열렬한 희망이다. 그런데 새마을운동의 지도이념이 적극적으로 민중 심리에 수용된 까닭은 현세적인 우리 민족의 깊은 한恨의 해방이라는 문제와 직결되어 있다. 여기서 왜 우리 민족이 내세성보다는 현세성을 짙게 지니고 있는가를 장황하게 설명하지는 않겠다. 단지 우리 민족이 현세적이라고 전제한다면, 그런 현세적 세계관에서 이 땅의 민중은 현세적 욕구불만인 한을 깊숙이 체험하면서 살아왔다. 그 한을 분류하면 오랜 가난에서 오는 한, 가난하기 때문에 제대로 배우지 못해서 오는 무지의 한, 무지와 빈곤이 낳는 사회적 푸대접의 한 그리고 사회적 불안과 난리에서 오는 한 등이 부각된다.

근면·자조·협동으로 표현되는 새마을지도이념은 이 민중의 심성에 깊이 뿌리박힌 절대적 한의 숙명적宿命的 패배의식敗北意識을 탈피하여 운명개척運命開拓의 능동적 정신을 고양하는 데 가장 중요한 역점을 두어 왔다. 근면·자조·협동의 화신인 새마을 지도자들의 헌신적인 행동철학에 의하여 새마을운동을 일으킨 저변의 심리도 그들이 이 땅의 민중과 같은 절대적인 소유자들이기 때문이다. 그러므로 그 지도이념은 이 땅에서 수백 년 동안 침체와 나태와 절망의 대명사였던 절대빈곤絶對貧困, 절대무지絶對無知, 절대불안絶對不安, 절대소외絶對疎外를 극복하여 참다운 '어진 마음'으로서의 '인정과 의리가 넘치는 사회'의 창조를 겨냥하되 예의 절대적 한을 극복하여 근대화의 성공을 기약하자는 역사적 사명을 지닌다. 지난 40년 동안 새마을운동은 그와 같이 복합적 성격을 역사와 사회 속에 지니고 출범하여 오늘에 이르게 되었다. 이제 그 새마을운동은 지난 10년의 행동과 발자취를 더듬어서 반성의 거울을 더욱 닦아 민족적民族的 생활철학生活哲學의 기반이 되어야 하겠다.

3. 새마을운동의 기본 정신[3]

1) 새마을운동과 정치의식

(1) 주도력 배양을 위한 민주훈련

새마을운동은 정치운동인가 또는 정치와는 전혀 무관한 사회운동인가? 새마을운동을 적극 지지하고 참여하는 사람들은 이것이 정치와는 무관한 국민 잘살기 운동이고 농촌의 환경개선과 소득증대운동이며, 정신개혁운동, 사회개조운동이요, 민족중흥운동임을 강조한다. 새마을운동은 오늘날 여러 국가적 요청과 역사적 소명을 충족하는 국민운동이기 때문에 그 목표, 역할, 기능이 많은 것을 의미한다. 포괄적이고 다목적적인 국민운동이기 때문에 그 개념의 혼동을 일으킬 소지를 다분히 안고 있다. 그러기에 그 말이 내포하는 목표, 취지, 기능을 여기서 정리하여 보는 것이 좋을 것 같다.

분야	전개된 운동
정치	난국타개의 원동력 - 국력배양의 가속화운동 - 평화통일운동 - 국민총화운동 - 주민자치운동 - 집단내 민주주의운동 - 새국가 건설운동
경제	가난 추방을 위한 국민개로운동 - 잘살기운동 - 소득증대운동 - 생산성향상 증대운동 · 원가절약운동 - 소비절약 근검저축운동 - 후생복지운동
사회	환경개선운동 - 환경미화운동 - 지역사회 개발운동 - 3대 사회질서 확립운동 - 사회정화운동 - 인보상조운동
문화	정신혁명운동 - 국민성격 개조운동 - 합리화 근대운동 - 문화민족성 자주성확립운동 - 민족성 자주성 확립과 민족중흥운동 - 역사의 단축을 위한
역사	국민의 일대약진운동 - 국민적 화해와 단합을 추구 - 새 시대를 여는 역사창조운동

역사는 민족적 생명력의 자기실현과정이다. 정치는 역사의 산물이고 새로운 역사창조의 원동력이다. 경제와 사회는 정치의 보호와 지도, 통제 아래 존재하고 변화한다. 문화도 경제와 사회의 토대 위에서 성장 개화하나 정치의 규제와 지도를 받지 않을 수 없다. 그러나 역으로 정치변화와 역사창조의 방향을 결정하며, 정치변화와 발전에 커다란 영향을 끼친다. 한마디로 정치는 경제·사회·문화·교육의 발전방향과 성격형성에 영향을 주며, 역사창조를 주도한다. 따라서 새마을운동은 정치의 보호와 지도 아래 존속하며, 정치에 영향을 미치는 운동이라고 보아야 할 것이다.

(2) 정치적 주체개념의 실체운동

새마을운동은 처음 '새마을 가꾸기 사업'이라는 농촌환경 개선운동으로 시작하여 '농촌 잘살기 운동'이라는 소득증대운동 또는 정신계발운동이었으나 결코 비정치적인 것은 아니다. 새마을운동이 비정치적인 애국애족운동이라고 한다면, 이것이 차원 높은 정치의식의 실천적 표현이라고 보아야 할 것이다. 새마을운동은 사회성원이 모든 문제를 결정하는 데 국민대중이 직접 참가하고 협조하는 민주주의를 지향한다. 그것이 한국 민주주의의 토착화를 위한 실천도장이 될 수 있는 이유는 다음과 같다.

새마을운동은 최고 지도자 또는 소수가 모여서 되는 것이 아니라 부락 사람들이 전부 참여하여 이루어진다. 부락민이 모여서 먼저 부락 지도자를 선출한다. 선출된 지도자는 그 부락의 발전을 위하여 모든 사람의 의견을 종합하여 부락 전체의 이익이 될 수 있는 사업을 선택한다. 그리고 부락민 전체가 땀 흘리고 협동하여 공동사업을 추진한다. 그리고 여기서 얻은 성과는 부락민에게 골고루 공평하게 배분되며, 그 일부는 부락민의 동의를 얻어서 부락의 공동기금으로 저축된다. 그리고 이것을 가지고 무엇을 할 것인가를 다시 부락민의 심의에 부치는 것이다. 이처럼 생산적이고 건설적인 일을 가지고 부락민이 공동참여하고 공동협의하고 공동결정한 다음 공동집행에 참여한다. 그러므로 이것을 정치의 주체적 개념으로 받아들일 때 새마을운동은 우리의 현실상황이 요구하는 정치운동이고 고차원적인 정치의식에 의하여 뒷받침되는 것이다.

2) 새마을운동과 경제의식

(1) 적극적인 경제의식의 표현

한국은 1960년대 이후 박정희 대통령의 지도 아래 세계가 놀랄 만큼 급속한 성장을 이룩하였다. 그러나 그동안 급속한 사회경제적 변화의 와

중에서 도시와 농촌의 빈부 격차가 벌어지면서 결과적으로 일부 계층과 대중 간의 괴리가 심각해진 것은 사실이다. 그중에 농촌의 피폐와 빈곤이 국가 발전에 있어서 심각한 문제로 남아 있었던 이유는 다음과 같다.

첫째, 농촌이 계속 빈곤하고 낙후되어 있는 한 국내의 소비시장이 계속 소외될 것이고, 그것은 공업발전을 저해하는 요인이 된다. 둘째, 급속한 경제성장의 그늘에서 정치적 불안과 사회적인 혼란이 해결되지 않고 남아 있으면, 이것은 남북대결의 상황에서 사회적 취약점이 될 것임이 틀림없었다. 셋째, 농촌의 피폐와 빈곤으로 대도시로 유입된 인구는 도시의 인구과밀화를 촉진시켰다. 농촌이 이처럼 상대적 박탈relative deprivation의 지역으로 남아 있는 한 서울의 인구집중을 방지하려는 정부의 노력은 수포로 돌아갈 수밖에 없다. 한편 농촌의 저생산성으로 인하여 정부는 매년 근 10억 불에 달하는 식량을 수입하여 외화부족현상을 악화시켜 왔다.

1972년에 와서는 1971년의 새마을 가꾸기 사업을 추진하는 과정에서 터득한 교훈을 바탕으로 그 전개방향과 추진방법을 체계화하였다. 그리고 환경개선을 통하여 주민의 정신계발을 촉진하여 이 새로운 정신적 바탕 위에서 소득증대를 실현하자는 새마을운동으로 발전하게 되었다. 새마을운동이 그 후 전국적으로 파급되고 급성장하게 된 이유는 무엇일까?

첫째, 가난한 농민의 아들로 태어나서 농촌부흥과 가난추방을 국정의 제1차적 과업으로 여기고 민족중흥을 위한 국민운동에 대단한 집념을 보여 온 박정희 대통령의 결의를 들어야 할 것이다. 둘째, 농촌의 빈곤과 낙후성을 극복하는 데 관심을 가지고 자기 마을의 명예와 복지를 위하여 잘 살기 운동에 헌신하려는 새마을 지도자들을 들 수 있다. 셋째, 정부의 적극적인 계몽과 지원에 호응하여 열성적으로 참여한 주민들의 열심이 성공 원인이다.

새마을운동은 크게 농어촌 새마을운동과 도시 새마을운동으로 나뉜다. 도시 새마을운동은 다시 3대 질서확립운동, 지역 새마을운동, 직능 새마을운동으로 이루어진다. 3대 질서확립운동은 '차례로 줄서기', '휴지 버리지 말기', '고운 말 쓰기' 등 도시생활을 보다 명랑하고 청결하게 만들려는 것이고 경제조건을 개선하는 문제와는 직접 관계가 없다. 그러나 농어촌 새마을운동과 아울러 도시 새마을운동 중에서 지역 새마을과 직장 새마을은 고질적인 빈곤과 퇴영退嬰을 추방하려는 의도에서 발전되었다.

(2) 경제적 자립의식의 대중화

새마을운동을 경제적 측면에서 고찰할 때 다음 세 가지로 나뉜다. 첫째는 환경개선사업이다. 그 안에는 ① 농로확장과 개설, ② 지붕개량, ③ 교량가설, ④ 방파제건설, ⑤ 수리시설, ⑥ 공공이용시설, ⑦ 부락환경미화, ⑧ 기타 생활환경사업 등이 포함된다. 둘째는 소득증대 생산성향상 사업이다. ① 마을 조림 양묘, ② 생산협동사업집단재배, 퇴비증산, 영농시한제, 병충해방제, ③ 토지이용도 배가, ④ 개간간척, ⑤ 수산양식장 설치, ⑥ 공동구매, 공동판매, 농외소득사업, 공장생산성제고, 원가절감이 있다. 셋째는 후생복지사업의 확대이다. 인간관계개선, 노사협조, 인보상조운동, 문화복지사업농어촌 전화사업, 농촌 표준주택, 간이급수시설, 이동진료, 마을 통신시설, 메탄가스시설, 공동복지시설마을회관, 이발소, 어린이 놀이터, 목욕탕, 탁아소, 새마을금고, 기타 지역사회 개발사업 등이 그 범주에 포함된다.

직장 새마을의 주요사업은 물자절약운동, 직원복지·후생의 확대, 직장 새마을금고, 환경정화에 둔다. 공장 새마을운동은 원가절감운동, 종업원의 복지후생, 노사협조, 공장 새마을금고 육성이며, 업소 새마을은 정찰제 및 영수증 주고받기, 청결하고 위생적인 환경과 복장퇴폐행위 없애기, 친절봉사에 역점을 둔다. 학교 새마을운동은 새마을 정신을 바탕으로 한 도의와 질서교육, 지역사회교육, 학교환경정비, 산학협동에 주목표를 둔다.

그중 경제적 측면에서 가장 중요한 것은 공장 새마을운동이다. 공장 새마을은 기본방향을 '내 기업=내 가족=내 조국'이라는 관념을 토대로 한 국적 노사관계의 확립으로 잡고 구체적으로 생산성 향상과 원가절감, 근로조건의 개선, 지도요원의 양성을 표방하고 있다. 실천항목은 생산성의 향상을 위하여 경영층의 솔선수범, 생산성 증대와 결부된 임금인상, 모든 사업을 민주적으로 협의함을 내세운다. 그리고 근로자의 차별의식을 타파하기 위하여 신분상의 차별과 학력제한을 철폐하며, 기술직을 우대하자는 것이다.

(3) 국민경제의 확립

잘산다는 것은 물질적, 경제적으로 잘산다는 의미와 함께 정신적, 도덕적으로 잘산다는 의미를 내포하고 있다. 그러기 때문에 잘산다는 목적을 위해서는 두 가지 방법이 중요시된다. 하나는 가난의 추방이고 또 하나는 정신개조운동이다. 여기서 정신개조운동이라는 것은 국민들이 근면·자조·협동의 정신을 배양하여 잘살 수 있게 하려는 데 목적을 두는 것이므로 새마을운동은 1차적으로 국민 모두가 잘살 수 있는 물질적, 경제적, 환경적 개선을 지향하는 국민운동이라고 보아야 한다.

즉 새마을운동을 뒷받침하는 경제의식은 개인이나 집단의 경제이익을 전제로 하는 서구의 개인주의적, 물질주의적, 경쟁주의적인 경제의식과는 그 근원을 달리한다. 또는 계급이익과 민족지상을 표방하는 전체주의체제의 혁명주의적, 팽창주의적인 경제의식과 바탕을 달리하는 것임을 알 수 있다. 그것은 한마디로 지상에 이상적인 복지국가를 건설하기를 희망했던 단군의 건국이념과 또 5,000년의 역사를 통하여 연면連綿히 이어져 온 해원解冤, 상생, 공영, 조화의 전통 사상과 독자적인 경제철학에 뒷받침된 정치, 경제, 사회, 정신문화운동의 현대적 표현이라고 보아야 한다.

3) 새마을운동과 새로운 사회의식

(1) 새마을운동과 사회 체질의 개혁

1970년에 출범한 새마을운동은 기본적으로 국민들의 의식구조의 혁신운동이었다. 의식구조의 혁신과 새로운 행동양식은 사회와 국가에 새로운 발전을 가져오게 된다.

돌이켜 보면 1970년대가 '도약의 시대'로서 민족중흥의 기틀을 닦을 수 있었던 것은 새마을운동이 그 기반이었다고 하겠다. 무릇 사회가 발전한다고 할 때 그것을 가능하게 하는 것은 물질적인 성장의 계기도 중요하지만 의식이 선행해 주지 않으면, 물질적인 성장의 계기가 자리 잡을 수 없다. 이러한 관점에서 본다면, 1970년대의 새마을운동은 일종의 구국운동이었다고 해도 과언이 아니다.

(2) 1970-1980년대의 새마을운동과 사회의식

1970년대는 안으로는 경제개발의 진행과 더불어 인구의 대이동, 즉 농업종사자의 인구가 크게 줄고 공업의 발전과 함께 우리나라 전체 사회구조에 큰 변화를 가져왔다. 경제개발의 성공적인 진행은 우리도 자립할 수 있다는 것을 실증했다. 종래에는 경제전문가나 경제담당 고급관사들도 자립경제에 대하여 비판적이었지만, '하면 된다.'는 신념을 가지고 시작한 경제자립의 기반은 확실히 이 신념의 정당성을 입증해 주었다. 이것은 새마을운동의 성공을 의미한다. 근면·자조·협동의 새마을정신은 1970년대를 통하여 우리 민족에게 새로운 기운을 불어넣었다. 우리 스스로는 어떻게 해 볼 수 없다는 체념으로 남에게 의존하려던 의타주의와 사대주의적 의식을 불식하고 자주적 정신과 자립의 신념을 온 국민에게 불어넣어 의식개혁을 가져온 것이 새마을운동의 성과였다.

돌이켜 보면 지난 1950년대에 이르기까지 우리 국민은 자주적 의식을 개발하거나 발휘하지 못하였기 때문에 항상 의타심을 가지고 빈곤을 운명인양 생각하며 살아왔다. 1960년대에 들어서는 정치적인 불안과 사회적 혼란이 무엇을 의미하는가에 대해 새로이 인식하는 계기가 있었다. 이러한 계기를 맞아서 사회적 혼란이 가져오는 결과에 대한 반성을 배경으로 한편으로는 우리 스스로의 위치를 정립하고 역사를 새로이 창조해야겠다는 의지가 발양되었고, 다른 한편으로는 경제개발계획의 실시로 '우리도 하면 된다.'는 자신감을 터득하게 되었다. 새마을운동은 어느덧 사회적 안정과 국가의 발전은 당연한 역사의 흐름이라는 의식을 가지게 하는 데 성공하였다. 안정의 당위성과 발전의 필연성은 국민의 전진적인 자세를 형성해 왔던 것이다.

우리는 1980년대의 문턱에서 큰 국가적인 시련을 겪었다. 위에서 언급한 대로 우리는 1970년대를 '자주의 시대'요, '성장의 시대'로 규정지었으며, 이것을 가능케 했던 것은 고 박정희 대통령의 영도력과 국민의 자각이었다고 하겠다. 1980년대는 1970년대의 발전의 기반을 다져 가면서 새로운 시대의 전개를 위해 새마을운동의 정신을 통해 민주복지사회를 구현하면서 자주, 자위의 역량을 크게 신장시켜야 하는 시기였다.

4) 새마을운동과 전통문화의식

새마을운동이 전개하고 있는 전통문화의식의 의미를 살펴보자. 첫째, 한 나라나 민족을 지탱하는 힘은 단순히 물리적인 힘이 아니라 그 민족이 디디고 선 기층문화의 저력을 말한다. 만약 물리적인 힘만 문제가 된다면, 고대 세계의 패자(霸者)였던 스키타이 유목민이나 몽고제국 같은 강자들이 흔적도 없이 사라지지 않았을 것이다. 기층문화의 저력이 없었기 때문에 한때의 강성을 자랑하다가도 어느덧 역사의 무대 뒤로 사라진 민족들은 한둘이 아니다. 반면에 한때 외족의 지배를 받더라도 문화적인 경지에 다다른 민족들은 끈질기게 자신의 동질성과 통일성을 유지하면서 시련을 이겨 내며, 그러한 사례는 얼마든지 찾을 수 있다. 그러므로 우리 훌륭한 문화적 전통을 오늘에 되살려 확립하는 일이 문화 창조의 길이다. 헤겔 Hegel도 이야기하였듯이 한 민족에게 창조는 결코 무無에서 유有라는 절대 창조가 있을 수 없기 때문에 이에 전통이 논의되는 것이다. 역사상의 모든 창조나 건설에는 반드시 가꾸고 길러온 문화적, 역사적 유산의 전승이 전제가 된다.

둘째, 우리 겨레의 윤리 생활에 있어서 '성誠'과 '경敬'만 하더라도 우리가 곧 계승해야 할 민족윤리의 핵이다. 성실이 내면적 심정의 거짓 없는 자세를 말하는 것이라면, 경애는 서로 존경하고 사랑하는 실천을 의미한다. 우리 민족에게는 옛날부터 경천애인敬天愛人의 사상이 있었는데, 이는 윗사람을 존경하고 아랫사람을 사랑하는 경애의 사상인 것이다.

셋째, 새마을운동의 지표인 협동, 단결의 전통도 긴 역사를 지니고 있다. 언어, 문화, 혈연을 같이하는 단일민족인 우리 민족은 운명 공동체로서 고난과 기쁨을 같이하여 오는 동안, 남달리 강한 민족의식을 가지게 되었고 그에 따라 서로 돕고 위하고 사랑하는 상부상조의 정신이 뿌리박히게 되었다. 이러한 상부상조相扶相助와 협동協同, 단결團結의 미풍은 허다하여 다 이야기할 수 없는데, 특히 계契는 옛날부터 있었던 우리나라의 민간 협동체이다. 기록상으로는 신라 초기의 가배계嘉俳契가 처음이라고 하지만, 실제로는 그보다 더 오래전부터 있었던 것으로 짐작된다. 계는 사회가 변화, 발전함에 따라서 그 기능도 다양하게 되었는데, 특히 조선시대에 성행하게 된 것은 주민들의 당면문제를 해결해 주는 원동력이 되었기 때문이다.

넷째, 예로부터 한국인의 심성에는 해학과 웃음이 넘쳤다. 이 같은 건전한 심성이 일제 식민지 정책의 영향으로 좌절과 눈물로 얼룩졌다. 현실을 정면에서 극복하려는 의지보다는 현실에서 도피하고 감상에 빠지는 나약성이 대중문화에 잠식되어 왔다. 1945년 일제로부터의 해방 후 한 세대가 훨씬 지났어도 우리의 대중문화 속에 일본의 퇴영적 잔재는 말끔히 세척되지 않고 뿌리에 엉겨 있다. 대중들이 즐겨 부르는 유행가 가락에서부터 영화나 연극의 내용에 이르기까지 왜색의 찌꺼기들이 남아 있어 우리의 정서를 좀먹고 문화발전을 저해하고 있다. 그리하여 도시인은 대중매체의 영향에 따라 웃고 울고 하는 무력한 상태에 놓이기 쉽고 감수성이 강한 청소년은 대중사회 속에서 일시적 향락에 사로잡히기 쉽다.

다섯째, 새마을운동이 정신계발을 목표로 하는 '새마음운동'이라고 한다면, 우리 민족에게 필요한 것은 패배적인 자기모멸이 아니라, 긍정적인 자신을 기르는 것이다. 이러한 뜻에서 민족문화의 전통을 무시한다는 것은 지나친 자기 학대에서 나오는 편견에 지나지 않을 것이다. 민족문화의 전통은 우리가 마음대로 만든 것이 아니라, 이미 우리 조상들이 창조한 것으로 그 당시 용광로를 거쳐서 탄생된 것이다. 따라서 그것은 죽은 과거가 아니라 살아 있는 과거이자, 빛나는 과거이며, 미래를 창조할 원동력이 되는 과거이다. 그래서 전통은 역사적 개념이요, 가치적 개념이며, 사회보존의 기능과 동시에 사회창조의 기능을 담당하고 전통의 계승은 한 민족의 가장 중요한 문화적 과제이다.

이것이 새마을운동이 전개하고 있는 정신계발이다. 이제 우리는 새로운 역사, 문화의 창조를 위해서 전력을 기울여야 한다. 세계사 속에서 새로운 동서 문화 창조의 큰 핵을 이루겠다는 웅대한 꿈을 가져야 한다. 그래서 우리는 더 이상 문화적 주변의식周邊意識과 문화적 종속의식從屬意識의 관념적 허위의식에서 벗어나야 한다. 따라서 우리는 문화적 자신감을 가져야 하며, 역사적이고 현실적인 모든 바탕과 소재들의 특수성을 성실히 수용하고 지적 체험으로 받아들여 그것을 보편적 논리로 승화시켜야 한다. 그러므로 우리가 좀 더 깊이 있고 원대한 시각에서 전통문화에 대한 올바른 탐구가 이루어질 때, 오늘날 탈이념적이라고 비판받는 한국 문화도 비로소 차원 높은 창조의 논리를 잉태할 수 있을 것이다. 그것만이 우리의 문화가 지향할 미래상을 그릴 수 있게 한다. 오늘날 우리가 새 시대를 연다는 것도 새로운 문화정신과 새로운 역사의식을 창출하여 정착시키는 데 있는 것이 아닌가 생각된다.

5) 새마을운동과 교육의식

교육이라는 현상과 개념을 규정하는 데에는 여러 가지가 있을 수 있다. 보다 기능적인 견지에서 교육을 사회문화의 계승 및 발전의 수단이라고 정의할 수도 있다. 또 교육이 계획적인 인간행동의 변화라면, 교육은 사고력, 창의력 또는 가치관, 정신자세 또는 지식, 기술 등의 인간행동형을 의도한 계획에 따라 조성하고 증대하고 교정할 수 있는 것이다. 특히 교육이 인간행동의 변화라면, 교육목적설정은 길러야 할 행동특성을 뜻 있게 의식하고 기술함으로써 설정된다. 그러기에 우리가 교육에 있어서 의식구조를 중요시하는 근본 이유도 올바른 의식구조의 회복 없이는 어떤 분야에 있어서도 자주성을 확립할 수가 없기 때문이다.

우리나라 근대화의 정신적 기반으로 다져지고 있는 새마을운동의 목표에서는 그 방향이 보다 구체적으로 나타나고 있다. 새마을운동은 정신계발을 목표로 하는 새마음운동이요, 우리의 생활환경을 합리적으로 개선하는 운동이요, 대중의 소득증대를 도모하는 경제운동이다. 우리는 이러한 가치관의 형성이 교육을 통하여 하루바삐 이룩되기를 기대하지 않을 수 없다. 교육이야말로 내일의 역사를 담당할 세대를 참다운 가치관으로 도야陶冶할 수 있는 가장 본질적인 길이며, 민족중흥의 성패가 바로 여기에 달려 있기 때문이다. 그리고 새마을운동의 지표는 근면과 자조와 협동이다. 이 세 가지 지표는 개인적인 면에서 보거나 사회, 국가의 견지에서 볼 때 새로운 역사를 창조할 수 있는 힘의 원천이며, 근대화에 이르는 정신적 기반이다. 이 지표의 뜻은 국민교육헌장에서도 나타나고 있고 이는 우리 자신이 우리의 역사 앞에 강인하게 살아남기 위한 국민적 인식을 위해서도 필요하다.

　새마을운동의 지표인 자조정신은 나의 운명을 내 손으로 개척하고자 하는 주체적인 의지를 말한다. 주체성이란 하나의 심적 상태이다. 즉 남이 아닌 나를 의식하는 일이다. 따라서 이를 개인적인 면에서 풀이하면, 자아의식에서 출발된다고 하겠다. 그러기에 주체성은 오히려 의지와 결정의 주관자인 나의 자각으로 의미를 가지는 개념이다. 그러므로 나를 올바르게 인식하는 것은 개인으로서 주체를 확립하는 일이며, 우리를 올바르게 파악하는 것은 겨레로서 또한 나라로서 주체를 확립하는 일이다. 이 두 가지 주체의식은 밀접하게 관련됨으로써 수립되는 것이다. 그렇지 못하고 그것이 별개의 것으로 인식될 때 나와 우리는 모두 존재가치를 상실할 뿐만 아니라 생존의 의의조차 잃고 만다. 그러기에 그것은 동시에 자위하는 정신이기도 하다. 자기 자신을 지키고 자기 나라를 지키는 지위정신이 바로 자조정신이요 총력안보의 정신이며, 주체성이다. 그러므로 한국 교육은 이러한 교육의식을 지니고 남에게 의존하거나 나의 책임을 남에게 전가함 없이 어떠한 어려움이 있을지라도 자기 힘으로 자기의 일을 해 나가는 자조정신을 길러야 할 것이다. 자조의 역량이 쌓여진 바탕 위에서만 정치, 경제, 사회, 문화 등의 모든 분야에서의 주체적 생존이 가능하다. 결국 의식적인 주체의 실천과정으로서의 생존만이 참 의미에서의 개인이나 집단의 생명을 보장받을 수 있는 것이라 하겠다.

　새마을운동이 지향하는 정신계발과 근대화의 기반도 역시 교육정신의 부활에 있다. 이를 실현하기 위해서는 지난 과거처럼 빌려온 현실을 토대로 한 교육이어서는 안 된다. 조작된 교양양식敎養樣式은 비록 일시적으로 남의 이목을 현혹시킬 수는 있으나, 그 교육생명에는 스스로 짧은 한계가 있기 마련이다. 그러므로 한국에 맞는 교육이론을 전개하기 위해서는 지금이라는 우리의 역사성과 개별성 그리고 민족주체성과 밀접히 관련되어야 할 것이다.

4. 새마을운동의 성과4

1) 국민통합

새마을운동의 가장 중요한 업적은 국가 발전을 위한 정부와 국민 간의 일체감 형성이라고 할 수 있다. 국민적 일체감을 조성한다는 것은 한 나라의 발전을 도모하고 국가 미래를 열어 가는 데에 있어서 또 그 능률을 제고하는 데 있어서 가장 중요한 요소라고 판단된다. 국민통합의 목적을 달성하는 데에는 무엇보다 정부와 민간인들에 의하여 새마을운동의 체계적이고 조직적인 추진이 그 효율을 높였다고 할 수 있다.

정부기관의 조직적인 추진체계는 새마을운동 중앙협의회와 지방추진위원회를 들 수 있다. 중앙추진위원회는 국민운동 유관부처의 차관급 위원들, 즉 내무부, 농림부, 문교부, 문화공보부, 노동부, 보건사회부, 경제기획원으로 구성되어 매월 1회 정기회의 또는 임시회의를 통해 정부에서 지원 또는 지도할 수 있는 사항을 점검하였으며, 다음 국무회의에 보고하도록 하였다. 시·도, 시·군 추진위원회도 비슷하게 유관기관의장 또는 장으로 구성되어 유사한 업무를 지원하는 것을 결의하고 실천궁행하였다.

민간조직으로는 다양하게 조직 확산을 기하였다. 새마을운동 추진중앙본부를 조직하여 분야 별 중앙본부를 결성하여 추진하였다. 농촌 새마을운동추진 중앙연합회, 도시 새마을운동 중앙연합회, 공장 새마을운동 중앙연합회, 학교 새마을운동 중앙연합회, 부녀 새마을운동 중앙연합회 등을 조직하였고 각 시·도, 시·군에도 같은 하위조직을 구성하여 전국적이고 전 국민적인, 즉 민관합동으로 모든 사업을 추진하였기 때문에 성공할 수 있었다. 나중에는 대학 새마을운동 연합회를 결성하여 학자들로 하여금 이론적 체계정립과 학술적인 연구, 현장조사분석 등 엄청난 연구와 연구보고서가 쏟아져 나왔다.

이리하여 온 국민의 참여가 이루어졌고 도시로부터 방방곡곡 심산계곡에 이르기까지 또 어린 학생들로부터 학부모, 노인에 이르기까지 하나가 되어 '근면·자조·협동정신으로 잘살아 보자', '나라가 잘되어야 국민들이 편안하고 잘살 수 있다.'는 정책적 구호에 이르기까지 국민적 정신체계를 하나로 통합하는 데 큰 성공을 거둘 수 있었다. 물론 여기에는 강력한 국가 지도자의 통치력이 막대한 영향력을 주었기 때문에 독재정치라는 비판도 받았고 인권 유린의 경우도 자발적이라는 미명으로 포장되어 넘어가는 국가적인 분위기를 형성하기도 했다.

2) 여성들의 사회참여

한국의 새마을운동에 크게 기여한 실적으로 여성들의 사회참여 분위기조성과 여권신장에 엄청난 기여를 할 수 있었다고 판단된다. 전통적으로 한국 사회는 여성들의 사회참여가 극히 보수적이어서 가사에만 종사하는 것이 일반적이었으나 새마을운동은 여성 새마을운동 연합회를 조직하여 적극적으로 사회개혁운동에 참여하게 함으로 큰 성과를 얻을 수 있었다. 2차 세계대전이 끝나고 독일이 국가재건운동을 활발히 전개할 때도 '집안에서 게으른 자를 몰아내자!' '근검절약을 위해 검은 빵밀기울을 빼지 않는 밀가루로 만든 빵을 먹자.'라는 구호를 외치며 주택옥상에 흙을 올려 식량 생산을 돕는 등 독일 재건국민운동에서도 여성들의 활동이 각광을 받은 것처럼 한국 여성들이 사회개발운동에 적극적으로 참여토록 한 것은 여성들의 사회참여와 새마을운동의 활성화에 크게 이바지할 수 있었으며, 이후 여성들의 인권과 위상을 제고시킬 수 있었다.

새마을운동이 성숙된 후에도 여성의 학교 교육 참여도가 높아지고 직업전선에 뛰어들며, 정치적으로도 각종 선거에서 선거권과 피선거권을 가지고 사회 일선에 부각되기 시작했다. 이때에 괄목할 내용은 기독교 공동체 생활에 열심인 여성들이 교회 내에서 봉사활동을 활발히 한 경험으로 쉽게 사회활동에 접목되어 나설 수 있었기 때문이다. 새마을 정신교육에서도 여성 새마을 지도자들의 눈물겨운 사례발표를 통하여 많은 남성 지도자들이 감동을 받았고 국가 지도자들도 여성 새마을 지도자들의 현장경험보고 때 눈물을 흘리지 않는 사람이 없을 정도로 감동을 주었다. 이리하여 한국 사회에서 여성들은 집에서 가사에만 종사하는 고정관념을 깨뜨리고 과감하게 사회참여에 획을 긋는 계기를 만들어 냈다.

3) 민주주의의 구현

새마을운동은 풀뿌리 민주주의 실천의 도장이 되기도 했다. 마을 단위 모임에서도 항상 의견을 달리한 여러 사람들이 갑론을박으로 논의한 끝에 결론을 얻어 추진하는 것이 일상화되어 진짜 민주주의를 실현하는 도장이 된 것이다. 기초 단위 마을에서 합의된 것으로 그 마을에 국한된 일은 최종결론이 되지만, 상급 마을 또는 이웃 마을에 관련된 것은 다시 대의원격 대표들이 모여 연석회의를 거쳐 추진하였다. 사업의 선정, 방향, 인력 동원, 예산 등을 매주 주민총회를 통해 결정해 시행하고 있었다. 이후 모든 마을에서 추진되는 일들은 의례 마을마다 주민총회를 거치는 것이 당연하게 여겨 일상생활처럼 합의문화가 정착되어 민주화 사회 구축에 이바지하게 되었다.

4) 국민 경제생활의 향상

새마을운동은 정신개혁운동이고 삶의 질을 향상시키는 운동이기 때문에 초창기부터 근면·자조·협동정신으로 잘살아 보자는 기치를 높이 들었다. 잘살기 위해서는 무엇보다 소득증대운동이 뒤따르거나 동시에 추진되어야 지속적인 국민운동이 될 수 있다. 아무리 정신적 개조나 가치관이 제대로 재정립되었다고 하더라도 물질적인 생활개선이 없는 것은 오래 지속되지 않는다고 보고 집중적으로 주민들의 소득증대 사업개발에 박차를 가했다.

소득증대사업으로는 전통적으로 재배하지 않았던 작물들인 파인애플, 바나나, 망고와 같은 열대과일과 같은 새로운 농작물을 과감하게 도입하여 재배했고, 축산물의 사육방법을 과학화해야 했다. 경제작물을 재배하고 재배방법도 협동적인 공동 축산단지의 조성, 협동생산의 기반구축 등으로 발전적 변화개혁이 수반한 다양한 사업을 통하여 모든 농민들의 소득수준을 향상시켰다. 아울러 판매조직의 현대화를 통한 농민들의 소득향상에 크게 기여할 수 있었다. 물론 소득수준만 향상시키는 것이 능사는 아니다. 문화적으로 삶의 질을 향상시키는 데도 관심을 더해서 각종 문화 프로그램을 개발하여 주민들의 삶의 보람을 느끼도록 했다.

5) 환경개선

환경개선의 사업 가운데 가장 두드러진 것은 지게를 지고도 서로 맞지나갈 수 없었던 길을 넓히는 일이었다. 택시가 와도 농촌 깊은 마을 안까지 들어가지 못할 만큼 좁고 꼬부랑한 길을 넓히고 곧게 펴서 닦았다.

또 수천 년간 변함없이 내려온 초가지붕을 개량하여 기와집, 함석집, 슬레이트 지붕으로 바꾸는 사업도 전국적으로 확산되었다. 얼마 후에는 아예 마을 전체를 편리한 지역으로 옮기는 취락구조 개선사업도 활발하게 추진되어 농촌의 풍경이 달라졌다.

전국적으로 모든 산촌의 마을에 이르기까지 마을 어귀나 중간의 공터에 꽃을 심고 조경을 하여 전원적인 풍경을 조성한 것은 과거 수백 년간 변화가 전혀 없는 마을에 천지가 개벽했다고 할 수 있는 변화를 가져온 것이었다.

6) 국민운동으로의 확산

새마을운동의 발상은 초기에 낙후된 농촌개발과 농촌의 문화생활향상이 목적이었으나 전국적인 붐을 일으키자 각계각층으로 확산시켜 전 국민들이 참여하는 국가적인 운동으로 승화시키기로 정책적으로 결정하여 추진하기로 했다. 우선 공장 새마을운동을 통하여 노사화합과 노동자들의 복지증진을 도모하였다. 다음으로 도시 새마을운동을 전개하여 도시환경개선, 도시민의 질서확립운동 등으로 확산하였다. 직장 새마을운동으로 단위 직장마다 특색 있는 사업을 추진하였다. 부녀 새마을운동을 통하여 부녀들의 사회에 진출을 격려하였다. 학교 새마을운동은 주로 초등학교 어머니들의 조직을 통해 학교 교육 환경개선, 가정교육 등 다양한 프로그램들이 개발되었다. 여기에 교수들도 대학 새마을운동에 동참하였다. 이에 새마을운동은 각 분야의 정신혁명운동으로 승화되었다.

류태영 柳泰永
건국대학교, 덴마크 Nordic Agricultural College.
이스라엘 Hebrew University of Jerusalem 사회학 석사 및 박사.
대통령 비서실 초대 새마을운동 담당. 이스라엘 Ben Gurion University 교수 역임.
건국대학교 농과대학 학장 및 부총장 역임. 현. (재)농촌·청소년미래재단 이사장.
저서. 『외국의 새마을운동』, 금문사, 1972; 『이스라엘 민족정신의 뿌리』, 아가페출판사, 1981.
　　Cooperate Farming in Israel, 건대출판부, 1979.
　　『잘사는 작은 나라』, 공저, 흥사단출판부, 1984.
　　『이스라엘 국민정신과 교육』, 이스라엘문화원출판부, 1986.
　　Jewish Immigration and Agricultural Settlements in Israel, 이스라엘문화원출판부, 1987.
　　『이스라엘, 그 시련과 도전』, 삼성출판사, 1991; 『천재는 없다』, 성현출판사, 1995.
　　『이스라엘 농촌사회 구조와 한국 농촌사회』, 양영각, 1996.

미주

1) 『중새마을운동 10년사』 (내무부, 1980), pp.98-148.
2) 김대연, 『학교와 지역사회』 (재동문화사, 1982), p.272.
3) 새마을운동 홈페이지, 새마을정신(http://saemaul.com/center/center/whats_2.asp).
4) *SAEMAUL* (Office of the President, Republic of Korea, 1975), pp.10-5.

10.
빈곤의 문제와 가나안농군학교

지구상의 모든 인류에게 가장 오랫동안, 가장 광범위한 고통과 파멸을 안겨 준 것은 바로 빈곤이다. 빈곤은 인간의 존엄성을 파괴하고 공동체의 존립을 가로막으며, 평화와 안정된 삶을 향한 인간의 가장 기초적인 욕구마저도 송두리째 앗아 가는 가장 근원적인 악이라고 볼 수도 있다. 5초마다 한 명의 생명이 사라지고 있고, 하루 1.5달러 미만으로 생계를 유지하는 인구가 20억 명에 다다르며, 이들은 깨끗한 물과 기본적인 의료 및 기초 교육에 접근하지 못하고 있다.

콜리어와 훼플러의 연구는 거시적 틀 속에서 빈곤의 마성적인 폭력성을 여실히 보여 주고 있다. 그들은 오늘날 폭력의 가장 주요한 원인이 빈곤이라고 주장하는데,[1] 빈곤국의 73%가 내전을 겪고 있으며,[2] 이 통계는 폭력과 빈곤 사이의 논리적 연관성을 보여 주고 있다고 말한다.[3] 이들의 연구는 저소득, 성장둔화 그리고 빈곤국들의 전형적인 특징인 1차 상품 수출 의존도가 내전이 일어날 확률을 크게 하고,[4] 한 국가의 성장률이 1% 상승할 때 내전의 위험은 1%씩 줄어들며, 소득 수준에 따라 내전은 장기화되거나 재발하게 된다는 사실을 보여 준다. 빈곤과 폭력의 연결 고리는 의외로 단순한데, 빈곤국에서의 빈곤은 절망을 의미하기 때문에 폭력은 대단히 손쉽게 일순간에 퍼져 나갈 수 있고 또한 경제적으로 취약한 국가들은 통치가 정상적으로 이루어질 수 없기에 빈곤과 성장둔화에 대한 폭력의 대응을 대단히 어렵게 한다.[5] 더 나아가 빈곤은 개인 노동에 대한 심각한 장애를 가져와 개인의 사회적 삶에 대한 부정적 양상을 만들어 낸다. 빈곤은 영양실조를 가져오고, 영양실조는 효율적이고 생산적인 노동을 할 수 없도록 하며, 그 역 또한 마찬가지다. 빈곤으로 비롯된 낮은 생산성은 낮은 임금과 연계되어 그 고리가 악순환되는 것이다.[6] 빈곤과 질병의 관계도 이와 유사한 양태로 순환하는데, 대부분의 경우 빈곤한 이들의 엉성한 주거 환경은 질병과 낮은 노동 생산성을 가져오고 이는 역으로도 작용한다. 이러한 빈곤으로 비롯된 영양실조와 질병은 생존 이외의 활동에 제약을 가져올 수밖에 없고 문화경제적 사회활동을 어렵게 한다.[7] 반네르지와 듀플로는 빈곤이 개인의 행동양식을 변화시킨다고 주장한다.[8] 빈곤한 이들은 소득의 놀라울 정도로 많은 부분을 알코올과 마약 그리고 유흥에 사용을 한다. 인도 우다이 푸르 지역 조사는 전형적인 빈곤층의 행동유형을 보여 주는데, 성인의 55%가 빈혈이고 남성의 65%, 여성의 40%가 저체중이지만 이들은 소득의 30%를 담배와 술 그리고 축제에 소비한다. 남아프리카공화국, 파키스탄, 인도네시아, 코트디부아르의 경험 연구들은 이러한 사실을 뒷받침하고, 이후에 계속된 연구 결과들도 빈곤한 이들과 이런 행동 유형은 일정 정도 상관관계가 있다는 근거를 제시한다.[9] 빈곤은 개인의 파괴와 행동 유형의 변형뿐만이 아닌 공동체의 근본적인 해체를 가져온다. 빈곤은 공동체 내에서 공동체가 지니고 있는 전통적 가치관과 관습 그리고 문화뿐만 아니라 사회적 자본의 해체를 가져오고 원초적인 생존의 경쟁으로 뛰어들게 만든다. 랄슨과 프롬브리 그리고 토다로와 스미스는 빈곤이 가져오는 이러한 공동체 자산의 해체과정을 설명하는데,[10] 이들에 따르면 토지와 같은 자연 자산을 관리하는 공동체의 공동 노동, 공동체 규율과 같은 문화들은 극단적 빈곤에 의해 생존을 위하여 희생물로 사라지고 만다. 빈곤 지역에서는 빈곤에 대한 공포와 두려움이 공동체에 만연하게 되고 빈곤한 지역일수록 공동체의 균형적 발전을 위한 사회적, 정치적 권력의 해체가 일어나 공동체 관리를 어렵게 하여[11] 공동체성이 해체된다.

이러한 빈곤 문제에 대하여 국제 사회가 주의를 기울이기 시작한 것은 제2차 세계대전의 복구가 끝나고 유럽의 경제가 살아난 이후에야 가능하였다. UN과 World Bank, IMF와 같은 경제연합단체들 그리고 공적 개발원조자금ODA으로 운영되는 선진국들의 개발원조기구들과 국제 개발 NGO들은 다음의 몇 가지 방식으로 빈곤 문제 해결을 위하여 노력해 왔다. 첫째, 빈곤에 대한 시장주의적 접근을 하는 이들은 개인과 가계 그리고 기업과 같은 경제의 주체들이 스스로의 이윤과 복리를 극대화하기 위하여 서로 경쟁을 할 때야 비로소 자유로운 시장에 의해 사회적으로 적절한 자원의 배분이 이루어질 것으로 믿는다.[12] 따라서 각각의 개개인이 분산, 소유하고 있는 기술, 자본, 노동 등의 자원을 사회 전체가 시장을 통하여 효율적으로 이용하면 시장의 확대를 통해 분업이 활발해지고 생산성이 올라가 경제가 성장한다고 믿는다. 이들은 빈곤 문제 또한 시장경제의 발전에 의해서만 해결될 수 있다고 주장한다. 이러한 시장주의적 접근은 자본의 활동이 자유로워 시장에 의한 이윤을 추구함으로써 그 성과가 대단히 높아질 수 있고 시장의 성격상 경제 주체들은 그 기능적 효율성을 높일 수 있으며, 마지막으로 인간의 욕망을 극대화하여 그 성취 노한 크게 이룰 수 있어서 전체 경제성장에 도움이 될 수 있다고 보고 있다. 국제 금융 단체들이 개발도상국들의 시장개방을 주장하는 이유도 전체적 경제규모를 성장시키는 것이 빈곤 극복의 초석이라고 믿기 때문이다. 그러나 이와 반대로 개발 NGO들은 시장이 아닌 빈곤에 대한 인위적인 개입을 해야만 한다고 믿고 인도주의적 관점에서 긴급사태 및 자연재난에 대한 구호활동과 문맹퇴치, 농업개발, 직업훈련, 의료서비스와 같은 인간 중심 개발 사업을 주로 한다. 국제 NGO들은 정부 간 기구나 정부기구보다 빠른 의사결정과정을 가지고 있고 비용절감과 효율적인 원조를 할 수 있는 노하우가 있으며, 정치적 문제를 떠나 열정적이고 헌신적인 활동가들이 있기에 활동 범위가 점점 넓어지고 있다. 실제로 개발국가 전반에 NGO에 대한 막대한 지원이 있었던 1970년대부터 개발국가 정부보다 더 효율적이고 능률적이고 부패하지 않았으며, 더 신뢰할 수 있다고 믿어진 NGO에 대한 지원은 대폭 증가하였다. 마지막으로 구조적-내재적 접근을 하는 이들은 각 사회가 가지고 있는 발전의 내재적 역량을 문화, 사회, 정치적 요소들과 함께 발전시켜 나가야 한다고 주장한다. 이러한 주장의 기반에는 이미 발전된 선진국들이 가난한 국가들에 대한 개발 원조를 해야만 하고 원조를 기반으로 하여 빈곤국들은 가난을 극복할 토대를 마련한다고 본다. 이와 같은 맥락에서 UN은 2015년까지 전 인류가 달성할 목표인 새천년개발목표를 설정하였고 최소한 선진국 GDP의 0.7%를 빈곤국에 공여해야만 한다고 보고 있다.

1. 가나안농군학교와 빈곤 문제

한국의 역사 또한 빈곤의 참혹함으로 점철되어 왔고 빈곤의 극복이야말로 가장 큰 역사적 과제로 여겨져 왔다. 빈곤을 극복하고 인간의 존엄성을 회복하기 위한 많은 시도들 가운데 한국의 현대사 속에는 빈곤에 대한 위의 세 가지 대응방식과는 구분되는 독특한 형태의 빈곤 문제해결을 위한 운동이 있었다. 그것은 김용기가 이끈 가나안운동이다. 그는 기독교 공동체를 조직하여 후에 가나안농군학교라 이름 지은 국민교육학교로 발전하게 되어 한국의 근대화운동과 기독교 농민운동을 이끌게 된다. 그의 가나안운동의 발전과정은 크게 3단계로 나누어 볼 수 있다. 1931년 경기도 봉안京畿道 奉安 이상촌理想村 운동으로부터 용인 고등농민학원과 복음福音농도원農道園의 1961년까지를 민족주의 기독교 농민 공동체운동 단계로, 이후 1962년 하남시河南市 가나안농군학교와 1974년 원주시原州市 가나안농군학교를 통한 국민교육운동 단계 그리고 1992년 방글라데시 찔마리 가나안농군학교 개교를 계기로 인류의 보편사적 문제인 빈곤 문제에 참여하는 가나안운동의 국제화 단계이다.

1) 김용기의 공동체운동

봉안 이상촌운동은 당시 최대의 현안이었던 빈곤 문제해결을 위해 시작되었는데, 빈곤으로부터의 해방은 일제 강점기 하에서 민족주의 운동과 결부될 수밖에 없었고 민족주의적 항일운동과 빈곤극복운동은 함께 농민 공동체의 형태를 띠며 발전해 나갔다. 김용기가 꿈꾼 공동체는 신앙을 토대로 하여 빈곤을 극복해 나가는 기독교 공동체였다. 그는 초기 봉안 이상촌의 설립 목적을 다음과 같이 기술한다.

> 오곡이 익어 가며, 과수들의 꽃이 만발하고 벌과 나비가 춤을 추고 집집마다 젖짜는 양이 있고 교회가 있으며, 마을 사람들은 모두 형제가 되어 하나님을 믿고 모두가 근로하여 생산함으로써 경제적으로도 풍요한 생활을 영위하고 하나님을 공경함으로써 정신적, 영석 안위를 얻을 수 있는 에덴동산의 재현을 나는 꿈꾸고 있었다.[13]

그가 꿈꾼 에덴동산과 같은 공동체는 첫째, 경제적으로 공동으로 노동을 하여 생산을 하고 둘째, 공동체의 구성원들은 모두 인간적인 신뢰를 가져야 하며, 마지막으로 무엇보다 하나님을 공경하는 신앙을 서로 나누는 공동체였다. 이러한 이유에서 그는 공동체를 운영하는 가장 주요한 원칙을 신앙에 기반한 신뢰와 노동이라고 본 것이다.

> 나는 부락민에게 개척기술과 영농기술을 습득시키기에 앞서 생활개선의 선도에 앞서 무엇보다 먼저 다 같은 하나님의 아들딸들이라는 것을 가르쳤으며, 근로, 봉사, 희생의 정신이 곧 예수님의 정신이시니 그것을 실천하는 것이 곧 하나님의 아들딸이 되는 도리라는 것을 가르쳤다. 그것을 바탕으로 하지 않고서는 아무것도 되지 않는다는 것을 나는 알고 있었기 때문이었다.…그 지고한 목표의 도달은 단순히 기도로써만 되는 것이 아니라 현세의 생활부터 참되고 착하게 함으로써, 즉 장차 누릴 그 지고지선의 복락을 미리 이 땅 위에서 맛보는 그러한 생활을 통하여서만이 가능하다는 것을 누누이 설명하였다.[14]

개척을 시작하고 머지않아 봉안 이상촌은 일정한 성과를 거두게 되는데, 그것은 단순한 공동체의 안정과 빈곤극복만이 아닌 도덕적이고 윤리적인 사회 기반을 기독교 신앙에 기초하여 건설하는 것이다. 당시 이상촌을 방문한 이일선은 다음과 같이 이상촌을 기술한다.

> 이 마을 집들은 울타리가 없다. 이것으로도 이 마을의 양심을 짐작할 수 있었다. 폐허 같은 빈농의 체면 없이 허덕이는 고을이었던 것이 지금은 낙원같이 기름기 돌고 순사 둘 필요가 없을 만큼 도덕이 순화되었다. 그 원인은 어디에 있는가? 전 국민이 다 함께 하나님을 아버지로 모시고 자기들은 한 형제로 1국 1가정 안에서 사랑과 의를 그대로 실현시킨 데 있는 것이다.[15]

김용기의 이상촌은 현실 정치와 문화 그리고 경제와 무관한 이상향 속의 공동체가 아닌 빈곤이라는 경제적 현실과 일제 식민지라는 정치적 현실을 토대로 이것들을 넘어서는 것을 이념으로 하는 공동체였다. 나아가 그의 공동체 운동은 지역을 기반으로 하지만 그와 같은 공동체운동이 전국으로 확산되기를 바라는 기독교 민족운동의 성격을 띠고 있었다.

> 이상촌 건설운동의 궁극적 소원은 삼천리 강토 위에 지상의 낙원을 건설한다는 것이며, 에덴동산을 이 땅에 재현하는 것을 이상으로 삼았다.…그때 당시의 항일 독립운동과 오늘에 잘살기 위한 민족의 운동은 내걸은 목표와 싸워야 하는 대상이 다른 것뿐이지, 결국 민족이 하나로 되어 복된 민족이 되어 잘살아 보겠다는 겨레의 염원이며, 실천이 되기 때문에 같은 것이다.[16]

1945년 해방 후, 김용기와 공동체는 기독교 신앙에 기반한 주체적 사유의 길을 여는 것을 최대 목표로 하였다. 그에게 기독교 신앙에 기반한다는 것은 하나님과 '나'의 인격적 만남을 기반으로 한다는 것이고 주체적 사유란 타자의 생각과 의지를 따르는 노예로서의 길이 아닌 스스로의 운명과 스스로의 미래를 개척해 나가는 주인의 길을 의미한다. 김용기가 보았을 때 신앙의 길과 주체의 길은 상반되지 않았다. 하나님과의 만남은 인간을 자신의 뜻과 의지가 사라진 노예로 만드는 것이 아닌 스스로 일어설 힘과 용기를 주는 것으로 보았기 때문이다. 김용기는 식민지의 노예 상태에서 자유인이 된 한국인의 사명은 스스로 국가의 운명을 만들어 나가는 주체적 주인이 되는 것이라고 보았다.

> 이제 해방이 된 이 나라는 실토 해야 할 일들이 많습니다. 남의 나라의 속국으로 있었을 때는 매어 있었으니 스스로 할 일은 별로 없었습니다. 그러나 이제는 모든 일을 저희들 자신이 해야만 합니다. 나라도 세워야 하고 국민들의 교육도 시켜야 하고 국토를 방위하는 국군도 창설해야 하고 이와 같이 해야 할 일들은 산적되어 있는데도 우리 백성들은 지금 당장에 먹고 살기에도 급급한 형편이옵니다.…

하나님이 진정 이 나라를 사랑하시려거든 그 길을 이 나라 백성들에게 가르쳐주시고 그 일을 저로 하여금 하게 하여 주시옵기 비옵고 바라옵니다. 제가 할 일이 그 일이 아니거든 제가 할 일을 올바로 가르쳐주옵시고 정녕 제가 할 일이 그 일이거든 하루 빨리 저를 시키시어 그 일을 담당하게 하여 주옵시기 간곡히 비옵고 바라옵니다.[17]

2) 가나안농군학교의 철학

1962년에는 이러한 기독교 공동체운동을 배우려는 이들의 요구에 의해 학교의 형태로 변모하게 되지만 그 정신은 원형을 그대로 간직하고 있었는데, 그 핵심에는 신앙 공동체적 삶과 신앙 공동체의 노동이 있었다.

> 우리가 이곳에 이사 온 지(제1가나안농군학교) 7년 만에 모든 판가름은 났다. 당시에 우리를 비웃던 그 사람들 자신이 평가를 내렸다. 우리 집은 발전했다. 황무지가 변하여 젖과 꿀이 흐르는 옥토가 되었다. 모든 작은 것들은 그 7년 동안 자라서 큰 것이 되고 없던 것들이 있게 되고 피땀은 꽃이 되어 피었다. … 우리 농장의 평수가 모두 1만 평이고 가족 8명이니 영토 만 평, 인구 8명의 나라이고 그 통치자가 나이니 내가 대통령이 아니요? 큰아들은 국무총리고 둘째 아들은 농림장관이고 며느리는 보사부 장관이요, 셋째 아들은 축산국장, 둘째 딸은 양초계장이요.[18]

봉안 이상촌이 지역 공동체를 중심으로 한 빈곤 극복과 항일 운동을 중심된 목표로 하였다면 해방 이후의 가나안농군학교는 가족 공동체를 중심으로 한 국민교육운동을 통하여 정신개혁운동에 매진하였다. 이러한 가나안농군학교의 설립목표는 1962년 가나안농군학교 설립취지문에 그대로 드러나 있다.

한 국가 사회를 구성하고 있는 기본 단위체인 한 개척의 가정이 교육의 모체가 되어 스스로 찾아오는 이웃으로 하여금 가정의 일원이 되어 함께 생활하며, 그 신앙, 그 정신, 그 사상, 그 기술, 그 생활, 그 습관을 체득하고 돌아가 자기 집을 변화시키고 그 지역사회를 변화시키는 역동성을 가르치는 곳이 가나안농군학교이다.

초기 가나안농군학교의 교육 내용은 크게 정신교육과 지역사회개발, 생활교육으로 크게 나뉘었다. 음식 만드는 법, 농산물가공법, 농촌의 생활개선, 황무지 개척법, 이상촌 건설법, 과수재배법, 축산법, 일반농업기술, 모범농가 창설법, 음악, 체육, 육아법, 종교학, 회의진행법, 민법과 같은 지역사회개발론은 김용기의 가족과 함께 공동체의 일원이 되어 15-30일간 교육되었고 생활과 교육은 함께 이루어졌다. 이러한 교육의 내용은 도시화와 공업화에 따른 한국 사회의 변화로 인하여 1980년부터는 비농업인을 대상으로 한 인간성 회복, 효孝, 신앙교육, 창조적 직능, 시민사회 운동 등으로 변모하게 되었다.

교육생의 변화는 한국 사회변화와 가나안농군학교의 관계를 가늠케 해 준다. 초기 가나안농군학교에는 인근 지역의 농민들, 사회단체들이 주로 교육받았고 이들은 가나안농군학교의 농장에 일어난 변화에 가장 큰 관심을 가져온 이들이었다. 그러나 1960년대 말 한국은 사회, 경제, 문화적 변화의 동력을 필요로 하게 되었고 가나안농군학교는 이러한 요구에 대하여 사회 발전 이념을 제공하는 것으로 응답했다. 당시 가장 넓은 사회적 네트워크와 변화의 추동력 그리고 영향력을 가지고 있었던 것은 공무원이었고 이들은 가나안농군학교를 통해 경제, 사회적 변화의 방향성을 설정하게 되었다. 뒤를 이어 공업화 초기 단계의 기업들은 새로운 노동 형태에 따른 노동, 직업윤리를 요구하였고 가나안농군학교는 이를 정신교육을 통하여 제시하였다. 이러한 가나안농군학교의 교육은 학생, 군인, 농민 등으로 이어져 사회 전반에 그 정신을 전하게 되었고 2011년 현재 70만 명이 교육을 받았다.

김용기는 가나안농군학교를 통하여 우리 세계와 하나님과의 관계를 더욱 구체적으로 구현하려 하는데, 이를 근로, 봉사, 희생을 통한 자기 수행이라고 부른다. 그가 이해한 기독교의 수행修行이란 초월적 하나님에 대한 영적 믿음을 몸으로 수행하는 수신修身을 의미한다. 신앙의 길은 영혼의 영적 믿음에 토대하고 믿음은 다시 영적인 행위로만 환원되는 것이 아닌 영적 행위와 육의 행위가 함께 이루어지고 이를 통해 신앙이 세계로 드러나는 것을 의미한다. 즉 신앙은 초월적이고 절대적인 지평에서 주어진 사명감에서 출발하지만 이것은 관념이나 영적인 세계에서만 존재하는 것이 아닌 우리의 몸으로 실재하는 것이었고 몸을 통해 구현되어 이 세계와 관계를 가지는 것이 바로 김용기가 이해한 기독교 신앙이다.

김용기가 말하는 희생은 신앙인의 선험적이고 초월적인 사명의식을 의미한다. 성자의 자애로운 죽음이 근원적인 원형이 된다는 점에서 초월적이요, 그 죽음이 우리의 의지와 관계없이 경험세계 너머로부터 주어졌다는 의미에서 선험적이다. 이 성자의 희생이 신앙인에게 어떠한 조건 없이 무조건 따라야만 하는 정언적인 명령으로 주어졌다는 것은 이것이 성자만의 행위가 아닌 우리 또한 따라야만 하는 사명이 되었다는 말이다. 내가 하나님과 관계할 수 있는 이유는 바로 이 하나님의 자기 죽음의 희생 때문이며, 따라서 신앙인은 하나님과의 관계 속에서 하나님 자신의 희생을 보게 되고 이것은 내가 따라야만 하는 나의 행위규범이 된다. 따라서 이 희생은 경험세계에서 초월한 하나님의 행위이지만, 다른 한편 신앙인이 이 세계에서 따라야 할 세계 내 행위이다. 하나님의 이 희생을 따를 때 인간은 비로소 스스로의 주인이 될 수 있다고 김용기는 다음과 같이 말한다.

내가 말하는 것은 이른바 희생의 사랑이다. 이 사랑이 곧 예수님의 사랑이요, 즉 자기를 희생함으로써만이 실현되는 하나님과 이웃에 대한 순수한 사랑인 것이다. … 예수의 십자가의 희생이 그 참 사랑의 표현이다. 하나님께서는 인류를 사랑하는 나머지 자기의 독생자를 그렇게 희생시킨 것이다.[19]

누가 겪어도 겪어야 할 이 시련, 누가 당해도 당해야 할 이 희생을 우리가 당하자는 것이다. 한 번은 꼭 짊어져야 할 십자가를 우리가 지자는 것이다. 희생에는 반드시 큰 보응이 있다. 우리가 아니면 아주 쓰러져 버릴 나라를 우리가 붙들고 있는 것이니 그것만으로도 얼마나 큰 보응인가? 우리 힘으로 나라가 아직 있으니 이 나라의 주인은 곧 우리가 아닌가?[20]

김용기에게 근로와 봉사는 희생을 구체적으로 세계 속에서 구현하는 이념이다. 희생이 하나님과 나의 수직적인 정신의 이념이었다면 근로와 봉사는 수평적인 나와 공동체 그리고 나와 세계의 관계에 관한 것이다. 경제학적 노동은 언제나 그 가치가 상품생산을 위한 경제적 효용성을 통하여 평가되었고 따라서 노동의 가치는 노동 자체가 아닌 그 결과인 상품으로 결정된다. 또한 경제학적 노동은 화폐에 의해 시장에서 교환될 수 있을 때만이 스스로의 의미를 찾을 수 있었다. 하지만 김용기는 노동 자체를 신성한 인간 활동으로 보았는데, 노동은 자연을 변화시키고 상품을 만드는 데 그 의미가 있는 것이 아닌 하나님과의 관계를 맺어 주는 성스러운 행위로 보고 있었다. 즉 하나님은 노동을 통하여 세계와 관계를 가졌고 하나님을 따르는 방식이 바로 노동이기에 그 노동은 신앙적 행위인 것이었다.

근로는 사람이 먹고 사는 가장 기본적인 이념이다.…근로하지 않아도 천당에 갈 수 있는 그런 종교의 교리를 믿어서는 안 된다. 그것은 곧 근로하지 않아도 출세할 수 있다는 그 병든 정신과 같다. 예수님도 노동하셨다. 조물주의 창조도 일이다. 오늘날

> 기독교인들이 예수님 손에 로마병정들이 박은 못 자국만 알고 노동을 해서 생긴 못 자국은 모르니까 세상이 안 따른다.[21]

노동이 인간과 자연의 관계를 규정지었다면, 봉사는 나와 공동체의 관계에 대한 규범이다. 내가 공동체와 어떻게 관계를 맺어야 하는가 하는 것은 바로 하나님과 나의 관계를 토대로 한 희생이 나를 통하여 어떻게 공동체로 전달되는가를 의미한다. 김용기는 희생이 공동체로 전해지는 것이 바로 봉사라고 보았다. 김용기와 가나안농군학교는 바로 이러한 하나님의 희생을 한국 사회에 봉사를 통하여 전달하고자 하였던 것이다.

3) 가나안농군학교와 국제 빈곤 문제

아시아, 아프리카, 남미의 빈곤 문제에 가나안농군학교가 개입을 했던 것은 우연한 일이 아니었다. 전 인류에게 가장 큰 고통의 원인이 되는 빈곤은 신앙인의 근로, 봉사, 희생을 요구하고 있다고 보았던 것이고 따라서 가나안농군학교의 교육이 해외로 이어지는 것은 당연한 일이었다.

1982년 네팔에서 온 4명의 교육생을 필두로 1989년에는 가나안 아시아 복민 선교원이 세워졌고 1991년 방글라데시 가나안농군학교, 1999년 필리핀, 2003년 미얀마, 2005년 인도네시아, 2004년 중국, 2005년 인도, 2011년 말레이시아에 가나안농군학교가 설립되었다. 봉안 이상촌과 가나안농군학교의 생활교육, 정신교육, 농업교육은 동일하게 해외 가나안농군학교에서도 적용된다. 방글라데시를 출발로 시작한 해외 가나안농군학교는 봉안 이상촌운동과 그 맥을 함께하고 있다. 봉안 이상촌과 가나안농군학교의 운동이 민족주의적 성격이 강한 것은 사실이지만 동시에 김용기에게는 민족과 문화와 국가를 넘어선 보편사적 신앙을 가지고 있었고 이는 해외 가나안농군학교의 토대가 되었다고 할 수 있다.

우리는 다 같이 하나님이 창조하신 피조물이요 하나님의 백성이다. 우리가 서로 원수처럼 지내던 과거가 그다지 오래되지 않았다.…나는 진심으로 일본과 일본 국민을 위해서 무한한 양심에 바탕을 두고 번영이 지속되기를 하나님께 기도드리고 있다.…UN이 앞으로 이룩해야 할 가장 중요하고 보람 있는 인류 사회를 구제하는 길이란 바로 그리스도의 사랑을 온 지구 위에 고루고루 펼쳐지게 하여 40억 5천만 인류가 한 형제로 공존공영하게 하는 길밖에 없다.[22]

2. 국제 빈곤과 가나안농군학교

개발 NGO로서 가나안농군학교의 교육은 지속적 빈곤 극복의 단초를 제시하고 있다. 앞에서 제시한 정부 간 기구들과 국제 NGO는 외부적으로는 빈곤국의 경제 활동을 위한 물적 토대와 내부적으로는 기술, 비즈니스 등의 교육이 주어지면 발전은 따라올 수 있다는 전제를 가지고 있다. 따라서 외부 조건을 갖추기 위한 물자투입과 이를 구현할 내적 교육이 빈곤극복의 가장 주요한 첫발이라고 믿는다. 문제는 빈곤 국가들이 외적, 내적 빈곤 극복의 단초를 가지고 있지 못함으로 선진국들이 이들을 위해서 최소한의 자본과 물자 그리고 인적자원을 비롯한 행정시스템과 기술 노동력을 공여하고 있다는 것이다. 이러한 모델은 실제로 현재 UN 산하 기구들과 많은 국가 간 사업기구들이 쓰고 있는 모델이다. 대표적인 경우가 새천년개발목표MDGs의 제프리 삭스이다. 그는 "UN 사무총장 보고서: 발전을 위한 투자"에서 빈곤문제를 극복하기 위하여 공적원조기금으로 농업 기자재 확충, 인프라 건설, 교육 여건 마련, 주거지 제공, 과학 기술 전수, 금융산업 육성, 정부 행정 확충 등을 강조하고 있다. UN은 과학, 기술 교육을 인적자본투자Human Capital Investment라고 보고 이를 통해 빈곤 국가가 스스로 발전의 토대를 만들 수 있다고 보고 있다.

그러나 빈곤을 극복하기 위한 이러한 시도들의 가장 큰 문제는 지속성이다. 어떠한 단체나 국가도 끊임없이 빈곤국을 돕는 것은 현실적으로 불가능하다. 뿐만 아니라 지난 40년간의 국제 사회의 원조는 오히려 원조국이 스스로 일어서려는 자발적 힘마저 빼앗아 버리는 결과까지 가져오게 되었다. 원조 받는 이들을 수동적으로 만드는 원조는 그들의 삶과 정신마저도 수동적으로 만들어 버리기 때문이다. 원조와 개발의 고리는 명확하지 않을뿐더러 오히려 원조는 개발의 추동력을 빼앗아 버린다. 실제로 지난 40년간 국제 사회가 아프리카 대륙에 원조한 금액은 1조 달러에 다다르지만 동일한 기간 동안 경제성장은 1% 미만이었고 일부 지역에서는 오히려 빈곤 지수가 올라가기까지 하였다.

빈곤 지역에서 빈곤을 극복하기 위한 지속 가능한 발전이란 지역 공동체의 구성원들의 삶 속에 뿌리내려야 가능한 것이고 이들의 빈곤 극복은 프로젝트가 아닌 삶의 결과가 되어야 한다. 가나안농군학교의 수행적 교육 공동체 모델이 요청되는 것은 바로 이러한 이유에서이다. 물론 물자지원, 구호사업 등과 같은 단기사업은 대단히 중요하고 없어서는 안 될 빈곤 극복의 요소들이다. 하지만 많은 경우 이 범주를 벗어나지 못하고 있다. 지역 공동체에 뿌리내려 스스로의 문제에 대하여 스스로 해결할 의지를 지니고 맞서기 전에는 빈곤의 문제는 지속될 수밖에 없을 것이다.

김장생 金長生
감리교신학대학교 학사, 에모리대학교 석사, 프랑크푸르트대학 박사.
2010-현재 연세대학교 인문예술대학 교수. 가나안세계지도자 교육원 부원장.
공저. 『제3세대 토착화 신학』, 『신학의 저항과 탈주』.
역서. 폴 담, 『민족의 지도자 그룬트비히』,
  존 힉, 『신과 인간 그리고 악의 종교철학적 이해』
  칼 바르트, Fides quarens Intellectum 등 다수 논문.

미주

1) 지난 150년간 전쟁으로 죽어 간 사람보다도 지난 5년간 빈곤으로 죽어간 사람이 더 많다. Anke Hoeffler and Paul Collier, "military Expenditure in Post-Conflict Societies," *Economics of Governance* 7 (2006), pp.89-107; "Greed and Grievance in Civil War," *Oxford Economic Papers* 54 (2004), pp.563-95; "On the Incidence of Civil War in Africa," *Journal of Conflict Resolution* 46 (2002), pp.13-28; "Aid, Policy, and Peace: Reducing the Risks of Civil Conflict," *Defense and Peace Economics* 13 (2002), pp.435-50.
2) Paul Collier, *Breaking the Conflict Trap: Civil War and Development Policy* (Washington: World Bank, 2003).
3) Paul Collier, *The Bottom Billion: Why the Poorest Countries are Failing and What Can Be Done About It* (Oxford: Oxford University Press, 2007), p.49.
4) 빈곤국들에 5년 이내에 내전이 일어날 확률을 14% 정도이다.
5) 실제로 우간다, 콩고, 르완다, 수단에서 20년간 지속된 잔혹한 반란군 Lord's Army는 잔혹하게 살인하라는 신의 계시를 받은 코니Coney가 할 일 없던 젊은이들을 조직하여 만들어진 반군이었다.
6) Partha Dasgupta and Debraj Ray, "Inequality as a Determinant of Malnutrition and Unemployment: Theory," *Economic Journal* 97 (1987), pp.177-88.
7) Stephen C. Smith, "Organizational Comparative Advantages of NGOs in Eradicating Extreme Poverty and Hunger: Strategy for Escape from Poverty Traps," in *NGOs and The Millennium Development Goals*, ed. M. Brinkerhoff Jennifer, C. Smith, and Hildy Teegen (New York: Palgrave Macmillan, 2007), p.128.
8) A. Banerjee and E. Duflo, "The economic lives of the poor," in *Journal of Economic Perspectives* 21 (1), pp.141-68.
9) A. Banerjee and E. Duflo, *A Snapshot of micro enterprises in Hydrabad*

(Boston: MIT, 2006); Luttmer EFP, "Neighbors as Negative: relative earnings and well-being," *The Quarterly Journal of Economics* 120 (3), pp.963-1002; E. Diener et al, "Subjective well-being: three decades of progress," in *Psychology Bulletin* 125 (2), pp.276-302; D. Efroymson and S. Ahmed, "Hungry for tobacco," in *PATH Canada*, 2001.

10) Bruce Larson and David Bromley, "Property Rights, Externalities, and Resource Depravation: Locating the Tragedy," in *Journal of Development Economics* 33, no. 2 (1990), pp.235-62; Michael Todaro and Stephen C. Smith, *Economic Development* (Boston: Addison Wesley, 2003), Ch.11.

11) Deepa Narayan et al, *Voices of the Poor: Crying out for Change* (New York: Published for the World Bank, Oxford University Press, 2000), p.121; Vikram Patel, et al., "Depression in Developing Countries: Lessons from Zimbabwe," *British Medical Journal* 322 (2001), pp.482-84.

12) 경쟁이 대개의 경우 알려진 방법 중 가장 효율적이라는 이유뿐만 아니라 더 크게는 권력의 강제적이고도 자의적인 간섭 없이도 우리의 행위들이 서로 조정될 수 있는 유일한 방법이기 때문에 자유경쟁을 우월한 방법으로 간주한다. 프리드리히 하이에크, 『노예의 길』, 김이석 옮김 (파주: 나남출판, 2006), p.28.

13) 김용기, 『이것이 가나안이다』 (서울: 규장, 1979), p.44.
14) 김용기, 『가나안으로 가는 길』 (서울: 창조사, 1968), p.62.
15) 『가나안으로 가는 길』, p.109.
16) 김용기, 『운명의 개척자가 되자』 (서울: 규장, 1975), pp.204-09.
17) 『가나안으로 가는 길』, p.130.
18) 『가나안으로 가는 길』, p.274.
19) 『가나안으로 가는 길』, pp.329-30.
20) 김용기, 『이렇게 살 때가 아닌가?』, (서울: 창조사, 1975), p.46.
21) 『가나안으로 가는 길』, p.325.
22) 김용기, 『조국이여 안심하라』 (서울: 규장, 1983), p.143.

11.
서구문명에 대한 기독교의 기여

인류 문명에 대해 기독교가 유익을 끼치기보다는 악영향을 미쳤다는 주장은 오랜 역사를 지니고 있다. 로마제국이 멸망하기 직전에 많은 이들은 눈앞에 닥친 로마의 멸망이 기독교 때문이라고 믿었다. 기독교를 국교로 삼았기 때문에 로마의 수호신들이 화가 났다는 것이다. 기독교 폐해론은 18세기 계몽사상가들에 의해 더욱 논리적으로 제시되었다. 그들에 따르면 기독교는 그들이 그토록 벗어나고자 했던 무지와 악습의 근원이며, 인간의 자유를 억압하는 하나의 사상체계인 동시에 조직이었다. 19세기 서구 제국주의의 침략을 받은 이들에게 기독교는 선교라는 미명 하에 제국주의 앞잡이 역할을 했으며, 피정복민에 대한 선교는 제국주의 침략을 정당화하기 위한 것이었다. 기독교에 대한 이 같은 부정적 인식은 여전히 우리 시대에 설득력 있는 하나의 담론으로 남아 있다.

이러한 기독교 폐해론은 서구보다 한국 사회에서 더 강하게 작동하고 있다. 최근 여러 여론 조사는 기독교, 특히 개신교에 대한 비기독교인의 불신이 어느 정도인지를 잘 보여 준다. 기독교는 전통 종교에 반하는 외래 종교로 서구 제국주의 앞잡이 역할을 했으며, 전통적인 미풍양속을 거스르는 문화를 조장하고 있다는 것이다. 또한 자신들의 세력을 확대하기 위해 무례한 방법으로 이웃을 괴롭히며, 자신들의 이익을 위해 정치권에 압력을 넣거나 타종교를 핍박하기도 하고 모든 독선으로 이웃과 사회를 괴롭히며, 기독교 지도자들은 진정한 종교인이라기보다는 자신의 배를 불리는 위선자들이라는 것이다.

    기독교에 대한 이 같은 비판은 어느 정도 사실을 담고 있다. 서구 기독교 2천 년과 한국 기독교 1백 년의 역사에서 기독교가 단체로 그리고 기독교인 개개인들이 저지른 잘못이 적지 않음은 인정해야 할 것이다. 그러나 기독교가 서구문명이나 근현대 한국 사회에 저지른 잘못은 기독교의 공헌이나 기여와 비교할 때 미미한 것이라 할 수 있다. 오늘날 서구와 한국 사회의 많은 제도와 기구들이 기독교적 기원을 가지고 있으며, 우리 사회에서 수용되고 있는 대부분의 인류 보편적 가치들도 기독교적 배경에서 나온 것이다. 그렇다고 해서 기독교의 공헌으로 잘못이 상쇄될 수 있다는 것은 아니며, 그동안의 잘못에 대한 면죄부로 삼을 수도 없다. 그러나 기독교의 과오는 강조하면서도 그와는 비교할 수 없이 지대한 기독교의 공헌을 애써 인정하지 않으려는 태도는 시정되어야 한다.

    이 장에서는 기독교의 서구문명에 대한 기여를 살펴보고자 한다. 근본적으로 한국 기독교는 서구의 옷을 입고 들어왔다는 사실을 기억할 필요가 있다. 서구의 기독교나 한국에 전해진 기독교는 같은 가치관과 신념 체계를 가지고 있다. 따라서 서구 사회에 대한 기독교의 영향은 한국 사회에서도 유사한 형태로 나타났다고 할 수 있다. 이러한 점에서 서구 사회에 대한 기독교의 역할을 이해하는 것은 한국 기독교의 역할을 이해하는 데도 중요한 준거점이 될 수 있을 것이며, 한국 사회에서 기독교의 기여가 왜 그렇게 이루어졌는지를 재확인하는 기회가 될 것이다.

1. 초대교회와 정의로운 전쟁 Just War

　인류의 역사는 전쟁의 역사라고 할 만큼 전쟁은 인류 역사의 무대에서 순간도 끊이지 않고 지속되어 왔다. 전쟁은 힘을 가진 자에게 많은 이익을 가져다준다는 속성 때문에 강자는 항상 전쟁이라는 수단을 선호하였고, 약자는 전쟁의 피해자가 되었다. 그러나 오늘날은 물리적으로 강한 국가라 하더라도 과거처럼 마음대로 전쟁을 수단화하지 못하는 상황이 되었다. 오늘날 국제사회에서 '정의로운 전쟁'이라는 명분은 필수적이기 때문이다. 정의로운 전쟁의 개념은 가끔 강자에 의해 자의적으로 해석되기도 하지만 이 명분은 국제사회나 이웃 국가 간에 평화를 유지하는 중요한 안전핀으로 작동하고 있다. 이러한 명분은 초대 기독교의 전쟁에 대한 입장과 밀접한 관련을 맺고 있다.

　역사적으로 기독교의 이름으로 자행된 수많은 살육전이 있었다. 대표적인 것은 서양 중세에 일어난 십자군운동이었다. 11세기 말 1차 십자군은 예루살렘을 정복하고 그 성내에 거주하는 모든 무슬림을 신의 이름으로 살육하였다. 그 외에도 기독교의 이름으로 정당화된 만행이 적지 않았다. 그럼에도 불구하고 인류의 끊임없는 재앙인 전쟁에 대하여 윤리성을 부여한 것은 기독교라고 할 수 있다. 초대기독교는 전쟁으로 제국을 건설하였고 전쟁으로 제국을 유지하였던 로마제국 내에서 발생하였다. 정복과 승리 그리고 타민족에 대한 압제를 하나의 미덕처럼 여겨 온 로마제국의 전쟁관에 제동을 건 것은 바로 초대기독교였다.

　초대교회는 로마제국이 벌이는 전쟁이 아무런 정당성도 갖추지 못한 것이며, 전적으로 그리스도의 가르침과 어긋나는 것으로 보았다. 산상수훈의 가르침은 오른뺨을 맞았을 때 보복이 아닌 왼뺨마저 돌려대라는 것이다. 이러한 가르침을 받은 그리스도인들에게 끝없는 영토 욕심, 약탈 그리고 살인과 방화를 일삼는 로마제국의 전쟁은 불의 그 자체였다. 초대

교회의 입장이 매우 강한 평화주의pacifism이었음은 이러한 배경에서 설명될 수 있을 것이다. 초대교회 교부인 오리게누스Origenus, 184/5-253/4는 그리스도인들의 로마군 복무에 대해 그리스도인들의 싸움은 영적인 것이며, 눈에 보이는 군대를 의미하는 것이 아니라고 주장하였다. 또한 그리스도인들이 황제를 돕는 방법은 전쟁이 아니라 기도라고 주장하였다. 이러한 태도는 동시대 교부인 터툴리아누스Tertullianus, c.160 - c.225에게서도 보인다. 그는 군대를, 이교의식을 행할 뿐 아니라 살인과 고문을 행하는 집단으로 보았고, 따라서 그리스도인들은 군 입대를 거부해야 한다고 주장하였다. 알렉산드리아의 클레멘트Clement는 군인이 되는 것과 동시에 교회의 일원이 되는 것은 불가능하다고 주장하였다.[1]

우리는 이 같은 초대교회의 강력한 평화주의가 실제로 얼마나 큰 영향을 미쳤는지 정확히 알 수 없다. 하지만 당시 로마제국 통치자들이 이러한 주장에 매우 민감하게 반응했다는 사실은 그 영향력이 적지 않았음을 반증하는 것이라 볼 수도 있다. 그러나 무엇보다 중요한 것은 초대교회의 전쟁에 대한 태도가 그 당시 당연한 미덕으로 여겼던 정복전쟁에 중대한 의문을 제기하였다는 것이다. 이는 중요한 역사적 의미를 지니고 있다. 아이러니하게도 콘스탄티누스 황제의 기독교 공인 이후 교회의 입장이 평화주의에서 '정당한 전쟁'은 필요하다는 입장으로 바뀐 것은 정복전쟁을 부정하는 역설이라 할 수 있을 것이다.

5세기 초의 교부 히포의 아우구스티누스Augustinus of Hippo, 354-430는 『신국론』the City of God에서 로마제국을 강도단에 비유하였는데, 이는 로마가 정의로운 전쟁이 아니라 정복전쟁을 수행했기 때문이다. 그에게 있어 정의가 없는 국가는 하나의 강도단에 불과한 것이었다. 그의 주장이 기초하고 있는 바는 전쟁은 오직 정의로울 때만 정당화된다는 것이다.[2] 오늘날에도 메노나이트교도the Mennonites나 퀘이커교도Quakers들은 어떠한 경우에도 전쟁을 거부하고 있지만 기독교 주류의 입장은 '정의로운 전쟁'을 용인하고 있다. 물론 정의는 강자들이 만들어 낼 수 있는 명분에 불과할 수도 있다. 우리는 수많은 강대국들이 그럴듯한 명분을 만들어 약소국을 침범한 것을 역사에서 확인할 수 있다. 그럼에도 불구하고 정의로운 전쟁의 명분은 정복전쟁에 대한 윤리의식을 바꾸어 놓았고, 전쟁을 억제하는 데 기여하였다.

2. 빈민과 환자의 구제

예수 그리스도의 활동을 크게 두 종류로 구분하면, 가르침teaching과 병 고침healing이라고 할 수 있다. 이후 2천 년 동안 그를 따르는 그리스도인들의 활동도 이와 같이 분류될 수 있을 것이다. "내가 주릴 때에 너희가 먹을 것을 주었고, 목마를 때에 마시게 하였고, 나그네 되었을 때에 영접하였고, 헐벗을 때에 옷을 입혔고 병들었을 때에 돌보았고, 옥에 갇혔을 때에 와서 보았느니라."마 25:35-36 이 말씀은 그리스도인들이 해야 할 일을 단적으로 표현한 것이라 할 수 있다. '구제'는 고대 그리스-로마세계에서는 존재하지 않았던 개념이었다. 고대 로마인들도 타인에게 선물을 주는 행위인 리버랄리타스liberalitas를 행했으나 이는 주는 자가 받는 자로부터 나중에 받을 보상을 기대하고 행한 관습이었다. 반면 그리스도인들이 행한 구제는 카리타스caritas로서 보상을 기대하지 않는 새로운 개념이었으며, 그리스도의 희생을 본받는다는 동기를 지니고 있었다.³

교회는 이 같은 그리스도의 가르침을 교회의 탄생 이후부터 지금까지 중단 없이 지켜왔다. 무엇보다 강조하고 싶은 것은 그리스도인들의 구제는 개개인의 행위로 끝나지 않고 제도 또는 단체로 이루어졌다는 점이다. 초대교회의 구제활동에 대한 대표적인 기록은 교부 터툴리아누스의 것이다. 그는 초대교회가 빈민구제를 위한 공금을 지니고 있었고 매월 정해진 날에 과부, 장애인, 고아, 병자, 옥중성도, 교사들을 위한 헌금을 했다고 기록하고 있다.Apology 39 4세기 예루살렘의 주교였던 시릴Cyril은 굶주린 사람들을 위해 교회의 장식품들을 팔기도 했다.

중세에 들어오면서 이러한 구제는 더욱 체계화되는 모습을 보여 주고 있다. 10세기 잉글랜드의 윈체스터Winchester 주교였던 에셀울드Ethelwold 역시 빈민을 위해 교회의 금은제 그릇들을 팔면서 "살아 있는 성령의 전이 굶주리는데, 하나님의 성전이 부유해야 할 이유가 없다."라고 언급하기도 하였다.[4] 특히 초기 중세교회는 참회의 행위로서 개인적 자선을 강조하였고 이는 광범위한 기독교인들이 자선에 참여하는 데 큰 기여를 하였다. 그러나 기독교 단체로서의 빈민구제는 중세 수도원에서 체계화되었다고 할 수 있다. 6세기 전반에 베네딕트Benedict가 수도원운동을 시작한 이래 중세 내내 새로운 수도 교단이 출현하였다. 각각의 수도 교단들은 당시 중세사회가 당면한 사회·종교적 문제를 해결하려는 목적을 가지고 있었다. 그중에서도 빈민구제와 여행자에 대한 편의제공은 모든 수도 교단의 주요 업무였다.

특히 12세기 이후 나타난 수도 교단들은 당시 사회의 문제였던 식량부족을 해결하는 데 크게 기여하였다고 할 수 있다. 14세기 중반까지 지속적인 인구증가와 농업기술의 후진성으로 인해 중세사회는 매우 큰 식량 압박을 받고 있었다. 시토교단the Order of Citeaux은 농노가 있는 토지의 헌금을 거부하고 황무지를 기증받아 이를 기름진 땅으로 바꾸는 역할을 했으며, 13세기에 나타난 프란체스코 교단the Order of Friars Minor은 그리스도인과 교회의 청빈을 강조하고 빈민과 병자를 보살피는 데 전력을 기울였다.[5]

수도원 다음으로 볼 수 있는 기구는 병원infirmary이었다. 중세의 병원은 오늘날 의미의 기능뿐 아니라 여행자에 대한 숙소제공, 난민수용, 구빈원의 역할도 감당하였다. 중세 병원은 수도원이나 공동체 생활을 영위한 일반 그리스도인들에 의해 운영되었다. 이러한 병원은 중세 말경에는 대부분의 도시에 존재하였고, 대도시에는 복수의 병원이 존재하기도 했다. 이러한 병원의 설립에는 십자군전쟁 당시에 군사적 성격을 지닌 구호소 기사단the Hospitallers과 성 나사로 기사단the Order of St. Lazarus of Jerusalem의 역할이 중요하였고, 특히 성 나사로 기사단은 나병의 구제에 전력을 기울였다. 병자에 대한 기독교인들의 관심은 근대에 들어와서 더욱 다양한 교단과 기구들을 통해 나타났다. 기존의 가톨릭 교회는 물론이며 장로교, 성공회, 감리교, 침례교 등 거의 모든 기독교 교단들은 빈민구호기관과 병원 그리고 다양한 자선기관들을 운영하고 있다. 그 수는 이제 열거하거나 셀 수 없을 정도로 많아졌다.

근대 구빈의 중요한 특징 중 하나는 국가의 역할이 점차 강화되었다는 것이다. 국가가 빈민에 대해 책임져야 한다는 복지국가개념이 강조되면서 대부분의 국가에서 정부가 교회의 역할을 대신하기 시작한 것이다. 오늘날 복지제도를 갖추지 않은 국가는 사실상 하나도 없다. 그 결과 수혜자는 국가에 의해 엄격히 심사되고 범주화되며, 감독을 받게 되었다. 이 같은 변화는 구빈의 제공자와 수혜자 사이에 국가가 개입되면서 모든 것을 강제화하는 결과를 초래하였다. 부자는 강제로 복지세를 내야만 하고 수혜자는 당연한 권리로 여기게 된 것이다. 즉 사랑이 의무로 바뀐 것이다.

게다가 이는 그리스도인들에게도 하나의 큰 도전으로 다가왔다. 오늘날 많은 그리스도인들이 구빈은 국가의 책임이라고 생각하고 있다. 그리스도의 사랑을 부담 없이 형제에게 나눠 주던 구빈이 이제는 국가의 의무로 바뀌게 된 것이다. 이는 그리스도의 가르침과 다르다. 국가의 복지정책은 기독교의 구빈과는 전혀 다른 동기를 지니고 있으며, 다른 문제를 야기한다. 의무로 이루어지는 복지제도는 아무리 효율적이라고 해도 시민들 사이의 갈등을 해소할 길이 없다. 강제로 복지세를 내야 하는 이들과 국가의 책임을 강조하는 수혜자가 진정으로 만날 장소는 없는 것이다. 이러한 이유에서 그리스도인들은 국가의 이름으로가 아니라 "내 이름으로"막 9:41 물 한잔이라도 나누라는 그리스도의 명령을 지속적으로 수행해야 할 것이다.

3. 기독교와 근대과학의 발달

흔히 갈릴레오 재판사건은 기독교가 과학 발전에 방해요인으로 작용했다는 주장의 한 증거로 제시된다. 근세 초 가톨릭교회의 과학에 대한 태도가 과학의 발전에 역기능을 했다는 주장은 부인할 수 없는 사실이다. 그러나 16-17세기 과학혁명은 종교개혁으로 성립된 프로테스탄트의 세계관에 큰 빚을 지고 있다. 주지하다시피 근대과학은 16-17세기 과학혁명으로 성립되었다. 이 시기 물리학, 천문학, 생리학, 해부학, 수학 등은 그 이전과는 비교하기 어려울 정도로 혁명적인 발전을 기록하였다. 이러한 과학혁명이 프로테스탄트 국가에서 더 크게 일어났다는 것은 그 관계가 단순한 개연성 이상임을 말해 준다. 당시 가톨릭교도 가운데는 과학혁명에 기여한 자가 없었다고 주장하는 것은 아니다. 갈릴레오나 코페르니쿠스와 같은 과학자들은 가톨릭교도였다. 그러나 우리는 당시 절대 다수의 과학자들이 프로테스탄트였다는 사실을 부인하기 어렵다.

오래전에 미국의 사회학자 로버트 머튼Robert K. Merton은 잉글랜드의 광범위한 프로테스탄트를 청교도로 규정하고 이들의 청교도 윤리가 과학의 공리적이고 경험적인 세계관과 일치하였다는 주장을 제기한 바 있다. 그의 명제가 광범위한 프로테스탄트 집단을 청교도로 명명한 것은 문제가 없지 않지만 잉글랜드 프로테스탄트 윤리가 잉글랜드의 과학발전에 중요한 배경으로 작동했다는 주장은 정당하게 여겨진다. 그에 따르면 1663년 잉글랜드의 왕립학회 회원 중 62%가 청교도였다.[6] 또 다른 연구는 1666년에서 1883년 사이 프랑스 과학아카데미에 속한 외국인 학자들의 가톨릭과 프로테스탄트 비율이 6:27이었다고 보고하였다. 벨기에의 과학사가 펠스니어Pelseneer는 16세기 가톨릭 국가였던 벨기에에는 프로테스탄트 과학자들이 가톨릭 과학자들보다 훨씬 더 많았다고 주장하였다.[7] 이처럼 프로테스탄트 국가에서 과학이 더 발전하였고, 가톨릭보다 프로테스탄트 가운데 과학자들이 더 많았다는 점은 과학의 발전과 프로테스탄트 세계관 사이에는 공유하는 그 무엇이 있었음을 보여 준다.

그렇다면 과학과 프로테스탄트 세계관 사이에는 어떤 관계가 있을까? 네덜란드 역사가 호이카스Reijer Hooykaas는 『근대과학의 출현과 종교』 Religion and the Rise of Modern Science에서 16-17세기 프로테스탄트 세계관과 과학 사이에는 철학적 또는 사회학적 관련이 있음을 주장하였다. 그에 따르면 근대과학은 논리학과 수학 그리고 관찰을 통해 자연을 합리적으로 연구하는 태도를 강조한 그리스-로마적 전통에 기초해서 성립된 것처럼 보이지만, 실상은 종교개혁으로 등장한 성경적 세계관에 기초하고 있다. 성경적 세계관은 자연을 피조물, 즉 기계론적인 창조적 질서의 일부로 인식하게 만들었고 육체적인 노동이나 과학적 직업을 하나의 성직으로 보게 만들었다. 호이카스는 이러한 세계관이 널리 전파된 유럽대륙의 프로테스탄트 지역과 잉글랜드에서 과학의 발전이 집중되었음을 지적하였다.[8]

사실 프로테스탄티즘의 핵심은 만인제사장the priesthood of all believers 이론이다. 이는 직업소명이론과 동전의 양면이라 할 수 있다. 즉 종교개혁은 교회성직자뿐 아니라 모든 직업을 성스러운 것으로 만들었다. 또한 성경해석에 있어서 교회의 권위 대신 개인의 양심을 중시하게 만들었고 이는 모든 분야에서 자유로운 연구정신을 제공한 것이다.

20세기 영국의 유명한 역사가 크리스토프 힐Christopher Hill은 그의 저서 『잉글랜드 혁명의 지적 기원』Intellectual Origin of the English Revolution에서 청교도와 근대과학사상은 다 함께 유사가톨릭사상the crypto-Catholicism과 반과학사상obscurantism에 대항해 발전해 왔음을 지적하였다. 힐은 이를 증명하고자 잉글랜드 그레샴 칼리지에서 그레샴 교수직the Gresham Professorship을 역임한 헨리 겔리브란드Henry Gellibrand와 사무엘 포스터Samuel Foster 같은 과학자들의 청교도 정신에 주목하였다. 또한 그는 청교주의와 사상의 자유를 관계시켰고, 개인적 신앙경험을 강조한 청교주의와, 관찰과 실험을 강조한 베이컨의 사상을 연결시켰다.[9]

근대과학의 발전에서 프로테스탄티즘의 역할을 부인하는 주장이 없지 않다. 그러나 그들의 경우는 대부분 초기 종교개혁자들의 과학적 태도에 집착하는 경향을 보여 주고 있다. 사실 마르틴 루터Martin Luther, 필립 멜란크톤Philipp Melanchthon 그리고 장 칼뱅Jean Calvin 같은 종교개혁자들의 과학적 태도는 가톨릭의 입장보다 더 보수적이었다. 이들 모두는 당시 코페르니쿠스를 비난하였다. 여기에서 우리가 주의해야 할 점은 초기 종교개혁자들 개개인의 태도와 17세기 전반에 정립된 프로테스탄티즘과는 구별해야 한다는 것이다. 17세기 중반 이후에 프로테스탄트 과학자들이 압도적으로 많았던 것은 이를 대변한다. 오늘날 대부분의 과학사가들은 근대과학의 기원이 프로테스탄티즘, 특히 칼뱅주의와 깊은 관련이 있다는 사실을 부인하지 않는다. 물론 기독교 역시 과학으로부터 많은 것을 배우고 영향을 받았다는 사실 또한 부인하기 어렵다.

4. 언약과 시민사회

21세기에 들어서서 민주주의는 지구상의 대부분 국가들이 수용하는 정치체제가 되었다. 실제 민주주의를 행하고 있는 국가든지 아니면 이를 가장하고 있는 독재국가이든지 오늘날 모든 국가들은 민주주의를 내세우고 있다. 민주주의는 잘 알려진 바와 같이 고대 그리스 도시국가 아테네에서 시작되었으며, 수많은 시행착오를 거쳐 모든 이에게 자유와 정의를 제공하는 오늘날의 시민사회에 이르렀다. 물론 완벽한 민주주의의 달성은 정치학자 존 던John Dunn의 책 제목처럼 여전히 '끝나지 않은 여행'unfinished journey으로 남아 있다.[10]

얼핏 보면 민주주의의 발달과 기독교는 아무런 관계가 없는 것처럼 여겨진다. 그러나 정교한 민주주의 이론은 대부분 기독교적 배경을 가지고 있다. 민주주의의 발달에 크게 기여한 암브로시우스Ambrosius, 사무엘 루더포드Samuel Rutherford, 존 로크John Locke, 몽테스키외Montesquieu, 토마스 제퍼슨Thomas Jefferson 등의 사상은 모두 성경적 가르침에 그 기초를 두고 있다.

로크의 정치사상을 한마디로 논한다면, '동의에 의한 정부'government by consent라고 할 수 있을 것이다. 로크는 인간사회의 질서를 위해 정부가 필요하며, 이는 피지배민 전체의 동의를 얻어야 한다고 보았다. 자발적으로 특정 사회에서 삶을 영위하고자 하는 모든 인민은 암묵적으로 사회의 구성과 통치를 받아들이기로 동의하는 것이다. 이러한 계약은 피지배민이 자연권을 정부에 전적으로 양도한 것이 아니라 위탁한 것이다. 따라서 정부가 원래의 목표나 기능을 상실할 때 피지배민은 그들의 자연권을 회수할 수 있는 것이다. 이러한 로크의 사상이 서구 민주주의의 가장 중요한 기초가 되었다는 사실은 너무나 잘 알려져 있다.

그러나 이러한 로크의 사상도 성경적 배경을 지니고 있다. 로크의 계약사상은 그보다 한 세대 앞선 사무엘 루더포드의 언약Covenant사상에서 영향을 받은 것이다. 루더포드는 스코틀랜드 장로교 목사로서 1643

년 잉글랜드 내전 기간에 런던에서 열린 웨스트민스터 총회the Westminster Assembly에 스코틀랜드 대표로 참석하여 활약하였으며, 유명한 『법과 군주』Lex, Rex를 저술하였다. 1644년 런던에서 출판된 『법과 군주』는 지배자인 국왕과 피지배민 백성 사이에 어떠한 언약관계가 존속하는지를 성경적 근거를 통해 잘 보여 주고 있다. 루더포드에 의하면, 국민이 국왕에게 정부의 권력을 부여하는 정확한 방법은 왕과 국민 사이에 이루어지는 국민언약이며, 국민언약만이 합법적이고 정통성 있는 정부를 제공한다. 이 국민언약은 새로운 왕의 왕위즉위식에서 갱신되어 언약국가로서의 국가적 정체성을 지켜간다.[11]

이러한 언약은 구약성경에서 나온 개념으로, 하나님과 하나님에 의해 선택된 특별한 민족 또는 인물 사이의 계약을 의미하였다. 대개 언약은 하나님에 의해 주도되며, 선택된 인간이 언약에 잘 순종하면 축복을 누리지만, 만일 불순종하면 징벌을 받는다는 내용을 포함하고 있다. 언약은 하나님과 개인 사이에 이루어지는 '개인적' 또는 '내적' 언약과 하나님과 전 국민 사이에 맺어지는 '연방적' 또는 '외적' 언약으로 구분되기도 한다. '은총의 언약'이라 불리는 전자는 하나님이 주도권을 가지고 하나님의 뜻에 따르는 의로운 개인을 택해 이루어진다. 그러나 '국민언약'이라고 불리는 후자는 국가교회의 전 구성원, 즉 국민이 주도권을 가지고 하나님과 또는 하나님 앞에서 언약을 맺는다. 따라서 국가의 구성원 전체가 개개인의 의사와 관계없이 언약에 들어가는 것이다. 구약성경을 통해 우리는 고대 이스라엘 민족이 수차례 연방적 언약에 들어갔음을 볼 수 있다. 또한 이스라엘 민족은 주기적으로 자신들이 맺은 국민언약을 갱신함으로써 그들의 언약에 대한 기억을 새롭게 하기도 하였다.[12]

루더포드는 연방적 언약 개념을 근대 국가에 적용하고자 하였다. 그는 당시 잉글랜드와 스코틀랜드의 공동 국왕이었던 찰스Charles 1세의 왕위즉위식을 국민언약의 증거로 보았다. 그는 구약성경 사무엘상 10장과 역대상 11장에 기록된 이스라엘의 초대 국왕 사울Saul의 즉위식이나 그 다음 왕 다윗David의 즉위식을 성경적 증거로 제시하면서, 왕위즉위식을 국민이 그들의 자연권을 국왕에게 양도하고 조건을 내세우는 국민언약으로 간주했던 것이다.[13]

로크는 국민이 자연권을 양도한 것이 아니라 위탁한 것이기 때문에 언제든지 자연권을 회수할 수 있다고 보았다. 즉 그에게 있어 자연권의 회수는 바로 적극적 정부에 대한 적극적 저항을 의미하는 것이다. 이러한 로크의 저항사상 역시 루더포드의 그것과 다르지 않다. 루더포드에 따르면 국민이 그들의 권력을 국왕에게 양도할 때는 무조건적이거나 항구적으로 양도하는 것이 아니라 언약에 따라 양도하는 것이다. 즉 국민은 그 언약이 침해될 때 '그들이 부여한 것을 도로 빼앗을 수 있다는 조건'으로 그들의 권리를 양도한다. 국민이 국왕에게 양도한 것은 '근원적 권력' fountain-power이 아니라 단지 법을 집행할 수 있는 권한이다. 따라서 국왕이 언약에서 약속한 대로 국가를 통치하지 않을 때, 즉 국왕이 언약을 파기할 때, 국민은 국왕에게 저항함으로써 국왕에게 위임한 권력을 회수할 수 있다.

17세기 중반에 일반적으로 수용되고 있던 정치이론은 왕권신수설이었다. 왕권신수설은 당시 절대왕권을 정당화하는 사상으로, 국왕권은 하나님으로부터 부여받았으므로 국왕은 지상에서 하나님의 대리인이라고 보았다. 따라서 국왕은 통치의 잘잘못에 대해 오직 하나님에게만 책임을 지므로 신민은 어떠한 경우에도 국왕에게 저항할 수 없다는 내용을 담고 있다. 이 왕권신수설은 같은 시기에 나타난 루더포드의 사상이 얼마나 급진적인 것이었던가를 잘 보여 준다. 그리고 루더포드의 언약사상은 시민사회로의 길을 열어 준 로크 사상에 직접적인 영향을 주었다는 점에서 매우 중요한 사상사적 위치를 점하고 있다. 인간의 평등, 동의에 의한 정부, 법에 의한 통치 등의 시민사회의 핵심적 사상들은 성경이 말하고 있는 내용들이다.

5. 노예제도의 폐지와 기독교

인류의 모든 고대문명은 노예의 존재를 말해 주고 있다. 찬란했던 고대 그리스 문명과 로마 문명은 노예들의 피와 땀으로 만들어졌다고 해도 크게 틀린 말은 아니다. 민주주의가 꽃핀 아테네에서도 수많은 노예가 있었고, 예수가 탄생할 무렵 로마의 노예는 전체 인구의 절반을 상회하고 있었다. 노예가 사실상 로마제국의 모든 육체적 노동을 감당하고 있었던 것이다. 서양에서 노예의 사용은 중세시기에 거의 사라졌으나 16세기 유럽인들의 아메리카 진출과 더불어 다시 크게 늘어났다. 수많은 아프리카인들이 노예의 신분으로 아메리카 대륙으로 팔려 나갔다. 1865년 미국에서는 노예제도가 폐지되었지만 일부 국가에서는 20세기 중반까지 노예제가 유지되었다.

성경은 유대인이나 헬라인이나 노예나 자유인이나 모두 그리스도 안에서 하나라고 주장하고 있다.갈 3:28 이러한 이유로 그리스도인들은 초대교회 때부터 지속적으로 노예제를 비판하고 폐지하려고 노력해 왔던 것이다. 바울은 빌레몬에게 보낸 편지에서 더 이상 오네시모를 노예로 여기지 말고 "존귀한 형제"로 여길 것을 제시하고 있다.몬 1:16 바울의 이러한 주장은 노예제가 수천 년 동안 이어져 온 제도였고 당연하게 여겨지던 시기였다는 점에서 혁명적인 것이었다. 4세기 초 콘스탄티누스 황제의 조언자였던 락탄티우스Lactantius는 하나님의 눈에는 노예가 없다고 말했으며, 아우구스티누스는 노예제가 죄의 산물이며, 하나님의 뜻에 반하는 것이라고 주장하였다.[14] 초대교회 그리스도인들은 이러한 가르침을 따라 자신들의 노예를 해방시키고 자유인이나 노예나 가리지 않고 복음을 전했으며, 차별 없이 대우했다. 이는 그리스도인들이 박해를 받은 중요한 이유 중 하나였다. 로마제국 통치자의 입장에서 보면 이 같은 그리스도인들의 행위는 제국의 질서를 무너뜨리려는 시도였다.

그러나 모든 기독교인이 노예제를 반대한 것은 아니었다. 초대교회 감독인 폴리갑Polycarp이나 알렉산드리아의 클레멘트 그리고 일부 교부들도 노예제를 인정했으며, 중세에 와서도 신학자인 보나벤추라Bonaventura, 1221-1274는 노예제를 하나님이 만드신 제도로 보았고 심지어 교황 바울 3세도 노예제를 승인하였다.[15] 그러나 기독교가 완전히 정착된 중세 서양 사회에서 노예의 수는 급격히 줄었고 14세기경에는 완전히 사라졌다. 중세의 농노는 완전한 자유를 지니지 못했지만 일정한 토지를 보유했고, 관습법의 보호 아래 있었다는 점에서 노예라고 보기는 어렵다.

불행히도 인간의 탐욕과 불신앙은 노예제를 다시 부활시켰다. 노예제 부활에 가장 큰 역할을 한 것은 아메리카에 대규모 식민지를 개척하고 운영한 영국, 에스파냐, 포르투갈 등 서구 기독교 국가들이었다. 특히 영국은 노예무역에 가장 적극적인 국가였다. 그들은 아프리카 노예사냥꾼으로부터 노예를 사서 아메리카에 팔고 다시 그들로부터 상품의 원재료를 구입해 가공하여 아프리카에 되팔았다. 당시 노예선과 노예들의 삶이 얼마나 비참했는가는 더 이상 언급할 필요가 없을 것이다.

서구교회는 이 같은 노예제 부활에 어느 정도 책임이 있는가? 당시 서구교회의 정치에 대한 영향력은 급속도로 약화되고 있었다. 서구의 18세기는 교회와 정치의 분리가 분명하게 이루어진 시기이고 당시 국가의 운영은 세속적 견지에서 이루어졌다고 말할 수 있다. 로마제국에서처럼 교회가 탄압의 대상은 아니었지만 교회가 정부에 영향을 미치는 것은 점차 어려워지고 있었다. 이러한 상황에서 경제적 이익에 눈먼 상인들과 그들의 지원을 필요로 하는 정치인들이 노예제를 부활시킨 것이다.

로마제국의 기독교인들처럼 노예제를 다시 폐지시키려고 노력한 사람들은 주로 복음적인 기독교인들이었다. 1820년대 영국에서 노예무역의 금지를 주창한 이들 가운데 가장 헌신된 사람은 윌리엄 윌버포스William Wilberforce였다. 영국 하원의원이었던 윌버포스는 복음주의 영향을 받은 진실한 그리스도인이었다. 노예제 폐지 운동은 그의 헌신된 신앙에서 나온 것이었다. 그는 『영제국민의 종교, 정의 그리고 인간성에의 호소』An appeal to the religion, justice, and humanity of the inhabitants of the British Empire에서 노예제를 폐지함으로써 하나님의 법에 순종하자고 주장하였다.[16] 그가 죽기 수일 전인 1833년 7월 26일 영국의회는 영제국 전역에 노예의 사용을 금하는 법the Abolition Act을 통과시켰다. 이로써 서인도제도의 약 700,000명의 노예가 해방되었다. 이 성과는 당시 교회 전체의 노력이었다기보다는 헌신된 윌버포스 한 사람의 기도로 이루어진 것이라고 해도 틀린 말은 아닐 것이다.

1833년 영제국에서는 노예제가 사라졌지만 여전히 미국이나 멕시코 등에서는 노예의 사용이 유행하였다. 특히 농업 중심인 미국의 남부에서 노예의 사용은 광범위하게 이루어지고 있었다. 당시 미국 내 많은 그리스도인들이 구약성경을 근거로 노예제를 찬성했다는 사실은 부끄러운 일이 아닐 수 없다. 어느 시대에서나, 어느 쟁점에서나 교회 내에는 성경을 자의적으로 해석하는 집단이 있었음을 말해 준다. 그러나 미국의 노예폐지론자들 역시 대부분이 그리스도인들이었다는 사실을 주목할 필요가 있다. 미국 노예폐지론자의 3분의 2가 목회자들이었다. 1837년 노예해방운동으로 인해 살해당한 엘리아 러브조이Elijah Lovejoy는 장로교 목사였으며, 흑인 교육에 앞장선 에드워드 비쳐Edward Beecher 역시 장로교 목사였다.

1830년대 오하이오 신시네티에 설립된 레인신학교Lane Theological Seminary와 그에서 분리된 오벌린대학Oberlin은 기독교 부흥운동의 중심으로서 노예폐지운동에 강력한 자극을 주었다. 특히 기독교 부흥운동으로 수많은 이들을 개종시킨 찰스 핀네이Charles Finney는 1836년에 오벌린대학에 합류하였고 그의 영향력은 미국의 노예폐지운동에도 크게 기여하였다. 특히 오벌린대학은 흑인에게도 문을 열어 주었고 노예폐지운동가들을 고용하기도 하였다. 또 약 10만 명의 남부 노예의 탈출을 돕다 옥사한 찰스 토리Charles Torrey 역시 목회자였다. 미국의 노예폐지운동에 대중적 관심을 이끌어 낸 책은 성경구절로 가득한 『톰 아저씨의 오두막』Uncle Tom's Cabin, 1852이었고, 저자 헤리엇 비치 스토Harriet Beecher Stowe는 레인신학교의 첫 학장 리먼 비치Lyman Beecher 목사의 딸이었다.[17] 1865년 마침내 미국에서도 노예제가 폐지되었다. 영국에서는 복음주의운동이 노예폐지를 이끈 배경이었다면, 미국의 노예폐지운동은 미국 부흥운동의 일부였다고 말할 수 있다.

6. 결투의 폐지와 기독교

서양 근대의 상류층 문화 가운데서 가장 흥미로운 것 중 하나는 명예결투라고 할 수 있을 것이다. 명예결투는 결투로 죄의 유무를 가리는 재판결투와는 달리 상류층이 자신들의 명예를 지키는 한 방법으로 행해진 문화였다. 명예결투는 때때로 그 방법의 엄격함과 세련된 행동 그리고 신비스러운 분위기로 인해 현대인들에게 상당히 낭만적으로 보이기도 한다. 그러나 이러한 결투는 당사자들에게는 생명을 걸어야 하는 생사의 문제였으며, 동시대 사회에서는 법과 사회질서를 어지럽게 만드는 상류층 남성의 폭력이었고, 다른 문제들과 함께 사회적 악으로 여겨지기도 하였다. 이러한 점에서 르네상스 이후 유럽 각국의 군주들은 이를 법으로 금하고 통제하고자 하였다. 그러나 이러한 귀족들의 폭력문화는 17, 18세기에 더욱 유행하였고, 큰 사회문제로 대두하였다. 영국에서는 두 명의 현직 수상이 결투에 참여하기도 하였다. 다행이 모두 무사했지만 수상이 결투로 사망할 수 있었다는 이유에서 이는 영국사회에 중대한 쟁점이 되기도 하였다.

역사가들은 17-18세기 실증법이 결투를 금지하고 있음에도 불구하고 당시 상류층에서 결투가 더 유행하게 된 것은 그들의 명예에 대한 태도와 깊은 관련이 있다고 보고 있다. 당시 명예는 동료집단에서 그가 신사로서 대접받을 권리를 의미했다. 상류층은 명예를 목숨보다 중시하였으며, 이에 대한 훼손은 오직 목숨을 건 결투로서만 회복된다고 믿었다. 결투는 귀족들이 명예를 생명보다 중시한다는 것을 보여 주는 유일한 방법이었기 때문이다. 이는 당시 상류층이 신봉한 명예법 the code of honour 이었다. 16세기 유럽 상류층의 의식과 태도에 가장 큰 영향을 끼친 책은 카스틸리오네 Castiglione의 『궁정인』 The book of the courtier 이다. 이 책은 당시 유럽의 각국어로 번역되었고 대부분 귀족들이 품에 넣고 다닐 정도로 인기를 끌었다. 카스틸리오네는 『궁정인』에서 신사에게 명예의 방어보다 더 중요한 것은 없으며, 명예는 오직 피로써만 지켜지는 것이라고 주장하였다.[18]

결투를 금지하려는 노력은 그 시초부터 존재하였다. 그러나 명예가 생명보다 우선시되는 상황에서 법적 처벌의 위협은 아무런 효과가 없었다. 법과 처벌로도 어찌할 수 없었던 명예결투가 서양에서 사라지게 된 것은 18세기 말 기독교 복음주의의 등장 때문이라고 할 수 있다. 17세기 말과 18세기 초에도 많은 기독교인들이 결투를 비판하였지만, 그들은 결투의 본질에 대한 이해가 부족하였다. 결투가 명예에 대한 태도와 관련되어 있었다는 사실을 깊이 이해하지 못했던 것이다. 그러나 18세기 말 복음주의자들은 명예의 추구가 근본적으로 비기독교적임을 지적하였다. 명예는 그것이 외면적인 것이든, 내면적인 것이든 관계없이 그 자체로 바람직하지 못한 것이었다.[19]

18세기 영국에서 결투 금지에 가장 앞장선 사람은 노예무역 폐지 운동가였던 윌리엄 윌버포스였다. 그는 명예를 추구하는 사교계 신사를 "종교의 속박으로부터 벗어났으며, 책임감이 결여된 사람들"로 보았다. 결투자는 "모욕을 즉시 깨닫고, 이에 대해 즉시 분노하는 것을 자랑으로 여기는" 자들이었다. 따라서 명예의 추구는 공공의 악을 증가시키고 사회적 분열을 가져올 뿐이었다. 윌버포스에 따르면 명예의 추구와 결투는 "하나님의 호의와 허락보다는 인간의 호의를 더 선호"하는 불신앙에 기인하는 것이다. 복음주의의 영향은 결투를 다른 사회적 악, 즉 술 취함과 방탕 등과 같은 범주로 만드는 데 큰 기여를 했다고 볼 수 있다.

7. 맺는말

이외에도 기독교는 여성과 아동의 권리, 도덕, 교육, 예술, 의료, 감옥 등의 영역에서도 서구 사회에 크게 기여했다고 말할 수 있다. 엄격히 말해 서구 사회의 모든 영역이 기독교에 힘입었다고 말할 수 있다. 그렇다면 기독교가 서구문화의 전 영역에서 그토록 큰 영향을 미치게 된 원인은 무엇일까? 칼 마르크스는 생산양식이 하부구조로서 상부구조인 문화를 지배한다고 보았다. 그러나 실상 어느 사회의 문화적 성격을 좌우하는 것은 그 사회의 지배적인 종교이다. 동양사회의 문화를 불교문화 또는 유교문화라고 부르는 것은 이 때문이다. 즉 서구문화는 기독교의 지배를 받았기 때문에 기독교 문화라고 부를 수 있는 것이다. 이러한 논리로 보면 서구문화의 모든 영역이 기독교의 영향을 받았다고 볼 수 있고, 실제로 그

흔적이 뚜렷이 나타난다. 특히 기독교가 제시하는 세계관world-view은 삶과 동떨어진 철학체계가 아니라 현실에 대한 종합적이고 포괄적인 지침을 담고 있다. 이 때문에 기독교는 삶의 전 영역에 해답을 제시하는 하나의 신념체계로 존재해 온 것이다. 이처럼 삶의 종교인 기독교가 서구의 지배적 종교로서 서구의 모든 영역에 영향을 미치게 된 것이다.

그러나 서론에서 인정한 것처럼 기독교로 인한 폐해 역시 적지 않았다. 서구의 역사는 때때로 교회가 억압적이고, 폭력적이며, 수탈적인 역할을 자행해 왔음을 보여 준다. 그러나 이러한 교회의 부정적 기여는 성경적 세계관이 지니는 오류나 일관성의 부재를 설명하는 것이라기보다는 성경에 대한 교회의 그릇된 해석과 적용을 말해 주는 것이라 할 수 있다. 노예제를 찬성했던 수많은 신학자들이 이 같은 오류의 대표적 예라고 할 수 있을 것이다. 이는 성경적 세계관에 대한 바른 이해와 적용이 얼마나 중요한가를 여실히 보여 주는 것이다. 서구 사회처럼 기독교가 전파되는 모든 사회는 성경적 세계관에 대한 올바른 이해와 적용을 통해 모든 문제에 바른 답을 찾을 수 있을 것이다.

김중락 金仲洛
경북대학교 농학과, 동대학원 사학과 석사 학위 취득 및 박사 수료.
영국 캠브리지대학 역사학부 박사. 미국 하버드대학 객원교수.
현. 경북대학교 사범대학 역사교육과 교수.
논문. 「Firing in unison? The Scottish Canons of 1636 and the English Canons of 1640」, Records of the Scottish Church History Society, 28 (1998).
「영국혁명(the British Revolution), 국민계약 그리고 저항의 정당화」, 1998.
「에라스투스주의(Erastianism) 논쟁과 영국혁명(The British Revolution)」, 2001.
「결투 길들이기: 스튜어트 시대 잉글랜드의 결투반대운동」, 2008.
「고상함과 통일을 찾아서: 스코틀랜드 〈공동기도서〉와 찰스 1세의 이상적 교회」, 2009.
「퓨리턴의 꿈과 언약국가」, 2010 등 다수.

미주

1) 오리게누스는 8권으로 구성된 『셀수스에 대한 반론』248에서 그의 주장을 펼쳤다. 초대교회의 전쟁에 대한 태도는 이 분야의 고전 John Cadoux, *The Early Christian Attitude to War*, 1919를 참조하라.
2) 아우구스티누스의 『신국론』은 총 22권으로 구성되어 있으며, 로마제국의 불의에 대한 비난은 1-5권에 집중되어 있다.
3) Alvin J. Schmidt, *How Christianity Changed the World* (Zondervan, 2001), p.126. 이 장은 이 문헌에 많은 빚을 지고 있다.
4) *How Christianity Changed the World*, p.126에서 재인용.
5) 서양중세사의 전반을 다룬 문헌은 Brian Tierney & Sidney Painter, *Western Europe in the Middle Ages, 300-1475* (6th edn, New York: McGraw-Hill, 1999)이며, 3판은 『서양중세사』 (이연규 옮김)으로 출판되었다.
6) Robert K. Merton, "Science, Technology and Society in Seventeenth Century England", *Osiris*, 4(1938), p.473.
7) R. Hooykaas, *Religion and the Rise of Modern Science* (Scottish Academic Press, 1972), p.98. 이 책은 근대과학에 대한 칼뱅주의의 공헌을 가장 잘 피력한 책이며, 손봉호와 김영식에 의해 『근대과학의 출현과 종교』 (정음사, 1987)로 번역되었다.
8) Hooykaas, *Religion and the Rise of Modern Science*. pp.135-40.
9) Christopher Hill, *Intellectual Origin of the English Revolution* (Oxford, 1965), p.113.
10) John Dunn, *Democracy: The Unfinished Journey, 508 BC to AD 1993* (Oxford: Oxford University Press, 1992).
11) Samuel Rutherford, *Lex, Rex* (1644). 이 책과 루더포드의 사상에 대한 자세한 분석은 John Coffey, *Politics, Religion and the British Revolutions: the Mind of Samuel Rutherford* (Cambridge University Press, 1997)을 참조하라.
11) 구약성서 역대기하 15장과 열왕기하 23장을 참조하라. 넓게는 1차 대전 이

후 만들어진 국제연맹의 규약도 이 범주에 속한다.
13) *Lex, Rex*, p.54.
14) *How Christianity Changed the World*, p.274.
15) *How Christianity Changed the World*, p.276.
16) *An appeal to the religion, justice, and humanity of the inhabitants of the British Empire in Behalf of the Negro Slaves in the West Indies* (1823), p.77.
17) *How Christianity Changed the World*, pp.278-85.
18) Baldassare Castiglione, *The book of the courtier* (London, 1594), pp.42-3. 이 책은 『궁정론』 신승미 옮김(2009)으로 번역되었다.
19) 이러한 논리는 프랑스로부터 전해진 것으로 보인다. 프랑스의 결투반대자인 Blaise Pascal은 17세기 중반에 이미 "명예의 격식과 기독교의 가르침보다 더 상반되는 것을 본 적이 있는가?"라는 질문을 제기한 적이 있었다. Blaise Pascal, *Les provinciales, or, the mystery of Jesuitism*, trans. [anon], 2nd. edn (London, 1658), p.84.

참고 문헌

⟨한국 경제성장 분야⟩

강명헌. 『재벌과 한국경제』. (서울: 나남, 1996).
김광석. 『우리 경제의 성장원과 성장잠재력 전망』. (서울: 세계경제연구원, 1998).
김낙년. "식민지 조선 경제의 제도적 유산."「식민주의와 식민책임」. 제53회 전국 역사학대회 발표 논문. (2010). pp.71-85.
김명구. 『월남 이상재의 기독교 사회운동과 사상』. (서울: 도서출판 시민문화, 2003).
김승욱 외. 『시장인가 정부인가』. (서울: 부키, 2002).
김승욱. "교회 안에 들어온 자본주의 세계관."《목회와 신학》. 2000년 10월호 특집. (2000).
_____. "유교자본주의와 경제성장."「경제논집」. (서울: 중앙대학교, 2006).
_____. "한국에서의 재물관 논쟁에 대한 비판적 고찰."「신앙과 학문」. 14(3). (2009). pp.41-93.
_____. "기독교가 한국 경제성장에 미친 영향 : 초기 인적자본형성을 중심으로."「신앙과 학문」, 제15권 3호 (2010. 9), pp.7-46.
김영명. 『동아시아 발전 모델의 재검토: 한국과 일본』. 한림과학원총서 40. (서울: 소화, 1996).
김인영. "재벌과 한국 사회의 변화." 전상인 외. 『한국현대사: 진실과 해석』. (서울: 나남출판, 2005).
김재성. "도시산업선교가 노동운동에 미친 영향." 한신대학교 학술원 신학연구소 편. 『한국 개신교가 한국 근현대의 사회·문화적 변동에 끼친 영향 연구』. (서울: 한국신학연구소, 2005). pp. 493-534.
김정렴. 『韓國經濟政策 30년사 - 김정렴회고록』. (서울: 중앙일보사, 1990).

_____. *Lessons from East Asia. Policies on the Fronter Lines*. World Bank. (1993).

리드, 스탠포드. 『요한 칼빈은 자본주의의 창시자인가?』. 홍치모 옮김. (서울: 성광문화사, 1984).

민경국. 『진화론적 자유주의 사회철학』. (서울: 자유기업원, 2005).

박용규. 『평양대부흥운동』. 100주년 기념 개정판. (서울: 생명의말씀사, 2007).

박종철·이상현·박영준·백승주 외. 『2020 선진한국의 국가전략(1): 안보전략』. (서울: 통일연구원, 2007).

박지향·김철·김일영·이영훈. 『해방전후사의 재인식』. (서울: 책세상, 2006).

송건호 외. 『해방전후사의 인식』. (서울: 한길사, 2007).

송병락. 『한국경제론』 제3판. (서울: 박영사, 1992).

신광은. 『메가처치 논박』. (서울: 정연, 2009).

안충영. 『21세기 동아시아의 경제발전모델』. (서울: 대한상공회의소 한국경제연구센터, 2000).

안충영·김승욱. "아시아적 가치논쟁과 경제성장." 「경제논문집」. 14. (서울: 중앙대학교, 1999). pp.29-49

안충영·김주훈. "대외지향 무역정책과 산업발전." 차동세·김광석 엮음. 『한국경제 반세기: 역사적 평가와 21세기 비전』. (서울: 한국개발연구원, 1995). pp.312-69.

오오츠카 히사오大塚久雄. 『베버와 마르크스』 원제: 사회과학의 방법. 임반석 옮김. (서울: 신서원, 1990).

오원철. 『한국형 경제건설: 엔지니어링 어프로치(1-5권)』. (서울: 기아경제연구소, 1995-1996).

유정칠. "유계준 장로의 순교와 하나님의 축복." 제14회 기념강좌 및 주기철 목사 순교 65주기 추모예배 자료집. (서울: 주기철목사 기념사업회, 2009).

이광수. "도산 안창호." 『도산 안창호 전집』 12권. (서울: 도산안창호선생전집위원회, 2000). pp.384-85.

이대근. "경제성장과 산업화." 교과서포럼 편. 『한국 현대사의 허구와 진실: 고등학교 근·현대사 교과서를 비판한다』. 제3주제. (서울: 두레시대, 2004). pp.97-138.

이동희. "기독교 정신과 한국의 산업화." 한신대학교 학술원 신학연구소 편.「한국 개신교가 한국 근현대의 사회·문화적 변동에 끼친 영향 연구」. (서울: 한국 신학연구소, 2005). pp.535-57.

이만열.『역사 속에 살아 있는 그리스도인』. (서울: 한국기독교역사연구소, 2007).

이상철. "수출주도공업화 전략으로서의 전환과 성과." 이대근 외.『새로운 한국경 제발전사: 조선후기에서 20세기 고도성장까지』. 제12장. (서울 : 나남출판, 2005). pp.377-401.

이성순·유승민. "산업조직의 전개와 정책대응." 차동세·김광석 편.『한국경제 반 세기: 역사적 평가와 21세기 비젼』. (서울: 한국개발연구원, 1995). pp.370-474.

이영훈.『대한민국 이야기: '해방 전후사의 재인식' 강의』. (서울: 기파랑, 2007).

이종원.『한국경제론』. (서울: 율곡, 2002).

이종원·유병규.『한국경제의 발전과정과 미래』.(서울: 해남출판사, 1998).

이종윤.「기업집단의 형성 메커니즘과 평가」. (서울: 한국경제연구원, 1987).

이홍규.『한국형 기업 지배구조: 기업 민주주의 시대의 도래』. (서울: 산업연구원, 1999).

장선해.「고도성장기 한국 수출증대 요인에 대한 연구: 수출진흥확대회의와 거래 비용을 중심으로」. 중앙대학교 박사학위 논문, 2006.

장하준.『개혁의 덫』. (서울: 부키, 2004).

장하준·정승일.『쾌도난마 한국경제』. 이종태 편. (서울: 부키, 2005).

전영택. "안도산 선생."「크리스천」1961.3.11.『도산 안창호 전집』. 제13권. (서 울: 도산안창호선생전집위원회, 2000). pp.431-32.

전용덕·김용영·정기화.『한국경제의 성장과 제도변화』. (서울: 자유기업센터, 1997).

정기화. "금융제도의 변화와 경제성장." 전용덕·김영용·정기화.『한국경제의 성 상과 제노변화』. 제5상. (서울: 자유기업센터, 1997).

정병휴·양영식.『한국 재벌부문의 경제 분석』. (서울: 한국개발연구원, 1992).

조동성.『한국재벌』. (서울: 매일경제신문사, 1997).

조순. "압축성장의 시발과 개발전략의 정착: 1960년대." 구본호·이규억 편.『한국

경제의 역사적 조명』. (서울: 한국개발연구원, 1991). pp.169-206.

좌승희. 『신 국부론: 차별화와 발전의 경제학』. (서울: 굿인포메이션, 2006).

_____. 『진화를 넘어 차별화로』. (서울: 지평, 2008).

차동세·김광석 편. 『한국경제 반세기: 역사적 평가와 21세기 비전』. (서울: 한국개발연구원, 1995).

최기영. "도산 안창호의 기독교 신앙." 『도산사상연구』. 제5집. (서울: 도산사상연구회, 1998).

통계청. "인구 센서스." (대전: 통계청, 2005).

한국기독교문화연구소 편. 『베어드와 한국선교』. (서울: 숭실대학교출판부, 2009).

한신대학교 학술원 신학연구소 편. 「한국 개신교가 한국 근현대의 사회·문화적 변동에 끼친 영향 연구」. (서울: 한국신학연구소, 2005).

홍훈. "경제인식과 국가경쟁력." 이근 외.『한국 경제의 인프라와 산업별 경쟁력』 5장. (서울: 나남출판, 2005). pp.33-55.

Amsden, Alice H. *Asia's Next Giant: South Korea and Late Industrialization.* (New York: Oxford University Press, 1989). 『아시아의 다음 거인』. 이근달 옮김. (서울: 시사영어사, 1990).

Azariadis and Drazen. "Threshold Externalities in Economic Development." *Quarterly Journal of Economics.* 105(2). pp.501-26. (1990).

Barro, R. and Jong Wha, Lee. "International Measures of Schooling Years and Schooling Quality." *American Economic Review Papers and Proceedings.* May 1996. 86(2). (1996). pp.218-23.

Barro, Robert J. "Economic Growth in a Cross Section of Countries." *Quarterly Journal of Economics.* 106(2). (1991). pp.407-43.

Biéler, André. 『칼뱅의 경제윤리』*The Social Humanism of Calvin*. 홍치모 옮김. (서울: 성광문화사, 1985).

Bosworth, Barry, Susan M. Collins, and Yu-chin Chen. "Accounting for Differences in Economic Growth." *Brookings Discussion Papers in International Economics.* No. 115. (1995).

Denison, E. F. "Sources of Growth in the United States and the Alternative Before Us." *Supplement Paper*. 13. (N.Y.: Committee for Economic Development. 1962).

_____. *Why Growth Rates Differ: Postwar Experience in Nine Western Countries*. (The Brookings Institution, 1967).

_____. *Accounting for United States Economics Growth 1929-1969*. (Washington D.C.: The Brookings Institution. 1974).

Green, Robert. 『프로테스탄티즘과 자본주의: 베버명제와 그 비판』, 이동하 옮김, (서울: 종로서적, 1981).

Griliches, Zvi. "Research Expenditures and Growth Accounting." in B. R. Williams(ed.). *Science and Technology in Economic Growth*. (New York: Macmillan, 1973).

Kosmin, Barry A. and Ariela Keysar. *American Religious Identification Survey* (ARIS) 2008 Summary Report. (Canada: Trinity College, 2009).

Krueger, Anne. "Evaluation of Korean Industrial and Trade Policies." in *The Korean Economy 1945-95: Performance and Vision for the 21st. Century*. The International Conference Commemorating the Fiftieth Anniversary of Korean Liberation. Dec. 8-9. (Seoul Korea Development Institute, 1995).

Krugman, Paul. "The Myth of Asia's Miracle: A Cautionary Fable." *Foreign Affairs*. 73(6). (1994). pp.62-78.

Kurzweil, Ray. *The Singularity is Near*. (2005). 『특이점이 온다』. 김영남·장시형 옮김. (서울: 김영사, 2007).

Kwon, Goohoon. *A United Korea? Reassessing North Korea Risks*. Global Economics Paper no. 188. (Goldman Sachs, 2009).

Layard, Richard Grenville. *Happiness: Lessons from a New Science*. (Penguin, 2005).

NEF. *The Happy Planet Index 2.0*. (London: New Economics Foundation, 2009).

Perkins, Dwight. "Structural Transformation and the Role of the State: Korea, 1945-1995." in *The Korean Economy 1945-95: Performance and Vision for* the 21st Century. The International Conference Commemorating the Fiftieth Anniversary of Korean Liberation. Dec. 8-9. (Seoul: Korea Development Institute,1995).

Röbit, Karl. 『베버와 마르크스』Max Weber und Karl Marx. 이상률 옮김. (서울: 문예출판사, 1992).

Rodrik, Dani. "Getting Interventions Right: How South Korea and Taiwan Grew Rich." Economic Policy. 20. April, 1995. pp.55-107.

Romer, Paul M. "Endogenous Technological Change." Journal of Political Economy. 98(5). part II. October 1990. pp.71-102.

Solow, Robert M. "A Contribution to the Theory of Economics Growth." Quarterly Journal of Economics. 70. (1956). pp.65-94.

Tawney, R. H. 『기독교와 자본주의의 발흥』Religion and the Rise of Capitalism. 이경식 옮김. (서울: 전망사, 1983).

Weber, Max. 『사회경제사』. 조기준 옮김. (서울: 삼성출판사, 1982).

─────. 『프로테스탄티즘의 윤리와 자본주의 정신』The Protestant Ethic and the Spirit of Capitalism. 박성수 옮김. (서울: 문예출판사, 1988).

─────. Konfuzianismus und Taoismus. (1915). 『유교와 도교』. 이상률 옮김. (서울: 문예출판사, 1990).

World Bank. "The East Asian Miracle: Economic Growth and Public Policy." A World Bank Policy Research Report. (Oxford University Press, 1993).

Young, Alwyn. "The Tyranny of Numbers: Confronting the statistical Realities of the East Asian Growth Experience." Quarterly Journal of Economics. 110(3). August 1995. pp.641-80.

〈기독교 세계관 운동〉

· 단행본

기독교윤리실천운동본부 편. 『기독교윤리실천운동 10주년 활동자료집』. (서울: 기윤실, 1997).

김성수.「대학원요람」. (부산: 고신대 대학원 교학처, 2010).
문화선교연구원.『문화선교의 이론과 실제: 문화와 함께 호흡하는 새로운 교회 선교전략』. (서울: 예영커뮤니케이션, 2003).
박종균.『기독교와 대중문화 이해』. (서울: 대한기독교서회, 1999).
박홍일.『직장선교와 삶의 현장』. (서울: 크리스찬서적, 2000).
방선기 외.『아직도 계속되는 꿈』. (대구: CUP, 2002).
성인경 편.『대답은 있다』. (서울: 예영커뮤니케이션, 2002).
성인경 편.『프랜시스 쉐퍼 읽기』. (서울: 예영커뮤니케이션, 1997).
손봉호.「기독교윤리실천운동의 시작」. (기윤실 소개 브로셔, 1994).
송인규.『죄 많은 이 세상으로 충분한가』. (서울: IVP, 1984).
신국원.『신국원의 문화 이야기』. (서울: IVP, 2002).
신상언.『대중문화 최후의 유혹』. (서울: 낮은울타리, 1994).
_____.『사탄은 마침내 대중문화를 선택했습니다』. (서울: 낮은울타리, 1992).
양동복.『새로운 대중음악 CCM』. (서울: 예영커뮤니케이션, 2002).
양승훈.『기독교 세계관의 이해와 적용』. (대구: CUP, 1989).
_____.「Wordview Foundations」. (VIEW WVS 500 강의안, 2009).
_____.『기독교적 세계관』. (대구: CUP, 1999).
_____.『나그네는 짐이 가볍습니다』. (대구: CUP, 1993).
_____.『물에 빠져 죽은 오리』. (서울: 죠이선교회, 2006).
_____.『상실의 기쁨』. (대구: CUP, 2002).
_____.『새로운 대학』. (대구: CUP, 1993).
이승구.『한국교회가 나아갈 길』. (서울: SFC출판부, 2007).
이원규.『한국교회의 사회학적 이해』. (서울: 성서연구사, 1992).
전광식.『배움과 믿음으로 도전하는 삶』. (대구: CUP, 2002).
조병호.『한국 기독청년 학생운동 100년사 산책』. (서울: 땅에쓰신글씨, 2005).
한동균.『토지를 중심으로 본 성경적 경제학』. (대구: CUP, 2002).

Bright, William R.『그리스도의 계절이 오게 하자』. 대학생선교회 옮김. (서울: 순출판사, 1988).
Kalsbeek, L.『기독교인의 세계관』*Contours of a Christian Philosophy: An Introduction to*

Herman Dooyeweerd's Thought. 황영철 옮김. (서울: 평화사, 1981).

Marshall, Rich. & Walker, Ken. 『왕의 사역2: God@Work』. 이은영 옮김. (서울: 서로사랑, 2007).

Middleton, J. Richard & Brian J. Walsh. 『그리스도인의 비전』Transforming Vision : Shaping a Christian World View. 황영철 옮김. (서울: IVP, 1987).

Naugle, David K. Worldview: The History of a Concept. (Grand Rapids, MI: Eerdmans, 2002).

Pearcey, Nancy R. 『완전한 진리』Total Truth. 홍병룡 옮김. (서울: 복있는사람, 2007).

Schaeffer, Francis A. 『그리스도인의 표지』The Mark of the Christian. 김재권 옮김. (서울: 생명의말씀사, 1996).

_____. 『기독교와 현대사상』The God Who Is There, 홍치모 옮김. (서울: 성광문화사, 1997).

Wolters, Albert M. 『창조 타락, 구속』Creation Regained Biblical Basis for a Reformational Worldview, 양성만 옮김. (서울: IVP, 1992).

· 논문

김경완. "기독교 대중문화 연구: 기독교문화교육의 관점에서."「기독교 교육정보」12집. (한국기독교교육정보학회, 2005), pp.431-52.

김기현. "기독교 세계관 비판과 변혁 모델의 다양성."「신앙과 학문」8권 2호. (서울: 기독교학문연구회, 2003), pp.7-37.

김봉중. "전환기의 미국외교와 카터 인권외교의 등장."「미국사 연구」17집. (한국 미국사학회, 2003), pp.213-37.

김수홍.「한동대학교 학생들의 교육적 경험과 그 영향요인에 관한 질적 연구」. (고려대학교 대학원 석사학위 청구논문, 2011), p.124.

김승태. "해방 후 한국교회의 발자취."「한국 기독교의 역사적 반성」. (서울: 다산글방, 1994).

김종록. "한동대학교 글로벌리더십학부 운영의 실제."「교양교육연구」2권 1호. (한국교양교육학회, 2008), pp.101-18.

김종철. "실천을 통해 본 기독교 세계관의 메커니즘." 「신앙과 학문」 9권 1호. (서울: 기독교학문연구회, 2004), pp.163-97.
도전욱. 「공동체CELL로서의 일터교회에 관한 목회적용 가능성 연구」. (총신대학교 선교대학원 석사학위 청구논문, 2009).
문성일. 「한국 기독시민운동에 대한 기독교윤리학적 연구」. (장로회신학대학 신학석사학위청구논문, 2005).
백종구. "한국복음주의 학생선교운동: 1960-1990년 대학생선교단체의 활동을 중심으로." 「신학과 실천」 19호 하권. (한국실천신학회, 2009), pp.275-303.
신국원. "개혁주의 기독교 세계관의 역사와 전망." 「총신대논총」 24권. (총신대학교, 2004). pp.130-50.
_____. "포스트모더니즘에 대한 기독교적 접근." 「통합연구」 7권 2호. (통합연구학회, 1994), pp.165-99.
신상언. "뉴에이지 운동은 과연 교회에 영적인 위기를 줄 만한 정도인가?" 「활천」. (활천사, 1992.10), pp.12-6.
양희송. "한국의 '기독교 세계관 운동', 비판적 성찰과 역동적 혁신을 위하여-기독교 세계관 수용과 확산 과정을 중심으로." 「신앙과 학문」 8권 2호. (서울: 기독교학문연구회, 2003), pp.39-58.
이만열. "한국 기독교와 민족운동." 「한국 기독교와 역사」 18호. (한국기독교 역사연구소, 2003), pp.115-47.
이영훈. "한국교회의 부흥과 교회성장." 「성령과 신학」 21호. (한세대학교 영산신학연구소, 2005), pp.177-213.
이원석. "기윤실의 대중문화 논쟁." 「문화과학」 겨울호. (문화과학사, 2008), pp.341-59.
장준오. "정경 유착부패의 실태와 개선방안." 「형사정책연구」. (한국형사정책연구원, 2002), pp.89-132.
전광식. "세계관과 기독교 세계관 I." 「기독교 사상연구 창간호」. (기독교사상연구소, 1992), pp.9-43.
정혁현. "문화선교와 기독교 문화운동(1)." 「기독교사상」 49권 10호. (서울: 대한기독교서회, 2005), pp.206-14.

정혁천. "문화선교와 기독교 문화운동(2)." 「기독교사상」 49권 11호. (서울: 대한기독교서회, 2005), pp.258-65.
조병호. "한국 기독 학생운동사 연구." 「한국기독교역사연구소식」 제17호. (한국기독교역사연구소, 2005), pp.11-25.
조용현. "현대선교의 문제와 로잔언약의 선교적 의의," 「활천」 379권. (활천사, 1977), pp.54-62.
조종남. "로잔대회와 복음주의 선교신학." 「선교와 신학」 5집. (장로회신학대학교 세계선교연구원, 2000), pp.15-49.
조창연. "한국사회의 변화에 따른 개신교의 변화와 그 이념적 분화." 「신학과 실천」 9권 하권. (안양: 한국실천신학회, 2009), pp.243-78.
천영섭. 「직장선교 활성화를 위한 교회의 역할에 대한 연구」. (총신대학 선교대학원 석사학위 청구논문, 2006).
최용준. "헤르만 도예베르트의 생애와 사상." 「WVS600 강의안」. (VIEW 대학원, 2010).
최태연. "벼랑 끝에 선 '기독교 세계관'." 「신앙과 학문」 8권 2호. (기독교학문연구회, 2003), pp.83-100.
한윤식. "기독교 대학으로서의 한동대학교, 그 가능성과 구현 방안." 「통합연구」 16권 2호. (통합연구학회, 2002), pp.225-51.
홍석률. "박정희 독재정권기의 인권침해." 「내일을 여는 역사」 18호. (내일을여는역사, 2004), pp.54-76.

〈의료 발전〉

· 단행본

김일순. "한국병원의 역사." 유승흠 편. 『병원행정강의』. (수문사, 1990), pp.24-36.
박형우. 『한국근대 서양의학 교육사』. (서울: 청년의사, 2008).
손영규. 『한국의료선교의 어제와 오늘』. (서울: 한국누가회 출판부, 1998).
이만열. 『한국기독교의료사』. (서울: 아카넷, 2003).

이상규. 『의료선교는 어떻게 시작되었을까?』. (서울: 한국누가회출판부, 2000).

Brown, G. Thompson. *Mission to Korea*. (Seoul: The Presbyterian Church of Korea Department of Education, 1962).

Crane, Sophie M. *A Legacy Remembered: A Century of Medical Missions*. (Franklin: Providence House Publishers, 1998).

Dietrick, Ronald B. *Modern Medicine and the Mission Mandate*. (Jasper: Impact Printing Co., 1999).

Huntley, M. *Caring, Growing, Changing: A History of the Protestant Mission in Korea*. 차종순 옮김. 『한국개신교 초기의 선교와 교회 성장』. (서울: 목양사, 1985).

Kane, J. Herbert. *Understanding Christian Missions*. 3rd ed. (Grand Rapids: Baker Book House, 1978).

Seel, D. John. *Challenge and Crisis in Missionary Medicine*. (Pasadena: William Carey Library, 1979). 김민철 옮김. 『상처받은 세상의 상처받은 치유자들』. (서울: IVP, 1997).

_____. *For Whom No Labor of Love Is Ever Lost*. (Franklin: Providence House Publishers, 1999).

Stanley, G. Brown. *Heralds of Health- the Saga of Christian Medical Initiatives*. (London: CMF, 1985).

Tucker, Ruth. A. *From Jerusalem to Irian Jaya A Biographical History of Christian Missions*. (Grand Rapids: Zondervan, 1983). 『선교사 열전』. 박해근 옮김. (서울: 크리스찬 다이제스트, 1990).

Van Leken, David. *Mission and Ministry: Christian Medical Practice in Today's Changing Culture*, EMIS에 공개된 인터넷 도서.

· 논문

Kim, Min Chul. *Missionary Medicine in a Changing World*. EMQ (Evangelical Mission Quarterly, 41), pp.1, 430-37.

신규환·서홍관. "한국 근대 사립병원의 발전과정: 1885-1960년대까지." 「의사학」.

2002, 11(1): pp.85-110.

조우현·박종연·박추선. "우리나라 근대 병원의 등장: 19세기 말 20세기 초의 병원들." 의사학. 2002: 11(1), pp.20-48.

신동원. 「한국근대 보건의료 체제의 형성: 1876-1910」. (서울대학교 대학원, 1996).